JITI XIESHANG GONGZUO ZHIDAO SHOUCE

# 集体协商工作指导手册

本书编写组◎编著

中国工人出版社

# 编写组成员


主　　编　王晓华

编写组成员　殷　恰　熊伊敏　李慧龙

# 前言
Preface

2020年新冠肺炎疫情暴发以来，众多企业特别是中小企业生产经营困难增多、职工权益保障面临许多新情况新问题。为认真贯彻落实习近平总书记关于疫情防控一系列重要指示精神和党中央决策部署，统筹推进疫情防控和支持企业复产复工，全国总工会联合国家协调劳动关系三方下发了《关于做好新型冠状病毒感染肺炎疫情防控期间稳定劳动关系支持企业复工复产的意见》《关于应对疫情影响进一步做好集体协商工作的通知》，并下发了《关于做好新冠肺炎疫情防控期间支持企业安全有序复工复产和劳动关系协调工作的通知》，要求将集体协商作为疫情防控期间维护劳动关系稳定、助力企业复工复产的重要机制，大力推进实施集体协商"稳就业促发展构和谐"行动计划，积极发挥专职集体协商指导员队伍作用，引导企业和职工协商共事、共渡难关。

各级工会组织按照全国总工会要求，积极履职尽责、切实担当作为，积极引导企业和职工树立"同舟共济、共克时艰"的协商目标，努力营造"有事多商量，遇事多商量，做事多商量，商量得越多越深入越好"的协商氛围，通过明确疫情期间的协商重点、创新开展协商的方式方法、培育推广优秀协商案例等方式，鼓励劳动关系双方协商解决疫情防控期间劳动合同、劳动报酬、休息休假等问题，妥善应对和处理疫情防控期间及企业复工复产前后劳动用工和职工权益保障问题，确保了劳动关系总体和谐稳定，以实际行动助力打赢疫情防控的人民战争、总体战、阻击战。

为进一步指导各地工会深入开展集体协商工作，我们对中央和各地有关法律法规以及疫情期间下发的指导性文件进行收集、汇总，就疫情期间职工劳动关系法律问题和集体协商工作实践中面临的问题进行分类解答，并对各地工会推进集体协商优秀案例进行总结，形成《集体协商工作指导手册》一书，供各级工会、企业和职工使用，以便更好地推动集体协商工作，妥善处理好疫情防控期间的劳动关系问题，维护职工权益，促进企业发展，构建和谐劳动关系。

本书部分内容分别由殷怡、熊伊敏、李慧龙等同志撰稿，第四章“关于新冠肺炎疫情期间协调劳动关系相关政策文件解读”由关祥坤、李进东、闭柳萍、王龙、李阳同志撰写提供。本书得到了地方工会大力支持，提供和撰写了许多经典案例。全书由王晓华同志审核定稿。全总权益保障部、法律工作部对本书的编辑出版给予了大力支持和帮助，在此表示衷心感谢！由于水平所限，本书难免有疏漏之处，敬请读者包涵。

本书编写组

2020年12月

# 目录
Contents

## 第一部分　集体协商相关法律法规和政策文件

# 第二部分 相关政策文件解读

## 第三部分　集体协商典型案例

第一部分

# 集体协商相关法律法规和政策文件

# 第一章

# 集体协商相关法律法规

# 中华人民共和国工会法

（1992年4月3日第七届全国人民代表大会第五次会议通过 根据2001年10月27日第九届全国人民代表大会常务委员会第二十四次会议《关于修改〈中华人民共和国工会法〉的决定》第一次修正　根据2009年8月27日第十一届全国人民代表大会常务委员会第十次会议《关于修改部分法律的决定》第二次修正）

## 目　录



## 第一章　总　则

**第一条**　为保障工会在国家政治、经济和社会生活中的地位，确定工会的权利与义务，发挥工会在社会主义现代化建设事业中的作用，根据宪法，制定本法。

**第二条**　工会是职工自愿结合的工人阶级的群众组织。

中华全国总工会及其各工会组织代表职工的利益，依法维护职工的合法权益。

**第三条**　在中国境内的企业、事业单位、机关中以工资收入为主要生活来源的体力劳动者和脑力劳动者，不分民族、种族、性别、职业、宗教信仰、教育程度，都有依法参加和组织工会的权利。任何组织和个人不得阻挠和限制。

**第四条** 工会必须遵守和维护宪法，以宪法为根本的活动准则，以经济建设为中心，坚持社会主义道路、坚持人民民主专政、坚持中国共产党的领导、坚持马克思列宁主义毛泽东思想邓小平理论，坚持改革开放，依照工会章程独立自主地开展工作。

工会会员全国代表大会制定或者修改《中国工会章程》，章程不得与宪法和法律相抵触。

国家保护工会的合法权益不受侵犯。

**第五条** 工会组织和教育职工依照宪法和法律的规定行使民主权利，发挥国家主人翁的作用，通过各种途径和形式，参与管理国家事务、管理经济和文化事业、管理社会事务；协助人民政府开展工作，维护工人阶级领导的、以工农联盟为基础的人民民主专政的社会主义国家政权。

**第六条** 维护职工合法权益是工会的基本职责。工会在维护全国人民总体利益的同时，代表和维护职工的合法权益。

工会通过平等协商和集体合同制度，协调劳动关系，维护企业职工劳动权益。

工会依照法律规定通过职工代表大会或者其他形式，组织职工参与本单位的民主决策、民主管理和民主监督。

工会必须密切联系职工，听取和反映职工的意见和要求，关心职工的生活，帮助职工解决困难，全心全意为职工服务。

**第七条** 工会动员和组织职工积极参加经济建设，努力完成生产任务和工作任务。教育职工不断提高思想道德、技术业务和科学文化素质，建设有理想、有道德、有文化、有纪律的职工队伍。

**第八条** 中华全国总工会根据独立、平等、互相尊重、互不干涉内部事务的原则，加强同各国工会组织的友好合作关系。

## 第二章　工会组织

**第九条** 工会各级组织按照民主集中制原则建立。

各级工会委员会由会员大会或者会员代表大会民主选举产生。企业主要负责人的近亲属不得作为本企业基层工会委员会成员的人选。

各级工会委员会向同级会员大会或者会员代表大会负责并报告工作，接受其监督。

工会会员大会或者会员代表大会有权撤换或者罢免其所选举的代表或者工会委员会组成人员。

上级工会组织领导下级工会组织。

**第十条** 企业、事业单位、机关有会员二十五人以上的，应当建立基层工会委员会；不足二十五人的，可以单独建立基层工会委员会，也可以由两个以上单位的会员联合建立基层工会委员会，也可以选举组织员一人，组织会员开展活动。女职工人数较多的，可以建立工会女职工委员会，在同级工会领导下开展工作；女职工人数较少的，可以在工会委员会中设女职工委员。

企业职工较多的乡镇、城市街道，可以建立基层工会的联合会。

县级以上地方建立地方各级总工会。

同一行业或者性质相近的几个行业，可以根据需要建立全国的或者地方的产业工会。

全国建立统一的中华全国总工会。

**第十一条** 基层工会、地方各级总工会、全国或者地方产业工会组织的建立，必须报上一级工会批准。

上级工会可以派员帮助和指导企业职工组建工会，任何单位和个人不得阻挠。

**第十二条** 任何组织和个人不得随意撤销、合并工会组织。

基层工会所在的企业终止或者所在的事业单位、机关被撤销，该工会组织相应撤销，并报告上一级工会。

依前款规定被撤销的工会，其会员的会籍可以继续保留，具体管理办法由中华全国总工会制定。

**第十三条** 职工二百人以上的企业、事业单位的工会，可以设专职工会主席。工会专职工作人员的人数由工会与企业、事业单位协商确定。

**第十四条** 中华全国总工会、地方总工会、产业工会具有社会团体法人资格。

基层工会组织具备民法通则规定的法人条件的，依法取得社会团体法人资格。

**第十五条** 基层工会委员会每届任期三年或者五年。各级地方总工会委员会和产业工会委员会每届任期五年。

**第十六条** 基层工会委员会定期召开会员大会或者会员代表大会，讨论决定工会工作的重大问题。经基层工会委员会或者三分之一以上的工会会员提议，可以临时召开会员大会或者会员代表大会。

**第十七条** 工会主席、副主席任期未满时，不得随意调动其工作。因工作需要调动时，应当征得本级工会委员会和上一级工会的同意。

罢免工会主席、副主席必须召开会员大会或者会员代表大会讨论，非经会员大会全体会员或者会员代表大会全体代表过半数通过，不得罢免。

**第十八条** 基层工会专职主席、副主席或者委员自任职之日起，其劳动合同期限自动延长，延长期限相当于其任职期间；非专职主席、副主席或者委员自任职之日起，其尚未履行的劳动合同期限短于任期的，劳动合同期限自动延长至任期期满。但是，任职期间个人严重过失或者达到法定退休年龄的除外。

## 第三章 工会的权利和义务

**第十九条** 企业、事业单位违反职工代表大会制度和其他民主管理制度，工会有权要求纠正，保障职工依法行使民主管理的权利。

法律、法规规定应当提交职工大会或者职工代表大会审议、通过、决定的事项，企业、事业单位应当依法办理。

**第二十条** 工会帮助、指导职工与企业以及实行企业化管理的事业单位签订劳动合同。

工会代表职工与企业以及实行企业化管理的事业单位进行平等协商，签订集体合同。集体合同草案应当提交职工代表大会或者全体职工讨论通过。

工会签订集体合同，上级工会应当给予支持和帮助。

企业违反集体合同，侵犯职工劳动权益的，工会可以依法要求企业承担责任；因履行集体合同发生争议，经协商解决不成的，工会可以向劳动争议仲裁机构提请仲裁，仲裁机构不予受理或者对仲裁裁决不服的，可以向人民法院提起诉讼。

**第二十一条** 企业、事业单位处分职工，工会认为不适当的，有权提出意见。

企业单方面解除职工劳动合同时，应当事先将理由通知工会，工会认为企业违反法律、法规和有关合同，要求重新研究处理时，企业应当研究工会的意见，并将处理结果书面通知工会。

职工认为企业侵犯其劳动权益而申请劳动争议仲裁或者向人民法院提起诉讼的，工会应当给予支持和帮助。

**第二十二条**　企业、事业单位违反劳动法律、法规规定，有下列侵犯职工劳动权益情形，工会应当代表职工与企业、事业单位交涉，要求企业、事业单位采取措施予以改正；企业、事业单位应当予以研究处理，并向工会作出答复；企业、事业单位拒不改正的，工会可以请求当地人民政府依法作出处理：

（一）克扣职工工资的；

（二）不提供劳动安全卫生条件的；

（三）随意延长劳动时间的；

（四）侵犯女职工和未成年工特殊权益的；

（五）其他严重侵犯职工劳动权益的。

**第二十三条**　工会依照国家规定对新建、扩建企业和技术改造工程中的劳动条件和安全卫生设施与主体工程同时设计、同时施工、同时投产使用进行监督。对工会提出的意见，企业或者主管部门应当认真处理，并将处理结果书面通知工会。

**第二十四条**　工会发现企业违章指挥、强令工人冒险作业，或者生产过程中发现明显重大事故隐患和职业危害，有权提出解决的建议，企业应当及时研究答复；发现危及职工生命安全的情况时，工会有权向企业建议组织职工撤离危险现场，企业必须及时作出处理决定。

**第二十五条**　工会有权对企业、事业单位侵犯职工合法权益的问题进行调查，有关单位应当予以协助。

**第二十六条**　职工因工伤亡事故和其他严重危害职工健康问题的调查处理，必须有工会参加。工会应当向有关部门提出处理意见，并有权要求追究直接负责的主管人员和有关责任人员的责任。对工会提出的意见，应当及时研究，给予答复。

**第二十七条**　企业、事业单位发生停工、怠工事件，工会应当代表职工同企业、事业单位或者有关方面协商，反映职工的意见和要求并提出解决意见。对于职工的合理要求，企业、事业单位应当予以解决。工会协助企业、事业单位做好工作，尽快恢复生产、工作秩序。

**第二十八条** 工会参加企业的劳动争议调解工作。

地方劳动争议仲裁组织应当有同级工会代表参加。

**第二十九条** 县级以上各级总工会可以为所属工会和职工提供法律服务。

**第三十条** 工会协助企业、事业单位、机关办好职工集体福利事业，做好工资、劳动安全卫生和社会保险工作。

**第三十一条** 工会会同企业、事业单位教育职工以国家主人翁态度对待劳动，爱护国家和企业的财产，组织职工开展群众性的合理化建议、技术革新活动，进行业余文化技术学习和职工培训，组织职工开展文娱、体育活动。

**第三十二条** 根据政府委托，工会与有关部门共同做好劳动模范和先进生产（工作）者的评选、表彰、培养和管理工作。

**第三十三条** 国家机关在组织起草或者修改直接涉及职工切身利益的法律、法规、规章时，应当听取工会意见。

县级以上各级人民政府制定国民经济和社会发展计划，对涉及职工利益的重大问题，应当听取同级工会的意见。

县级以上各级人民政府及其有关部门研究制定劳动就业、工资、劳动安全卫生、社会保险等涉及职工切身利益的政策、措施时，应当吸收同级工会参加研究，听取工会意见。

**第三十四条** 县级以上地方各级人民政府可以召开会议或者采取适当方式，向同级工会通报政府的重要的工作部署和与工会工作有关的行政措施，研究解决工会反映的职工群众的意见和要求。

各级人民政府劳动行政部门应当会同同级工会和企业方面代表，建立劳动关系三方协商机制，共同研究解决劳动关系方面的重大问题。

## 第四章 基层工会组织

**第三十五条** 国有企业职工代表大会是企业实行民主管理的基本形式，是职工行使民主管理权力的机构，依照法律规定行使职权。

国有企业的工会委员会是职工代表大会的工作机构，负责职工代表大会的日常工作，检查、督促职工代表大会决议的执行。

**第三十六条** 集体企业的工会委员会，应当支持和组织职工参加民主管理和民主监督，维护职工选举和罢免管理人员、决定经营管理的重大问题的权力。

**第三十七条**　本法第三十五条、第三十六条规定以外的其他企业、事业单位的工会委员会，依照法律规定组织职工采取与企业、事业单位相适应的形式，参与企业、事业单位民主管理。

**第三十八条**　企业、事业单位研究经营管理和发展的重大问题应当听取工会的意见；召开讨论有关工资、福利、劳动安全卫生、社会保险等涉及职工切身利益的会议，必须有工会代表参加。

企业、事业单位应当支持工会依法开展工作，工会应当支持企业、事业单位依法行使经营管理权。

**第三十九条**　公司的董事会、监事会中职工代表的产生，依照公司法有关规定执行。

**第四十条**　基层工会委员会召开会议或者组织职工活动，应当在生产或者工作时间以外进行，需要占用生产或者工作时间的，应当事先征得企业、事业单位的同意。

基层工会的非专职委员占用生产或者工作时间参加会议或者从事工会工作，每月不超过三个工作日，其工资照发，其他待遇不受影响。

**第四十一条**　企业、事业单位、机关工会委员会的专职工作人员的工资、奖励、补贴，由所在单位支付。社会保险和其他福利待遇等，享受本单位职工同等待遇。

## 第五章　工会的经费和财产

**第四十二条**　工会经费的来源：

（一）工会会员缴纳的会费；

（二）建立工会组织的企业、事业单位、机关按每月全部职工工资总额的百分之二向工会拨缴的经费；

（三）工会所属的企业、事业单位上缴的收入；

（四）人民政府的补助；

（五）其他收入。

前款第二项规定的企业、事业单位拨缴的经费在税前列支。

工会经费主要用于为职工服务和工会活动。经费使用的具体办法由中华全国总工会制定。

**第四十三条** 企业、事业单位无正当理由拖延或者拒不拨缴工会经费，基层工会或者上级工会可以向当地人民法院申请支付令；拒不执行支付令的，工会可以依法申请人民法院强制执行。

**第四十四条** 工会应当根据经费独立原则，建立预算、决算和经费审查监督制度。

各级工会建立经费审查委员会。

各级工会经费收支情况应当由同级工会经费审查委员会审查，并且定期向会员大会或者会员代表大会报告，接受监督。工会会员大会或者会员代表大会有权对经费使用情况提出意见。

工会经费的使用应当依法接受国家的监督。

**第四十五条** 各级人民政府和企业、事业单位、机关应当为工会办公和开展活动，提供必要的设施和活动场所等物质条件。

**第四十六条** 工会的财产、经费和国家拨给工会使用的不动产，任何组织和个人不得侵占、挪用和任意调拨。

**第四十七条** 工会所属的为职工服务的企业、事业单位，其隶属关系不得随意改变。

**第四十八条** 县级以上各级工会的离休、退休人员的待遇，与国家机关工作人员同等对待。

## 第六章 法律责任

**第四十九条** 工会对违反本法规定侵犯其合法权益的，有权提请人民政府或者有关部门予以处理，或者向人民法院提起诉讼。

**第五十条** 违反本法第三条、第十一条规定，阻挠职工依法参加和组织工会或者阻挠上级工会帮助、指导职工筹建工会的，由劳动行政部门责令其改正；拒不改正的，由劳动行政部门提请县级以上人民政府处理；以暴力、威胁等手段阻挠造成严重后果，构成犯罪的，依法追究刑事责任。

**第五十一条** 违反本法规定，对依法履行职责的工会工作人员无正当理由调动工作岗位，进行打击报复的，由劳动行政部门责令改正、恢复原工作；造成损失的，给予赔偿。

对依法履行职责的工会工作人员进行侮辱、诽谤或者进行人身伤害，构成犯罪的，依法追究刑事责任；尚未构成犯罪的，由公安机关依照治安管理处罚法的规定处罚。

**第五十二条**　违反本法规定，有下列情形之一的，由劳动行政部门责令恢复其工作，并补发被解除劳动合同期间应得的报酬，或者责令给予本人年收入二倍的赔偿：

（一）职工因参加工会活动而被解除劳动合同的；

（二）工会工作人员因履行本法规定的职责而被解除劳动合同的。

**第五十三条**　违反本法规定，有下列情形之一的，由县级以上人民政府责令改正，依法处理：

（一）妨碍工会组织职工通过职工代表大会和其他形式依法行使民主权利的；

（二）非法撤销、合并工会组织的；

（三）妨碍工会参加职工因工伤亡事故以及其他侵犯职工合法权益问题的调查处理的；

（四）无正当理由拒绝进行平等协商的。

**第五十四条**　违反本法第四十六条规定，侵占工会经费和财产拒不返还的，工会可以向人民法院提起诉讼，要求返还，并赔偿损失。

**第五十五条**　工会工作人员违反本法规定，损害职工或者工会权益的，由同级工会或者上级工会责令改正，或者予以处分；情节严重的，依照《中国工会章程》予以罢免；造成损失的，应当承担赔偿责任；构成犯罪的，依法追究刑事责任。

## 第七章　附　则

**第五十六条**　中华全国总工会会同有关国家机关制定机关工会实施本法的具体办法。

**第五十七条**　本法自公布之日起施行。1950 年 6 月 29 日中央人民政府颁布的《中华人民共和国工会法》同时废止。

# 中华人民共和国劳动法

（1994年7月5日第八届全国人民代表大会常务委员会第八次会议通过　根据2009年8月27日第十一届全国人民代表大会常务委员会第十次会议《关于修改部分法律的决定》第一次修正　根据2018年12月29日第十三届全国人民代表大会常务委员会第七次会议《关于修改〈中华人民共和国劳动法〉等七部法律的决定》第二次修正）

## 目　录



## 第一章　总　则

**第一条**　为了保护劳动者的合法权益，调整劳动关系，建立和维护适应社会主义市场经济的劳动制度，促进经济发展和社会进步，根据宪法，制定本法。

**第二条**　在中华人民共和国境内的企业、个体经济组织（以下统称用人单位）和与之形成劳动关系的劳动者，适用本法。

国家机关、事业组织、社会团体和与之建立劳动合同关系的劳动者，依照本法执行。

**第三条**　劳动者享有平等就业和选择职业的权利、取得劳动报酬的权利、休息休假的权利、获得劳动安全卫生保护的权利、接受职业技能培训的权利、享受社会保险和福利的权利、提请劳动争议处理的权利以及法律规定的其他劳动权利。

劳动者应当完成劳动任务，提高职业技能，执行劳动安全卫生规程，遵守劳动纪律和职业道德。

**第四条**　用人单位应当依法建立和完善规章制度，保障劳动者享有劳动权利和履行劳动义务。

**第五条**　国家采取各种措施，促进劳动就业，发展职业教育，制定劳动标准，调节社会收入，完善社会保险，协调劳动关系，逐步提高劳动者的生活水平。

**第六条**　国家提倡劳动者参加社会义务劳动，开展劳动竞赛和合理化建议活动，鼓励和保护劳动者进行科学研究、技术革新和发明创造，表彰和奖励劳动模范和先进工作者。

**第七条**　劳动者有权依法参加和组织工会。

工会代表和维护劳动者的合法权益，依法独立自主地开展活动。

**第八条**　劳动者依照法律规定，通过职工大会、职工代表大会或者其他形式，参与民主管理或者就保护劳动者合法权益与用人单位进行平等协商。

**第九条**　国务院劳动行政部门主管全国劳动工作。

县级以上地方人民政府劳动行政部门主管本行政区域内的劳动工作。

## 第二章　促进就业

**第十条**　国家通过促进经济和社会发展，创造就业条件，扩大就业机会。

国家鼓励企业、事业组织、社会团体在法律、行政法规规定的范围内兴办产业或者拓展经营，增加就业。

国家支持劳动者自愿组织起来就业和从事个体经营实现就业。

**第十一条**　地方各级人民政府应当采取措施，发展多种类型的职业介绍机构，提供就业服务。

**第十二条**　劳动者就业，不因民族、种族、性别、宗教信仰不同而受歧视。

**第十三条**　妇女享有与男子平等的就业权利。在录用职工时，除国家规定的不适合妇女的工种或者岗位外，不得以性别为由拒绝录用妇女或者提高对妇女的录用标准。

**第十四条**　残疾人、少数民族人员、退出现役的军人的就业，法律、法规有特别规定的，从其规定。

**第十五条**　禁止用人单位招用未满十六周岁的未成年人。

文艺、体育和特种工艺单位招用未满十六周岁的未成年人，必须遵守国家有关规定，并保障其接受义务教育的权利。

## 第三章　劳动合同和集体合同

**第十六条**　劳动合同是劳动者与用人单位确立劳动关系、明确双方权利和义务的协议。

建立劳动关系应当订立劳动合同。

**第十七条**　订立和变更劳动合同，应当遵循平等自愿、协商一致的原则，不得违反法律、行政法规的规定。

劳动合同依法订立即具有法律约束力，当事人必须履行劳动合同规定的义务。

**第十八条**　下列劳动合同无效：

（一）违反法律、行政法规的劳动合同；

（二）采取欺诈、威胁等手段订立的劳动合同。

无效的劳动合同，从订立的时候起，就没有法律约束力。确认劳动合同部分无效的，如果不影响其余部分的效力，其余部分仍然有效。

劳动合同的无效，由劳动争议仲裁委员会或者人民法院确认。

**第十九条**　劳动合同应当以书面形式订立，并具备以下条款：

（一）劳动合同期限；

（二）工作内容；

（三）劳动保护和劳动条件；

（四）劳动报酬；

（五）劳动纪律；

（六）劳动合同终止的条件；

（七）违反劳动合同的责任。

劳动合同除前款规定的必备条款外，当事人可以协商约定其他内容。

**第二十条**　劳动合同的期限分为有固定期限、无固定期限和以完成一定的工作为期限。

劳动者在同一用人单位连续工作满十年以上，当事人双方同意续延劳动合同的，如果劳动者提出订立无固定期限的劳动合同，应当订立无固定期限的劳动合同。

**第二十一条**　劳动合同可以约定试用期。试用期最长不得超过六个月。

**第二十二条**　劳动合同当事人可以在劳动合同中约定保守用人单位商业秘密的有关事项。

**第二十三条**　劳动合同期满或者当事人约定的劳动合同终止条件出现，劳动合同即行终止。

**第二十四条**　经劳动合同当事人协商一致，劳动合同可以解除。

**第二十五条**　劳动者有下列情形之一的，用人单位可以解除劳动合同：

（一）在试用期间被证明不符合录用条件的；

（二）严重违反劳动纪律或者用人单位规章制度的；

（三）严重失职，营私舞弊，对用人单位利益造成重大损害的；

（四）被依法追究刑事责任的。

**第二十六条**　有下列情形之一的，用人单位可以解除劳动合同，但是应当提前三十日以书面形式通知劳动者本人：

（一）劳动者患病或者非因工负伤，医疗期满后，不能从事原工作也不能从事由用人单位另行安排的工作的；

（二）劳动者不能胜任工作，经过培训或者调整工作岗位，仍不能胜任工作的；

（三）劳动合同订立时所依据的客观情况发生重大变化，致使原劳动合同无法履行，经当事人协商不能就变更劳动合同达成协议的。

**第二十七条**　用人单位濒临破产进行法定整顿期间或者生产经营状况发生严重困难，确需裁减人员的，应当提前三十日向工会或者全体职工说明情况，听取工会或者职工的意见，经向劳动行政部门报告后，可以裁减人员。

用人单位依据本条规定裁减人员，在六个月内录用人员的，应当优先录用被裁减的人员。

**第二十八条** 用人单位依据本法第二十四条、第二十六条、第二十七条的规定解除劳动合同的，应当依照国家有关规定给予经济补偿。

**第二十九条** 劳动者有下列情形之一的，用人单位不得依据本法第二十六条、第二十七条的规定解除劳动合同：

（一）患职业病或者因工负伤并被确认丧失或者部分丧失劳动能力的；

（二）患病或者负伤，在规定的医疗期内的；

（三）女职工在孕期、产期、哺乳期内的；

（四）法律、行政法规规定的其他情形。

**第三十条** 用人单位解除劳动合同，工会认为不适当的，有权提出意见。如果用人单位违反法律、法规或者劳动合同，工会有权要求重新处理；劳动者申请仲裁或者提起诉讼的，工会应当依法给予支持和帮助。

**第三十一条** 劳动者解除劳动合同，应当提前三十日以书面形式通知用人单位。

**第三十二条** 有下列情形之一的，劳动者可以随时通知用人单位解除劳动合同：

（一）在试用期内的；

（二）用人单位以暴力、威胁或者非法限制人身自由的手段强迫劳动的；

（三）用人单位未按照劳动合同约定支付劳动报酬或者提供劳动条件的。

**第三十三条** 企业职工一方与企业可以就劳动报酬、工作时间、休息休假、劳动安全卫生、保险福利等事项，签订集体合同。集体合同草案应当提交职工代表大会或者全体职工讨论通过。

集体合同由工会代表职工与企业签订；没有建立工会的企业，由职工推举的代表与企业签订。

**第三十四条** 集体合同签订后应当报送劳动行政部门；劳动行政部门自收到集体合同文本之日起十五日内未提出异议的，集体合同即行生效。

**第三十五条** 依法签订的集体合同对企业和企业全体职工具有约束力。职工个人与企业订立的劳动合同中劳动条件和劳动报酬等标准不得低于集体合同的规定。

## 第四章　工作时间和休息休假

**第三十六条**　国家实行劳动者每日工作时间不超过八小时、平均每周工作时间不超过四十四小时的工时制度。

**第三十七条**　对实行计件工作的劳动者，用人单位应当根据本法第三十六条规定的工时制度合理确定其劳动定额和计件报酬标准。

**第三十八条**　用人单位应当保证劳动者每周至少休息一日。

**第三十九条**　企业因生产特点不能实行本法第三十六条、第三十八条规定的，经劳动行政部门批准，可以实行其他工作和休息办法。

**第四十条**　用人单位在下列节日期间应当依法安排劳动者休假：

（一）元旦；

（二）春节；

（三）国际劳动节；

（四）国庆节；

（五）法律、法规规定的其他休假节日。

**第四十一条**　用人单位由于生产经营需要，经与工会和劳动者协商后可以延长工作时间，一般每日不得超过一小时；因特殊原因需要延长工作时间的，在保障劳动者身体健康的条件下延长工作时间每日不得超过三小时，但是每月不得超过三十六小时。

**第四十二条**　有下列情形之一的，延长工作时间不受本法第四十一条规定的限制：

（一）发生自然灾害、事故或者因其他原因，威胁劳动者生命健康和财产安全，需要紧急处理的；

（二）生产设备、交通运输线路、公共设施发生故障，影响生产和公众利益，必须及时抢修的；

（三）法律、行政法规规定的其他情形。

**第四十三条**　用人单位不得违反本法规定延长劳动者的工作时间。

**第四十四条**　有下列情形之一的，用人单位应当按照下列标准支付高于劳动者正常工作时间工资的工资报酬：

（一）安排劳动者延长工作时间的，支付不低于工资的百分之一百五十的工资报酬；

（二）休息日安排劳动者工作又不能安排补休的，支付不低于工资的百分之二百的工资报酬；

（三）法定休假日安排劳动者工作的，支付不低于工资的百分之三百的工资报酬。

**第四十五条** 国家实行带薪年休假制度。

劳动者连续工作一年以上的，享受带薪年休假。具体办法由国务院规定。

## 第五章 工 资

**第四十六条** 工资分配应当遵循按劳分配原则，实行同工同酬。

工资水平在经济发展的基础上逐步提高。国家对工资总量实行宏观调控。

**第四十七条** 用人单位根据本单位的生产经营特点和经济效益，依法自主确定本单位的工资分配方式和工资水平。

**第四十八条** 国家实行最低工资保障制度。最低工资的具体标准由省、自治区、直辖市人民政府规定，报国务院备案。

用人单位支付劳动者的工资不得低于当地最低工资标准。

**第四十九条** 确定和调整最低工资标准应当综合参考下列因素：

（一）劳动者本人及平均赡养人口的最低生活费用；

（二）社会平均工资水平；

（三）劳动生产率；

（四）就业状况；

（五）地区之间经济发展水平的差异。

**第五十条** 工资应当以货币形式按月支付给劳动者本人。不得克扣或者无故拖欠劳动者的工资。

**第五十一条** 劳动者在法定休假日和婚丧假期间以及依法参加社会活动期间，用人单位应当依法支付工资。

## 第六章 劳动安全卫生

**第五十二条** 用人单位必须建立、健全劳动安全卫生制度，严格执行国家劳动安全卫生规程和标准，对劳动者进行劳动安全卫生教育，防止劳动过程中的事故，减少职业危害。

**第五十三条** 劳动安全卫生设施必须符合国家规定的标准。

新建、改建、扩建工程的劳动安全卫生设施必须与主体工程同时设计、同时施工、同时投入生产和使用。

**第五十四条** 用人单位必须为劳动者提供符合国家规定的劳动安全卫生条件和必要的劳动防护用品，对从事有职业危害作业的劳动者应当定期进行健康检查。

**第五十五条** 从事特种作业的劳动者必须经过专门培训并取得特种作业资格。

**第五十六条** 劳动者在劳动过程中必须严格遵守安全操作规程。

劳动者对用人单位管理人员违章指挥、强令冒险作业，有权拒绝执行；对危害生命安全和身体健康的行为，有权提出批评、检举和控告。

**第五十七条** 国家建立伤亡事故和职业病统计报告和处理制度。县级以上各级人民政府劳动行政部门、有关部门和用人单位应当依法对劳动者在劳动过程中发生的伤亡事故和劳动者的职业病状况，进行统计、报告和处理。

## 第七章 女职工和未成年工特殊保护

**第五十八条** 国家对女职工和未成年工实行特殊劳动保护。

未成年工是指年满十六周岁未满十八周岁的劳动者。

**第五十九条** 禁止安排女职工从事矿山井下、国家规定的第四级体力劳动强度的劳动和其他禁忌从事的劳动。

**第六十条** 不得安排女职工在经期从事高处、低温、冷水作业和国家规定的第三级体力劳动强度的劳动。

**第六十一条** 不得安排女职工在怀孕期间从事国家规定的第三级体力劳动强度的劳动和孕期禁忌从事的劳动。对怀孕七个月以上的女职工，不得安排其延长工作时间和夜班劳动。

**第六十二条** 女职工生育享受不少于九十天的产假。

**第六十三条** 不得安排女职工在哺乳未满一周岁的婴儿期间从事国家规定的第三级体力劳动强度的劳动和哺乳期禁忌从事的其他劳动，不得安排其延长工作时间和夜班劳动。

**第六十四条** 不得安排未成年工从事矿山井下、有毒有害、国家规定的第四级体力劳动强度的劳动和其他禁忌从事的劳动。

**第六十五条** 用人单位应当对未成年工定期进行健康检查。

## 第八章 职业培训

**第六十六条** 国家通过各种途径，采取各种措施，发展职业培训事业，开发劳动者的职业技能，提高劳动者素质，增强劳动者的就业能力和工作能力。

**第六十七条** 各级人民政府应当把发展职业培训纳入社会经济发展的规划，鼓励和支持有条件的企业、事业组织、社会团体和个人进行各种形式的职业培训。

**第六十八条** 用人单位应当建立职业培训制度，按照国家规定提取和使用职业培训经费，根据本单位实际，有计划地对劳动者进行职业培训。

从事技术工种的劳动者，上岗前必须经过培训。

**第六十九条** 国家确定职业分类，对规定的职业制定职业技能标准，实行职业资格证书制度，由经备案的考核鉴定机构负责对劳动者实施职业技能考核鉴定。

## 第九章 社会保险和福利

**第七十条** 国家发展社会保险事业，建立社会保险制度，设立社会保险基金，使劳动者在年老、患病、工伤、失业、生育等情况下获得帮助和补偿。

**第七十一条** 社会保险水平应当与社会经济发展水平和社会承受能力相适应。

**第七十二条** 社会保险基金按照保险类型确定资金来源，逐步实行社会统筹。用人单位和劳动者必须依法参加社会保险，缴纳社会保险费。

**第七十三条** 劳动者在下列情形下，依法享受社会保险待遇：

（一）退休；

（二）患病、负伤；

（三）因工伤残或者患职业病；

（四）失业；

（五）生育。

劳动者死亡后，其遗属依法享受遗属津贴。

劳动者享受社会保险待遇的条件和标准由法律、法规规定。

劳动者享受的社会保险金必须按时足额支付。

**第七十四条**　社会保险基金经办机构依照法律规定收支、管理和运营社会保险基金，并负有使社会保险基金保值增值的责任。

社会保险基金监督机构依照法律规定，对社会保险基金的收支、管理和运营实施监督。

社会保险基金经办机构和社会保险基金监督机构的设立和职能由法律规定。

任何组织和个人不得挪用社会保险基金。

**第七十五条**　国家鼓励用人单位根据本单位实际情况为劳动者建立补充保险。

国家提倡劳动者个人进行储蓄性保险。

**第七十六条**　国家发展社会福利事业，兴建公共福利设施，为劳动者休息、休养和疗养提供条件。

用人单位应当创造条件，改善集体福利，提高劳动者的福利待遇。

## 第十章　劳动争议

**第七十七条**　用人单位与劳动者发生劳动争议，当事人可以依法申请调解、仲裁、提起诉讼，也可以协商解决。

调解原则适用于仲裁和诉讼程序。

**第七十八条**　解决劳动争议，应当根据合法、公正、及时处理的原则，依法维护劳动争议当事人的合法权益。

**第七十九条**　劳动争议发生后，当事人可以向本单位劳动争议调解委员会申请调解；调解不成，当事人一方要求仲裁的，可以向劳动争议仲裁委员会申请仲裁。当事人一方也可以直接向劳动争议仲裁委员会申请仲裁。对仲裁裁决不服的，可以向人民法院提起诉讼。

**第八十条**　在用人单位内，可以设立劳动争议调解委员会。劳动争议调解委员会由职工代表、用人单位代表和工会代表组成。劳动争议调解委员会主任由工会代表担任。

劳动争议经调解达成协议的，当事人应当履行。

**第八十一条** 劳动争议仲裁委员会由劳动行政部门代表、同级工会代表、用人单位方面的代表组成。劳动争议仲裁委员会主任由劳动行政部门代表担任。

**第八十二条** 提出仲裁要求的一方应当自劳动争议发生之日起六十日内向劳动争议仲裁委员会提出书面申请。仲裁裁决一般应在收到仲裁申请的六十日内作出。对仲裁裁决无异议的，当事人必须履行。

**第八十三条** 劳动争议当事人对仲裁裁决不服的，可以自收到仲裁裁决书之日起十五日内向人民法院提起诉讼。一方当事人在法定期限内不起诉又不履行仲裁裁决的，另一方当事人可以申请人民法院强制执行。

**第八十四条** 因签订集体合同发生争议，当事人协商解决不成的，当地人民政府劳动行政部门可以组织有关各方协调处理。

因履行集体合同发生争议，当事人协商解决不成的，可以向劳动争议仲裁委员会申请仲裁；对仲裁裁决不服的，可以自收到仲裁裁决书之日起十五日内向人民法院提起诉讼。

## 第十一章　监督检查

**第八十五条** 县级以上各级人民政府劳动行政部门依法对用人单位遵守劳动法律、法规的情况进行监督检查，对违反劳动法律、法规的行为有权制止，并责令改正。

**第八十六条** 县级以上各级人民政府劳动行政部门监督检查人员执行公务，有权进入用人单位了解执行劳动法律、法规的情况，查阅必要的资料，并对劳动场所进行检查。

县级以上各级人民政府劳动行政部门监督检查人员执行公务，必须出示证件，秉公执法并遵守有关规定。

**第八十七条** 县级以上各级人民政府有关部门在各自职责范围内，对用人单位遵守劳动法律、法规的情况进行监督。

**第八十八条** 各级工会依法维护劳动者的合法权益，对用人单位遵守劳动法律、法规的情况进行监督。

任何组织和个人对于违反劳动法律、法规的行为有权检举和控告。

## 第十二章　法律责任

**第八十九条**　用人单位制定的劳动规章制度违反法律、法规规定的，由劳动行政部门给予警告，责令改正；对劳动者造成损害的，应当承担赔偿责任。

**第九十条**　用人单位违反本法规定，延长劳动者工作时间的，由劳动行政部门给予警告，责令改正，并可以处以罚款。

**第九十一条**　用人单位有下列侵害劳动者合法权益情形之一的，由劳动行政部门责令支付劳动者的工资报酬、经济补偿，并可以责令支付赔偿金：

（一）克扣或者无故拖欠劳动者工资的；

（二）拒不支付劳动者延长工作时间工资报酬的；

（三）低于当地最低工资标准支付劳动者工资的；

（四）解除劳动合同后，未依照本法规定给予劳动者经济补偿的。

**第九十二条**　用人单位的劳动安全设施和劳动卫生条件不符合国家规定或者未向劳动者提供必要的劳动防护用品和劳动保护设施的，由劳动行政部门或者有关部门责令改正，可以处以罚款；情节严重的，提请县级以上人民政府决定责令停产整顿；对事故隐患不采取措施，致使发生重大事故，造成劳动者生命和财产损失的，对责任人员依照刑法有关规定追究刑事责任。

**第九十三条**　用人单位强令劳动者违章冒险作业，发生重大伤亡事故，造成严重后果的，对责任人员依法追究刑事责任。

**第九十四条**　用人单位非法招用未满十六周岁的未成年人的，由劳动行政部门责令改正，处以罚款；情节严重的，由市场监督管理部门吊销营业执照。

**第九十五条**　用人单位违反本法对女职工和未成年工的保护规定，侵害其合法权益的，由劳动行政部门责令改正，处以罚款；对女职工或者未成年工造成损害的，应当承担赔偿责任。

**第九十六条**　用人单位有下列行为之一，由公安机关对责任人员处以十五日以下拘留、罚款或者警告；构成犯罪的，对责任人员依法追究刑事责任：

（一）以暴力、威胁或者非法限制人身自由的手段强迫劳动的；

（二）侮辱、体罚、殴打、非法搜查和拘禁劳动者的。

**第九十七条**　由于用人单位的原因订立的无效合同，对劳动者造成损害的，应当承担赔偿责任。

**第九十八条** 用人单位违反本法规定的条件解除劳动合同或者故意拖延不订立劳动合同的，由劳动行政部门责令改正；对劳动者造成损害的，应当承担赔偿责任。

**第九十九条** 用人单位招用尚未解除劳动合同的劳动者，对原用人单位造成经济损失的，该用人单位应当依法承担连带赔偿责任。

**第一百条** 用人单位无故不缴纳社会保险费的，由劳动行政部门责令其限期缴纳；逾期不缴的，可以加收滞纳金。

**第一百零一条** 用人单位无理阻挠劳动行政部门、有关部门及其工作人员行使监督检查权，打击报复举报人员的，由劳动行政部门或者有关部门处以罚款；构成犯罪的，对责任人员依法追究刑事责任。

**第一百零二条** 劳动者违反本法规定的条件解除劳动合同或者违反劳动合同中约定的保密事项，对用人单位造成经济损失的，应当依法承担赔偿责任。

**第一百零三条** 劳动行政部门或者有关部门的工作人员滥用职权、玩忽职守、徇私舞弊，构成犯罪的，依法追究刑事责任；不构成犯罪的，给予行政处分。

**第一百零四条** 国家工作人员和社会保险基金经办机构的工作人员挪用社会保险基金，构成犯罪的，依法追究刑事责任。

**第一百零五条** 违反本法规定侵害劳动者合法权益，其他法律、行政法规已规定处罚的，依照该法律、行政法规的规定处罚。

## 第十三章　附　则

**第一百零六条** 省、自治区、直辖市人民政府根据本法和本地区的实际情况，规定劳动合同制度的实施步骤，报国务院备案。

**第一百零七条** 本法自 1995 年 1 月 1 日起施行。

# 中华人民共和国劳动合同法

（2007 年 6 月 29 日第十届全国人民代表大会常务委员会第二十八次会议通过　根据 2012 年 12 月 28 日第十一届全国人民代表大会常务委员会第三十次会议《关于修改〈中华人民共和国劳动合同法〉的决定》修正）

## 目　录



## 第一章　总　则

**第一条**　为了完善劳动合同制度，明确劳动合同双方当事人的权利和义务，保护劳动者的合法权益，构建和发展和谐稳定的劳动关系，制定本法。

**第二条**　中华人民共和国境内的企业、个体经济组织、民办非企业单位等组织（以下称用人单位）与劳动者建立劳动关系，订立、履行、变更、解除或者终止劳动合同，适用本法。

国家机关、事业单位、社会团体和与其建立劳动关系的劳动者，订立、履行、变更、解除或者终止劳动合同，依照本法执行。

**第三条** 订立劳动合同，应当遵循合法、公平、平等自愿、协商一致、诚实信用的原则。

依法订立的劳动合同具有约束力，用人单位与劳动者应当履行劳动合同约定的义务。

**第四条** 用人单位应当依法建立和完善劳动规章制度，保障劳动者享有劳动权利、履行劳动义务。

用人单位在制定、修改或者决定有关劳动报酬、工作时间、休息休假、劳动安全卫生、保险福利、职工培训、劳动纪律以及劳动定额管理等直接涉及劳动者切身利益的规章制度或者重大事项时，应当经职工代表大会或者全体职工讨论，提出方案和意见，与工会或者职工代表平等协商确定。

在规章制度和重大事项决定实施过程中，工会或者职工认为不适当的，有权向用人单位提出，通过协商予以修改完善。

用人单位应当将直接涉及劳动者切身利益的规章制度和重大事项决定公示，或者告知劳动者。

**第五条** 县级以上人民政府劳动行政部门会同工会和企业方面代表，建立健全协调劳动关系三方机制，共同研究解决有关劳动关系的重大问题。

**第六条** 工会应当帮助、指导劳动者与用人单位依法订立和履行劳动合同，并与用人单位建立集体协商机制，维护劳动者的合法权益。

## 第二章 劳动合同的订立

**第七条** 用人单位自用工之日起即与劳动者建立劳动关系。用人单位应当建立职工名册备查。

**第八条** 用人单位招用劳动者时，应当如实告知劳动者工作内容、工作条件、工作地点、职业危害、安全生产状况、劳动报酬，以及劳动者要求了解的其他情况；用人单位有权了解劳动者与劳动合同直接相关的基本情况，劳动者应当如实说明。

**第九条** 用人单位招用劳动者，不得扣押劳动者的居民身份证和其他证件，不得要求劳动者提供担保或者以其他名义向劳动者收取财物。

**第十条** 建立劳动关系，应当订立书面劳动合同。

已建立劳动关系，未同时订立书面劳动合同的，应当自用工之日起一个月内订立书面劳动合同。

用人单位与劳动者在用工前订立劳动合同的，劳动关系自用工之日起建立。

**第十一条**　用人单位未在用工的同时订立书面劳动合同，与劳动者约定的劳动报酬不明确的，新招用的劳动者的劳动报酬按照集体合同规定的标准执行；没有集体合同或者集体合同未规定的，实行同工同酬。

**第十二条**　劳动合同分为固定期限劳动合同、无固定期限劳动合同和以完成一定工作任务为期限的劳动合同。

**第十三条**　固定期限劳动合同，是指用人单位与劳动者约定合同终止时间的劳动合同。

用人单位与劳动者协商一致，可以订立固定期限劳动合同。

**第十四条**　无固定期限劳动合同，是指用人单位与劳动者约定无确定终止时间的劳动合同。

用人单位与劳动者协商一致，可以订立无固定期限劳动合同。有下列情形之一，劳动者提出或者同意续订、订立劳动合同的，除劳动者提出订立固定期限劳动合同外，应当订立无固定期限劳动合同：

（一）劳动者在该用人单位连续工作满十年的；

（二）用人单位初次实行劳动合同制度或者国有企业改制重新订立劳动合同时，劳动者在该用人单位连续工作满十年且距法定退休年龄不足十年的；

（三）连续订立二次固定期限劳动合同，且劳动者没有本法第三十九条和第四十条第一项、第二项规定的情形，续订劳动合同的。

用人单位自用工之日起满一年不与劳动者订立书面劳动合同的，视为用人单位与劳动者已订立无固定期限劳动合同。

**第十五条**　以完成一定工作任务为期限的劳动合同，是指用人单位与劳动者约定以某项工作的完成为合同期限的劳动合同。

用人单位与劳动者协商一致，可以订立以完成一定工作任务为期限的劳动合同。

**第十六条**　劳动合同由用人单位与劳动者协商一致，并经用人单位与劳动者在劳动合同文本上签字或者盖章生效。

劳动合同文本由用人单位和劳动者各执一份。

**第十七条**　劳动合同应当具备以下条款：

（一）用人单位的名称、住所和法定代表人或者主要负责人；

（二）劳动者的姓名、住址和居民身份证或者其他有效身份证件号码；

（三）劳动合同期限；

（四）工作内容和工作地点；

（五）工作时间和休息休假；

（六）劳动报酬；

（七）社会保险；

（八）劳动保护、劳动条件和职业危害防护；

（九）法律、法规规定应当纳入劳动合同的其他事项。

劳动合同除前款规定的必备条款外，用人单位与劳动者可以约定试用期、培训、保守秘密、补充保险和福利待遇等其他事项。

**第十八条** 劳动合同对劳动报酬和劳动条件等标准约定不明确，引发争议的，用人单位与劳动者可以重新协商；协商不成的，适用集体合同规定；没有集体合同或者集体合同未规定劳动报酬的，实行同工同酬；没有集体合同或者集体合同未规定劳动条件等标准的，适用国家有关规定。

**第十九条** 劳动合同期限三个月以上不满一年的，试用期不得超过一个月；劳动合同期限一年以上不满三年的，试用期不得超过二个月；三年以上固定期限和无固定期限的劳动合同，试用期不得超过六个月。

同一用人单位与同一劳动者只能约定一次试用期。

以完成一定工作任务为期限的劳动合同或者劳动合同期限不满三个月的，不得约定试用期。

试用期包含在劳动合同期限内。劳动合同仅约定试用期的，试用期不成立，该期限为劳动合同期限。

**第二十条** 劳动者在试用期的工资不得低于本单位相同岗位最低档工资或者劳动合同约定工资的百分之八十，并不得低于用人单位所在地的最低工资标准。

**第二十一条** 在试用期中，除劳动者有本法第三十九条和第四十条第一项、第二项规定的情形外，用人单位不得解除劳动合同。用人单位在试用期解除劳动合同的，应当向劳动者说明理由。

**第二十二条** 用人单位为劳动者提供专项培训费用，对其进行专业技术培训的，可以与该劳动者订立协议，约定服务期。

劳动者违反服务期约定的，应当按照约定向用人单位支付违约金。违约金的数额不得超过用人单位提供的培训费用。用人单位要求劳动者支付的违约金不得超过服务期尚未履行部分所应分摊的培训费用。

用人单位与劳动者约定服务期的，不影响按照正常的工资调整机制提高劳动者在服务期期间的劳动报酬。

**第二十三条**　用人单位与劳动者可以在劳动合同中约定保守用人单位的商业秘密和与知识产权相关的保密事项。

对负有保密义务的劳动者，用人单位可以在劳动合同或者保密协议中与劳动者约定竞业限制条款，并约定在解除或者终止劳动合同后，在竞业限制期限内按月给予劳动者经济补偿。劳动者违反竞业限制约定的，应当按照约定向用人单位支付违约金。

**第二十四条**　竞业限制的人员限于用人单位的高级管理人员、高级技术人员和其他负有保密义务的人员。竞业限制的范围、地域、期限由用人单位与劳动者约定，竞业限制的约定不得违反法律、法规的规定。

在解除或者终止劳动合同后，前款规定的人员到与本单位生产或者经营同类产品、从事同类业务的有竞争关系的其他用人单位，或者自己开业生产或者经营同类产品、从事同类业务的竞业限制期限，不得超过二年。

**第二十五条**　除本法第二十二条和第二十三条规定的情形外，用人单位不得与劳动者约定由劳动者承担违约金。

**第二十六条**　下列劳动合同无效或者部分无效：

（一）以欺诈、胁迫的手段或者乘人之危，使对方在违背真实意思的情况下订立或者变更劳动合同的；

（二）用人单位免除自己的法定责任、排除劳动者权利的；

（三）违反法律、行政法规强制性规定的。

对劳动合同的无效或者部分无效有争议的，由劳动争议仲裁机构或者人民法院确认。

**第二十七条**　劳动合同部分无效，不影响其他部分效力的，其他部分仍然有效。

**第二十八条**　劳动合同被确认无效，劳动者已付出劳动的，用人单位应当向劳动者支付劳动报酬。劳动报酬的数额，参照本单位相同或者相近岗位劳动者的劳动报酬确定。

## 第三章　劳动合同的履行和变更

**第二十九条**　用人单位与劳动者应当按照劳动合同的约定，全面履行各自的义务。

**第三十条**　用人单位应当按照劳动合同约定和国家规定，向劳动者及时足额支付劳动报酬。

用人单位拖欠或者未足额支付劳动报酬的，劳动者可以依法向当地人民法院申请支付令，人民法院应当依法发出支付令。

**第三十一条**　用人单位应当严格执行劳动定额标准，不得强迫或者变相强迫劳动者加班。用人单位安排加班的，应当按照国家有关规定向劳动者支付加班费。

**第三十二条**　劳动者拒绝用人单位管理人员违章指挥、强令冒险作业的，不视为违反劳动合同。

劳动者对危害生命安全和身体健康的劳动条件，有权对用人单位提出批评、检举和控告。

**第三十三条**　用人单位变更名称、法定代表人、主要负责人或者投资人等事项，不影响劳动合同的履行。

**第三十四条**　用人单位发生合并或者分立等情况，原劳动合同继续有效，劳动合同由承继其权利和义务的用人单位继续履行。

**第三十五条**　用人单位与劳动者协商一致，可以变更劳动合同约定的内容。变更劳动合同，应当采用书面形式。

变更后的劳动合同文本由用人单位和劳动者各执一份。

## 第四章　劳动合同的解除和终止

**第三十六条**　用人单位与劳动者协商一致，可以解除劳动合同。

**第三十七条**　劳动者提前三十日以书面形式通知用人单位，可以解除劳动合同。劳动者在试用期内提前三日通知用人单位，可以解除劳动合同。

**第三十八条**　用人单位有下列情形之一的，劳动者可以解除劳动合同：

（一）未按照劳动合同约定提供劳动保护或者劳动条件的；

（二）未及时足额支付劳动报酬的；

（三）未依法为劳动者缴纳社会保险费的；

（四）用人单位的规章制度违反法律、法规的规定，损害劳动者权益的；

（五）因本法第二十六条第一款规定的情形致使劳动合同无效的；

（六）法律、行政法规规定劳动者可以解除劳动合同的其他情形。

用人单位以暴力、威胁或者非法限制人身自由的手段强迫劳动者劳动的，或者用人单位违章指挥、强令冒险作业危及劳动者人身安全的，劳动者可以立即解除劳动合同，不需事先告知用人单位。

**第三十九条**　劳动者有下列情形之一的，用人单位可以解除劳动合同：

（一）在试用期间被证明不符合录用条件的；

（二）严重违反用人单位的规章制度的；

（三）严重失职，营私舞弊，给用人单位造成重大损害的；

（四）劳动者同时与其他用人单位建立劳动关系，对完成本单位的工作任务造成严重影响，或者经用人单位提出，拒不改正的；

（五）因本法第二十六条第一款第一项规定的情形致使劳动合同无效的；

（六）被依法追究刑事责任的。

**第四十条**　有下列情形之一的，用人单位提前三十日以书面形式通知劳动者本人或者额外支付劳动者一个月工资后，可以解除劳动合同：

（一）劳动者患病或者非因工负伤，在规定的医疗期满后不能从事原工作，也不能从事由用人单位另行安排的工作的；

（二）劳动者不能胜任工作，经过培训或者调整工作岗位，仍不能胜任工作的；

（三）劳动合同订立时所依据的客观情况发生重大变化，致使劳动合同无法履行，经用人单位与劳动者协商，未能就变更劳动合同内容达成协议的。

**第四十一条**　有下列情形之一，需要裁减人员二十人以上或者裁减不足二十人但占企业职工总数百分之十以上的，用人单位提前三十日向工会或者全体职工说明情况，听取工会或者职工的意见后，裁减人员方案经向劳动行政部门报告，可以裁减人员：

（一）依照企业破产法规定进行重整的；

（二）生产经营发生严重困难的；

（三）企业转产、重大技术革新或者经营方式调整，经变更劳动合同后，仍需裁减人员的；

（四）其他因劳动合同订立时所依据的客观经济情况发生重大变化，致使劳动合同无法履行的。

裁减人员时，应当优先留用下列人员：

（一）与本单位订立较长期限的固定期限劳动合同的；

（二）与本单位订立无固定期限劳动合同的；

（三）家庭无其他就业人员，有需要扶养的老人或者未成年人的。

用人单位依照本条第一款规定裁减人员，在六个月内重新招用人员的，应当通知被裁减的人员，并在同等条件下优先招用被裁减的人员。

**第四十二条** 劳动者有下列情形之一的，用人单位不得依照本法第四十条、第四十一条的规定解除劳动合同：

（一）从事接触职业病危害作业的劳动者未进行离岗前职业健康检查，或者疑似职业病病人在诊断或者医学观察期间的；

（二）在本单位患职业病或者因工负伤并被确认丧失或者部分丧失劳动能力的；

（三）患病或者非因工负伤，在规定的医疗期内的；

（四）女职工在孕期、产期、哺乳期的；

（五）在本单位连续工作满十五年，且距法定退休年龄不足五年的；

（六）法律、行政法规规定的其他情形。

**第四十三条** 用人单位单方解除劳动合同，应当事先将理由通知工会。用人单位违反法律、行政法规规定或者劳动合同约定的，工会有权要求用人单位纠正。用人单位应当研究工会的意见，并将处理结果书面通知工会。

**第四十四条** 有下列情形之一的，劳动合同终止：

（一）劳动合同期满的；

（二）劳动者开始依法享受基本养老保险待遇的；

（三）劳动者死亡，或者被人民法院宣告死亡或者宣告失踪的；

（四）用人单位被依法宣告破产的；

（五）用人单位被吊销营业执照、责令关闭、撤销或者用人单位决定提前解散的；

（六）法律、行政法规规定的其他情形。

**第四十五条**　劳动合同期满，有本法第四十二条规定情形之一的，劳动合同应当续延至相应的情形消失时终止。但是，本法第四十二条第二项规定丧失或者部分丧失劳动能力劳动者的劳动合同的终止，按照国家有关工伤保险的规定执行。

**第四十六条**　有下列情形之一的，用人单位应当向劳动者支付经济补偿：

（一）劳动者依照本法第三十八条规定解除劳动合同的；

（二）用人单位依照本法第三十六条规定向劳动者提出解除劳动合同并与劳动者协商一致解除劳动合同的；

（三）用人单位依照本法第四十条规定解除劳动合同的；

（四）用人单位依照本法第四十一条第一款规定解除劳动合同的；

（五）除用人单位维持或者提高劳动合同约定条件续订劳动合同，劳动者不同意续订的情形外，依照本法第四十四条第一项规定终止固定期限劳动合同的；

（六）依照本法第四十四条第四项、第五项规定终止劳动合同的；

（七）法律、行政法规规定的其他情形。

**第四十七条**　经济补偿按劳动者在本单位工作的年限，每满一年支付一个月工资的标准向劳动者支付。六个月以上不满一年的，按一年计算；不满六个月的，向劳动者支付半个月工资的经济补偿。

劳动者月工资高于用人单位所在直辖市、设区的市级人民政府公布的本地区上年度职工月平均工资三倍的，向其支付经济补偿的标准按职工月平均工资三倍的数额支付，向其支付经济补偿的年限最高不超过十二年。

本条所称月工资是指劳动者在劳动合同解除或者终止前十二个月的平均工资。

**第四十八条**　用人单位违反本法规定解除或者终止劳动合同，劳动者要求继续履行劳动合同的，用人单位应当继续履行；劳动者不要求继续履行劳动合同或者劳动合同已经不能继续履行的，用人单位应当依照本法第八十七条规定支付赔偿金。

**第四十九条**　国家采取措施，建立健全劳动者社会保险关系跨地区转移接续制度。

**第五十条** 用人单位应当在解除或者终止劳动合同时出具解除或者终止劳动合同的证明，并在十五日内为劳动者办理档案和社会保险关系转移手续。

劳动者应当按照双方约定，办理工作交接。用人单位依照本法有关规定应当向劳动者支付经济补偿的，在办结工作交接时支付。

用人单位对已经解除或者终止的劳动合同的文本，至少保存二年备查。

## 第五章 特别规定

### 第一节 集体合同

**第五十一条** 企业职工一方与用人单位通过平等协商，可以就劳动报酬、工作时间、休息休假、劳动安全卫生、保险福利等事项订立集体合同。集体合同草案应当提交职工代表大会或者全体职工讨论通过。

集体合同由工会代表企业职工一方与用人单位订立；尚未建立工会的用人单位，由上级工会指导劳动者推举的代表与用人单位订立。

**第五十二条** 企业职工一方与用人单位可以订立劳动安全卫生、女职工权益保护、工资调整机制等专项集体合同。

**第五十三条** 在县级以下区域内，建筑业、采矿业、餐饮服务业等行业可以由工会与企业方面代表订立行业性集体合同，或者订立区域性集体合同。

**第五十四条** 集体合同订立后，应当报送劳动行政部门；劳动行政部门自收到集体合同文本之日起十五日内未提出异议的，集体合同即行生效。

依法订立的集体合同对用人单位和劳动者具有约束力。行业性、区域性集体合同对当地本行业、本区域的用人单位和劳动者具有约束力。

**第五十五条** 集体合同中劳动报酬和劳动条件等标准不得低于当地人民政府规定的最低标准；用人单位与劳动者订立的劳动合同中劳动报酬和劳动条件等标准不得低于集体合同规定的标准。

**第五十六条** 用人单位违反集体合同，侵犯职工劳动权益的，工会可以依法要求用人单位承担责任；因履行集体合同发生争议，经协商解决不成的，工会可以依法申请仲裁、提起诉讼。

### 第二节 劳务派遣

**第五十七条** 经营劳务派遣业务应当具备下列条件：

（一）注册资本不得少于人民币二百万元；

（二）有与开展业务相适应的固定的经营场所和设施；

（三）有符合法律、行政法规规定的劳务派遣管理制度；

（四）法律、行政法规规定的其他条件。

经营劳务派遣业务，应当向劳动行政部门依法申请行政许可；经许可的，依法办理相应的公司登记。未经许可，任何单位和个人不得经营劳务派遣业务。

**第五十八条**　劳务派遣单位是本法所称用人单位，应当履行用人单位对劳动者的义务。劳务派遣单位与被派遣劳动者订立的劳动合同，除应当载明本法第十七条规定的事项外，还应当载明被派遣劳动者的用工单位以及派遣期限、工作岗位等情况。

劳务派遣单位应当与被派遣劳动者订立二年以上的固定期限劳动合同，按月支付劳动报酬；被派遣劳动者在无工作期间，劳务派遣单位应当按照所在地人民政府规定的最低工资标准，向其按月支付报酬。

**第五十九条**　劳务派遣单位派遣劳动者应当与接受以劳务派遣形式用工的单位（以下称用工单位）订立劳务派遣协议。劳务派遣协议应当约定派遣岗位和人员数量、派遣期限、劳动报酬和社会保险费的数额与支付方式以及违反协议的责任。

用工单位应当根据工作岗位的实际需要与劳务派遣单位确定派遣期限，不得将连续用工期限分割订立数个短期劳务派遣协议。

**第六十条**　劳务派遣单位应当将劳务派遣协议的内容告知被派遣劳动者。

劳务派遣单位不得克扣用工单位按照劳务派遣协议支付给被派遣劳动者的劳动报酬。

劳务派遣单位和用工单位不得向被派遣劳动者收取费用。

**第六十一条**　劳务派遣单位跨地区派遣劳动者的，被派遣劳动者享有的劳动报酬和劳动条件，按照用工单位所在地的标准执行。

**第六十二条**　用工单位应当履行下列义务：

（一）执行国家劳动标准，提供相应的劳动条件和劳动保护；

（二）告知被派遣劳动者的工作要求和劳动报酬；

（三）支付加班费、绩效奖金，提供与工作岗位相关的福利待遇；

（四）对在岗被派遣劳动者进行工作岗位所必需的培训；

（五）连续用工的，实行正常的工资调整机制。

用工单位不得将被派遣劳动者再派遣到其他用人单位。

**第六十三条** 被派遣劳动者享有与用工单位的劳动者同工同酬的权利。用工单位应当按照同工同酬原则，对被派遣劳动者与本单位同类岗位的劳动者实行相同的劳动报酬分配办法。用工单位无同类岗位劳动者的，参照用工单位所在地相同或者相近岗位劳动者的劳动报酬确定。

劳务派遣单位与被派遣劳动者订立的劳动合同和与用工单位订立的劳务派遣协议，载明或者约定的向被派遣劳动者支付的劳动报酬应当符合前款规定。

**第六十四条** 被派遣劳动者有权在劳务派遣单位或者用工单位依法参加或者组织工会，维护自身的合法权益。

**第六十五条** 被派遣劳动者可以依照本法第三十六条、第三十八条的规定与劳务派遣单位解除劳动合同。

被派遣劳动者有本法第三十九条和第四十条第一项、第二项规定情形的，用工单位可以将劳动者退回劳务派遣单位，劳务派遣单位依照本法有关规定，可以与劳动者解除劳动合同。

**第六十六条** 劳动合同用工是我国的企业基本用工形式。劳务派遣用工是补充形式，只能在临时性、辅助性或者替代性的工作岗位上实施。

前款规定的临时性工作岗位是指存续时间不超过六个月的岗位；辅助性工作岗位是指为主营业务岗位提供服务的非主营业务岗位；替代性工作岗位是指用工单位的劳动者因脱产学习、休假等原因无法工作的一定期间内，可以由其他劳动者替代工作的岗位。

用工单位应当严格控制劳务派遣用工数量，不得超过其用工总量的一定比例，具体比例由国务院劳动行政部门规定。

**第六十七条** 用人单位不得设立劳务派遣单位向本单位或者所属单位派遣劳动者。

### 第三节　非全日制用工

**第六十八条** 非全日制用工，是指以小时计酬为主，劳动者在同一用人单位一般平均每日工作时间不超过四小时，每周工作时间累计不超过二十四小时的用工形式。

**第六十九条** 非全日制用工双方当事人可以订立口头协议。

从事非全日制用工的劳动者可以与一个或者一个以上用人单位订立劳动合

同；但是，后订立的劳动合同不得影响先订立的劳动合同的履行。

**第七十条**　非全日制用工双方当事人不得约定试用期。

**第七十一条**　非全日制用工双方当事人任何一方都可以随时通知对方终止用工。终止用工，用人单位不向劳动者支付经济补偿。

**第七十二条**　非全日制用工小时计酬标准不得低于用人单位所在地人民政府规定的最低小时工资标准。

非全日制用工劳动报酬结算支付周期最长不得超过十五日。

## 第六章　监督检查

**第七十三条**　国务院劳动行政部门负责全国劳动合同制度实施的监督管理。

县级以上地方人民政府劳动行政部门负责本行政区域内劳动合同制度实施的监督管理。

县级以上各级人民政府劳动行政部门在劳动合同制度实施的监督管理工作中，应当听取工会、企业方面代表以及有关行业主管部门的意见。

**第七十四条**　县级以上地方人民政府劳动行政部门依法对下列实施劳动合同制度的情况进行监督检查：

（一）用人单位制定直接涉及劳动者切身利益的规章制度及其执行的情况；

（二）用人单位与劳动者订立和解除劳动合同的情况；

（三）劳务派遣单位和用工单位遵守劳务派遣有关规定的情况；

（四）用人单位遵守国家关于劳动者工作时间和休息休假规定的情况；

（五）用人单位支付劳动合同约定的劳动报酬和执行最低工资标准的情况；

（六）用人单位参加各项社会保险和缴纳社会保险费的情况；

（七）法律、法规规定的其他劳动监察事项。

**第七十五条**　县级以上地方人民政府劳动行政部门实施监督检查时，有权查阅与劳动合同、集体合同有关的材料，有权对劳动场所进行实地检查，用人单位和劳动者都应当如实提供有关情况和材料。

劳动行政部门的工作人员进行监督检查，应当出示证件，依法行使职权，文明执法。

**第七十六条**　县级以上人民政府建设、卫生、安全生产监督管理等有关主管部门在各自职责范围内，对用人单位执行劳动合同制度的情况进行监督管理。

**第七十七条** 劳动者合法权益受到侵害的，有权要求有关部门依法处理，或者依法申请仲裁、提起诉讼。

**第七十八条** 工会依法维护劳动者的合法权益，对用人单位履行劳动合同、集体合同的情况进行监督。用人单位违反劳动法律、法规和劳动合同、集体合同的，工会有权提出意见或者要求纠正；劳动者申请仲裁、提起诉讼的，工会依法给予支持和帮助。

**第七十九条** 任何组织或者个人对违反本法的行为都有权举报，县级以上人民政府劳动行政部门应当及时核实、处理，并对举报有功人员给予奖励。

## 第七章　法律责任

**第八十条** 用人单位直接涉及劳动者切身利益的规章制度违反法律、法规规定的，由劳动行政部门责令改正，给予警告；给劳动者造成损害的，应当承担赔偿责任。

**第八十一条** 用人单位提供的劳动合同文本未载明本法规定的劳动合同必备条款或者用人单位未将劳动合同文本交付劳动者的，由劳动行政部门责令改正；给劳动者造成损害的，应当承担赔偿责任。

**第八十二条** 用人单位自用工之日起超过一个月不满一年未与劳动者订立书面劳动合同的，应当向劳动者每月支付二倍的工资。

用人单位违反本法规定不与劳动者订立无固定期限劳动合同的，自应当订立无固定期限劳动合同之日起向劳动者每月支付二倍的工资。

**第八十三条** 用人单位违反本法规定与劳动者约定试用期的，由劳动行政部门责令改正；违法约定的试用期已经履行的，由用人单位以劳动者试用期满月工资为标准，按已经履行的超过法定试用期的期间向劳动者支付赔偿金。

**第八十四条** 用人单位违反本法规定，扣押劳动者居民身份证等证件的，由劳动行政部门责令限期退还劳动者本人，并依照有关法律规定给予处罚。

用人单位违反本法规定，以担保或者其他名义向劳动者收取财物的，由劳动行政部门责令限期退还劳动者本人，并以每人五百元以上二千元以下的标准处以罚款；给劳动者造成损害的，应当承担赔偿责任。

劳动者依法解除或者终止劳动合同，用人单位扣押劳动者档案或者其他物品的，依照前款规定处罚。

**第八十五条**　用人单位有下列情形之一的，由劳动行政部门责令限期支付劳动报酬、加班费或者经济补偿；劳动报酬低于当地最低工资标准的，应当支付其差额部分；逾期不支付的，责令用人单位按应付金额百分之五十以上百分之一百以下的标准向劳动者加付赔偿金：

（一）未按照劳动合同的约定或者国家规定及时足额支付劳动者劳动报酬的；

（二）低于当地最低工资标准支付劳动者工资的；

（三）安排加班不支付加班费的；

（四）解除或者终止劳动合同，未依照本法规定向劳动者支付经济补偿的。

**第八十六条**　劳动合同依照本法第二十六条规定被确认无效，给对方造成损害的，有过错的一方应当承担赔偿责任。

**第八十七条**　用人单位违反本法规定解除或者终止劳动合同的，应当依照本法第四十七条规定的经济补偿标准的二倍向劳动者支付赔偿金。

**第八十八条**　用人单位有下列情形之一的，依法给予行政处罚；构成犯罪的，依法追究刑事责任；给劳动者造成损害的，应当承担赔偿责任：

（一）以暴力、威胁或者非法限制人身自由的手段强迫劳动的；

（二）违章指挥或者强令冒险作业危及劳动者人身安全的；

（三）侮辱、体罚、殴打、非法搜查或者拘禁劳动者的；

（四）劳动条件恶劣、环境污染严重，给劳动者身心健康造成严重损害的。

**第八十九条**　用人单位违反本法规定未向劳动者出具解除或者终止劳动合同的书面证明，由劳动行政部门责令改正；给劳动者造成损害的，应当承担赔偿责任。

**第九十条**　劳动者违反本法规定解除劳动合同，或者违反劳动合同中约定的保密义务或者竞业限制，给用人单位造成损失的，应当承担赔偿责任。

**第九十一条**　用人单位招用与其他用人单位尚未解除或者终止劳动合同的劳动者，给其他用人单位造成损失的，应当承担连带赔偿责任。

**第九十二条**　违反本法规定，未经许可，擅自经营劳务派遣业务的，由劳动行政部门责令停止违法行为，没收违法所得，并处违法所得一倍以上五倍以下的罚款；没有违法所得的，可以处五万元以下的罚款。

劳务派遣单位、用工单位违反本法有关劳务派遣规定的，由劳动行政部门责令限期改正；逾期不改正的，以每人五千元以上一万元以下的标准处以罚款，对劳务派遣单位，吊销其劳务派遣业务经营许可证。用工单位给被派遣劳动者造成损害的，劳务派遣单位与用工单位承担连带赔偿责任。

**第九十三条** 对不具备合法经营资格的用人单位的违法犯罪行为，依法追究法律责任；劳动者已经付出劳动的，该单位或者其出资人应当依照本法有关规定向劳动者支付劳动报酬、经济补偿、赔偿金；给劳动者造成损害的，应当承担赔偿责任。

**第九十四条** 个人承包经营违反本法规定招用劳动者，给劳动者造成损害的，发包的组织与个人承包经营者承担连带赔偿责任。

**第九十五条** 劳动行政部门和其他有关主管部门及其工作人员玩忽职守、不履行法定职责，或者违法行使职权，给劳动者或者用人单位造成损害的，应当承担赔偿责任；对直接负责的主管人员和其他直接责任人员，依法给予行政处分；构成犯罪的，依法追究刑事责任。

## 第八章 附 则

**第九十六条** 事业单位与实行聘用制的工作人员订立、履行、变更、解除或者终止劳动合同，法律、行政法规或者国务院另有规定的，依照其规定；未作规定的，依照本法有关规定执行。

**第九十七条** 本法施行前已依法订立且在本法施行之日存续的劳动合同，继续履行；本法第十四条第二款第三项规定连续订立固定期限劳动合同的次数，自本法施行后续订固定期限劳动合同时开始计算。

本法施行前已建立劳动关系，尚未订立书面劳动合同的，应当自本法施行之日起一个月内订立。

本法施行之日存续的劳动合同在本法施行后解除或者终止，依照本法第四十六条规定应当支付经济补偿的，经济补偿年限自本法施行之日起计算；本法施行前按照当时有关规定，用人单位应当向劳动者支付经济补偿的，按照当时有关规定执行。

**第九十八条** 本法自 2008 年 1 月 1 日起施行。

# 中华人民共和国劳动争议调解仲裁法

（2007 年 12 月 29 日第十届全国人民代表大会常务委员会第三十一次会议通过　2007 年 12 月 29 日中华人民共和国主席令第 80 号公布　自 2008 年 5 月 1 日起施行）

## 目　录



## 第一章　总　则

**第一条**　为了公正及时解决劳动争议，保护当事人合法权益，促进劳动关系和谐稳定，制定本法。

**第二条**　中华人民共和国境内的用人单位与劳动者发生的下列劳动争议，适用本法：

（一）因确认劳动关系发生的争议；

（二）因订立、履行、变更、解除和终止劳动合同发生的争议；

（三）因除名、辞退和辞职、离职发生的争议；

（四）因工作时间、休息休假、社会保险、福利、培训以及劳动保护发生的争议；

（五）因劳动报酬、工伤医疗费、经济补偿或者赔偿金等发生的争议；

（六）法律、法规规定的其他劳动争议。

**第三条** 解决劳动争议，应当根据事实，遵循合法、公正、及时、着重调解的原则，依法保护当事人的合法权益。

**第四条** 发生劳动争议，劳动者可以与用人单位协商，也可以请工会或者第三方共同与用人单位协商，达成和解协议。

**第五条** 发生劳动争议，当事人不愿协商、协商不成或者达成和解协议后不履行的，可以向调解组织申请调解；不愿调解、调解不成或者达成调解协议后不履行的，可以向劳动争议仲裁委员会申请仲裁；对仲裁裁决不服的，除本法另有规定的外，可以向人民法院提起诉讼。

**第六条** 发生劳动争议，当事人对自己提出的主张，有责任提供证据。与争议事项有关的证据属于用人单位掌握管理的，用人单位应当提供；用人单位不提供的，应当承担不利后果。

**第七条** 发生劳动争议的劳动者一方在十人以上，并有共同请求的，可以推举代表参加调解、仲裁或者诉讼活动。

**第八条** 县级以上人民政府劳动行政部门会同工会和企业方面代表建立协调劳动关系三方机制，共同研究解决劳动争议的重大问题。

**第九条** 用人单位违反国家规定，拖欠或者未足额支付劳动报酬，或者拖欠工伤医疗费、经济补偿或者赔偿金的，劳动者可以向劳动行政部门投诉，劳动行政部门应当依法处理。

## 第二章 调 解

**第十条** 发生劳动争议，当事人可以到下列调解组织申请调解：

（一）企业劳动争议调解委员会；

（二）依法设立的基层人民调解组织；

（三）在乡镇、街道设立的具有劳动争议调解职能的组织。

企业劳动争议调解委员会由职工代表和企业代表组成。职工代表由工会成员担任或者由全体职工推举产生，企业代表由企业负责人指定。企业劳动争议调解委员会主任由工会成员或者双方推举的人员担任。

**第十一条** 劳动争议调解组织的调解员应当由公道正派、联系群众、热心调解工作，并具有一定法律知识、政策水平和文化水平的成年公民担任。

**第十二条** 当事人申请劳动争议调解可以书面申请，也可以口头申请。口头申请的，调解组织应当当场记录申请人基本情况、申请调解的争议事项、理由和时间。

**第十三条**　调解劳动争议，应当充分听取双方当事人对事实和理由的陈述，耐心疏导，帮助其达成协议。

**第十四条**　经调解达成协议的，应当制作调解协议书。

调解协议书由双方当事人签名或者盖章，经调解员签名并加盖调解组织印章后生效，对双方当事人具有约束力，当事人应当履行。

自劳动争议调解组织收到调解申请之日起十五日内未达成调解协议的，当事人可以依法申请仲裁。

**第十五条**　达成调解协议后，一方当事人在协议约定期限内不履行调解协议的，另一方当事人可以依法申请仲裁。

**第十六条**　因支付拖欠劳动报酬、工伤医疗费、经济补偿或者赔偿金事项达成调解协议，用人单位在协议约定期限内不履行的，劳动者可以持调解协议书依法向人民法院申请支付令。人民法院应当依法发出支付令。

## 第三章　仲　裁

### 第一节　一般规定

**第十七条**　劳动争议仲裁委员会按照统筹规划、合理布局和适应实际需要的原则设立。省、自治区人民政府可以决定在市、县设立；直辖市人民政府可以决定在区、县设立。直辖市、设区的市也可以设立一个或者若干个劳动争议仲裁委员会。劳动争议仲裁委员会不按行政区划层层设立。

**第十八条**　国务院劳动行政部门依照本法有关规定制定仲裁规则。省、自治区、直辖市人民政府劳动行政部门对本行政区域的劳动争议仲裁工作进行指导。

**第十九条**　劳动争议仲裁委员会由劳动行政部门代表、工会代表和企业方面代表组成。劳动争议仲裁委员会组成人员应当是单数。

劳动争议仲裁委员会依法履行下列职责：

（一）聘任、解聘专职或者兼职仲裁员；

（二）受理劳动争议案件；

（三）讨论重大或者疑难的劳动争议案件；

（四）对仲裁活动进行监督。

劳动争议仲裁委员会下设办事机构，负责办理劳动争议仲裁委员会的日常工作。

**第二十条** 劳动争议仲裁委员会应当设仲裁员名册。

仲裁员应当公道正派并符合下列条件之一：

（一）曾任审判员的；

（二）从事法律研究、教学工作并具有中级以上职称的；

（三）具有法律知识、从事人力资源管理或者工会等专业工作满五年的；

（四）律师执业满三年的。

**第二十一条** 劳动争议仲裁委员会负责管辖本区域内发生的劳动争议。

劳动争议由劳动合同履行地或者用人单位所在地的劳动争议仲裁委员会管辖。双方当事人分别向劳动合同履行地和用人单位所在地的劳动争议仲裁委员会申请仲裁的，由劳动合同履行地的劳动争议仲裁委员会管辖。

**第二十二条** 发生劳动争议的劳动者和用人单位为劳动争议仲裁案件的双方当事人。

劳务派遣单位或者用工单位与劳动者发生劳动争议的，劳务派遣单位和用工单位为共同当事人。

**第二十三条** 与劳动争议案件的处理结果有利害关系的第三人，可以申请参加仲裁活动或者由劳动争议仲裁委员会通知其参加仲裁活动。

**第二十四条** 当事人可以委托代理人参加仲裁活动。委托他人参加仲裁活动，应当向劳动争议仲裁委员会提交有委托人签名或者盖章的委托书，委托书应当载明委托事项和权限。

**第二十五条** 丧失或者部分丧失民事行为能力的劳动者，由其法定代理人代为参加仲裁活动；无法定代理人的，由劳动争议仲裁委员会为其指定代理人。劳动者死亡的，由其近亲属或者代理人参加仲裁活动。

**第二十六条** 劳动争议仲裁公开进行，但当事人协议不公开进行或者涉及国家秘密、商业秘密和个人隐私的除外。

### 第二节 申请和受理

**第二十七条** 劳动争议申请仲裁的时效期间为一年。仲裁时效期间从当事人知道或者应当知道其权利被侵害之日起计算。

前款规定的仲裁时效，因当事人一方向对方当事人主张权利，或者向有关部门请求权利救济，或者对方当事人同意履行义务而中断。从中断时起，仲裁时效期间重新计算。

因不可抗力或者有其他正当理由，当事人不能在本条第一款规定的仲裁时效期间申请仲裁的，仲裁时效中止。从中止时效的原因消除之日起，仲裁时效期间继续计算。

劳动关系存续期间因拖欠劳动报酬发生争议的，劳动者申请仲裁不受本条第一款规定的仲裁时效期间的限制；但是，劳动关系终止的，应当自劳动关系终止之日起一年内提出。

**第二十八条**　申请人申请仲裁应当提交书面仲裁申请，并按照被申请人人数提交副本。

仲裁申请书应当载明下列事项：

（一）劳动者的姓名、性别、年龄、职业、工作单位和住所，用人单位的名称、住所和法定代表人或者主要负责人的姓名、职务；

（二）仲裁请求和所根据的事实、理由；

（三）证据和证据来源、证人姓名和住所。

书写仲裁申请确有困难的，可以口头申请，由劳动争议仲裁委员会记入笔录，并告知对方当事人。

**第二十九条**　劳动争议仲裁委员会收到仲裁申请之日起五日内，认为符合受理条件的，应当受理，并通知申请人；认为不符合受理条件的，应当书面通知申请人不予受理，并说明理由。对劳动争议仲裁委员会不予受理或者逾期未作出决定的，申请人可以就该劳动争议事项向人民法院提起诉讼。

**第三十条**　劳动争议仲裁委员会受理仲裁申请后，应当在五日内将仲裁申请书副本送达被申请人。

被申请人收到仲裁申请书副本后，应当在十日内向劳动争议仲裁委员会提交答辩书。劳动争议仲裁委员会收到答辩书后，应当在五日内将答辩书副本送达申请人。被申请人未提交答辩书的，不影响仲裁程序的进行。

### 第三节　开庭和裁决

**第三十一条**　劳动争议仲裁委员会裁决劳动争议案件实行仲裁庭制。仲裁庭由三名仲裁员组成，设首席仲裁员。简单劳动争议案件可以由一名仲裁员独任仲裁。

**第三十二条** 劳动争议仲裁委员会应当在受理仲裁申请之日起五日内将仲裁庭的组成情况书面通知当事人。

**第三十三条** 仲裁员有下列情形之一，应当回避，当事人也有权以口头或者书面方式提出回避申请：

（一）是本案当事人或者当事人、代理人的近亲属的；

（二）与本案有利害关系的；

（三）与本案当事人、代理人有其他关系，可能影响公正裁决的；

（四）私自会见当事人、代理人，或者接受当事人、代理人的请客送礼的。

劳动争议仲裁委员会对回避申请应当及时作出决定，并以口头或者书面方式通知当事人。

**第三十四条** 仲裁员有本法第三十三条第四项规定情形，或者有索贿受贿、徇私舞弊、枉法裁决行为的，应当依法承担法律责任。劳动争议仲裁委员会应当将其解聘。

**第三十五条** 仲裁庭应当在开庭五日前，将开庭日期、地点书面通知双方当事人。当事人有正当理由的，可以在开庭三日前请求延期开庭。是否延期，由劳动争议仲裁委员会决定。

**第三十六条** 申请人收到书面通知，无正当理由拒不到庭或者未经仲裁庭同意中途退庭的，可以视为撤回仲裁申请。

被申请人收到书面通知，无正当理由拒不到庭或者未经仲裁庭同意中途退庭的，可以缺席裁决。

**第三十七条** 仲裁庭对专门性问题认为需要鉴定的，可以交由当事人约定的鉴定机构鉴定；当事人没有约定或者无法达成约定的，由仲裁庭指定的鉴定机构鉴定。

根据当事人的请求或者仲裁庭的要求，鉴定机构应当派鉴定人参加开庭。当事人经仲裁庭许可，可以向鉴定人提问。

**第三十八条** 当事人在仲裁过程中有权进行质证和辩论。质证和辩论终结时，首席仲裁员或者独任仲裁员应当征询当事人的最后意见。

**第三十九条** 当事人提供的证据经查证属实的，仲裁庭应当将其作为认定事实的根据。

劳动者无法提供由用人单位掌握管理的与仲裁请求有关的证据，仲裁庭可以要求用人单位在指定期限内提供。用人单位在指定期限内不提供的，应当承担不利后果。

**第四十条**　仲裁庭应当将开庭情况记入笔录。当事人和其他仲裁参加人认为对自己陈述的记录有遗漏或者差错的，有权申请补正。如果不予补正，应当记录该申请。

笔录由仲裁员、记录人员、当事人和其他仲裁参加人签名或者盖章。

**第四十一条**　当事人申请劳动争议仲裁后，可以自行和解。达成和解协议的，可以撤回仲裁申请。

**第四十二条**　仲裁庭在作出裁决前，应当先行调解。

调解达成协议的，仲裁庭应当制作调解书。

调解书应当写明仲裁请求和当事人协议的结果。调解书由仲裁员签名，加盖劳动争议仲裁委员会印章，送达双方当事人。调解书经双方当事人签收后，发生法律效力。

调解不成或者调解书送达前，一方当事人反悔的，仲裁庭应当及时作出裁决。

**第四十三条**　仲裁庭裁决劳动争议案件，应当自劳动争议仲裁委员会受理仲裁申请之日起四十五日内结束。案情复杂需要延期的，经劳动争议仲裁委员会主任批准，可以延期并书面通知当事人，但是延长期限不得超过十五日。逾期未作出仲裁裁决的，当事人可以就该劳动争议事项向人民法院提起诉讼。

仲裁庭裁决劳动争议案件时，其中一部分事实已经清楚，可以就该部分先行裁决。

**第四十四条**　仲裁庭对追索劳动报酬、工伤医疗费、经济补偿或者赔偿金的案件，根据当事人的申请，可以裁决先予执行，移送人民法院执行。

仲裁庭裁决先予执行的，应当符合下列条件：

（一）当事人之间权利义务关系明确；

（二）不先予执行将严重影响申请人的生活。

劳动者申请先予执行的，可以不提供担保。

**第四十五条**　裁决应当按照多数仲裁员的意见作出，少数仲裁员的不同意见应当记入笔录。仲裁庭不能形成多数意见时，裁决应当按照首席仲裁员的意见作出。

**第四十六条** 裁决书应当载明仲裁请求、争议事实、裁决理由、裁决结果和裁决日期。裁决书由仲裁员签名，加盖劳动争议仲裁委员会印章。对裁决持不同意见的仲裁员，可以签名，也可以不签名。

**第四十七条** 下列劳动争议，除本法另有规定的外，仲裁裁决为终局裁决，裁决书自作出之日起发生法律效力：

（一）追索劳动报酬、工伤医疗费、经济补偿或者赔偿金，不超过当地月最低工资标准十二个月金额的争议；

（二）因执行国家的劳动标准在工作时间、休息休假、社会保险等方面发生的争议。

**第四十八条** 劳动者对本法第四十七条规定的仲裁裁决不服的，可以自收到仲裁裁决书之日起十五日内向人民法院提起诉讼。

**第四十九条** 用人单位有证据证明本法第四十七条规定的仲裁裁决有下列情形之一，可以自收到仲裁裁决书之日起三十日内向劳动争议仲裁委员会所在地的中级人民法院申请撤销裁决：

（一）适用法律、法规确有错误的；

（二）劳动争议仲裁委员会无管辖权的；

（三）违反法定程序的；

（四）裁决所根据的证据是伪造的；

（五）对方当事人隐瞒了足以影响公正裁决的证据的；

（六）仲裁员在仲裁该案时有索贿受贿、徇私舞弊、枉法裁决行为的。

人民法院经组成合议庭审查核实裁决有前款规定情形之一的，应当裁定撤销。

仲裁裁决被人民法院裁定撤销的，当事人可以自收到裁定书之日起十五日内就该劳动争议事项向人民法院提起诉讼。

**第五十条** 当事人对本法第四十七条规定以外的其他劳动争议案件的仲裁裁决不服的，可以自收到仲裁裁决书之日起十五日内向人民法院提起诉讼；期满不起诉的，裁决书发生法律效力。

**第五十一条** 当事人对发生法律效力的调解书、裁决书，应当依照规定的期限履行。一方当事人逾期不履行的，另一方当事人可以依照民事诉讼法的有关规定向人民法院申请执行。受理申请的人民法院应当依法执行。

## 第四章　附　则

**第五十二条**　事业单位实行聘用制的工作人员与本单位发生劳动争议的，依照本法执行；法律、行政法规或者国务院另有规定的，依照其规定。

**第五十三条**　劳动争议仲裁不收费。劳动争议仲裁委员会的经费由财政予以保障。

**第五十四条**　本法自 2008 年 5 月 1 日起施行。

# 保障农民工工资支付条例

（2019 年 12 月 30 日中华人民共和国国务院令第 724 号公布）

## 第一章　总　则

**第一条**　为了规范农民工工资支付行为，保障农民工按时足额获得工资，根据《中华人民共和国劳动法》及有关法律规定，制定本条例。

**第二条**　保障农民工工资支付，适用本条例。

本条例所称农民工，是指为用人单位提供劳动的农村居民。

本条例所称工资，是指农民工为用人单位提供劳动后应当获得的劳动报酬。

**第三条**　农民工有按时足额获得工资的权利。任何单位和个人不得拖欠农民工工资。

农民工应当遵守劳动纪律和职业道德，执行劳动安全卫生规程，完成劳动任务。

**第四条**　县级以上地方人民政府对本行政区域内保障农民工工资支付工作负责，建立保障农民工工资支付工作协调机制，加强监管能力建设，健全保障农民工工资支付工作目标责任制，并纳入对本级人民政府有关部门和下级人民政府进行考核和监督的内容。

乡镇人民政府、街道办事处应当加强对拖欠农民工工资矛盾的排查和调处工作，防范和化解矛盾，及时调解纠纷。

**第五条**　保障农民工工资支付，应当坚持市场主体负责、政府依法监管、社会协同监督，按照源头治理、预防为主、防治结合、标本兼治的要求，依法根治拖欠农民工工资问题。

**第六条**　用人单位实行农民工劳动用工实名制管理，与招用的农民工书面约定或者通过依法制定的规章制度规定工资支付标准、支付时间、支付方式等内容。

**第七条**　人力资源社会保障行政部门负责保障农民工工资支付工作的组织

协调、管理指导和农民工工资支付情况的监督检查，查处有关拖欠农民工工资案件。

住房城乡建设、交通运输、水利等相关行业工程建设主管部门按照职责履行行业监管责任，督办因违法发包、转包、违法分包、挂靠、拖欠工程款等导致的拖欠农民工工资案件。

发展改革等部门按照职责负责政府投资项目的审批管理，依法审查政府投资项目的资金来源和筹措方式，按规定及时安排政府投资，加强社会信用体系建设，组织对拖欠农民工工资失信联合惩戒对象依法依规予以限制和惩戒。

财政部门负责政府投资资金的预算管理，根据经批准的预算按规定及时足额拨付政府投资资金。

公安机关负责及时受理、侦办涉嫌拒不支付劳动报酬刑事案件，依法处置因农民工工资拖欠引发的社会治安案件。

司法行政、自然资源、人民银行、审计、国有资产管理、税务、市场监管、金融监管等部门，按照职责做好与保障农民工工资支付相关的工作。

**第八条**　工会、共产主义青年团、妇女联合会、残疾人联合会等组织按照职责依法维护农民工获得工资的权利。

**第九条**　新闻媒体应当开展保障农民工工资支付法律法规政策的公益宣传和先进典型的报道，依法加强对拖欠农民工工资违法行为的舆论监督，引导用人单位增强依法用工、按时足额支付工资的法律意识，引导农民工依法维权。

**第十条**　被拖欠工资的农民工有权依法投诉，或者申请劳动争议调解仲裁和提起诉讼。

任何单位和个人对拖欠农民工工资的行为，有权向人力资源社会保障行政部门或者其他有关部门举报。

人力资源社会保障行政部门和其他有关部门应当公开举报投诉电话、网站等渠道，依法接受对拖欠农民工工资行为的举报、投诉。对于举报、投诉的处理实行首问负责制，属于本部门受理的，应当依法及时处理；不属于本部门受理的，应当及时转送相关部门，相关部门应当依法及时处理，并将处理结果告知举报、投诉人。

## 第二章　工资支付形式与周期

**第十一条**　农民工工资应当以货币形式，通过银行转账或者现金支付给农民工本人，不得以实物或者有价证券等其他形式替代。

**第十二条**　用人单位应当按照与农民工书面约定或者依法制定的规章制度规定的工资支付周期和具体支付日期足额支付工资。

**第十三条**　实行月、周、日、小时工资制的，按照月、周、日、小时为周期支付工资；实行计件工资制的，工资支付周期由双方依法约定。

**第十四条**　用人单位与农民工书面约定或者依法制定的规章制度规定的具体支付日期，可以在农民工提供劳动的当期或者次期。具体支付日期遇法定节假日或者休息日的，应当在法定节假日或者休息日前支付。

用人单位因不可抗力未能在支付日期支付工资的，应当在不可抗力消除后及时支付。

**第十五条**　用人单位应当按照工资支付周期编制书面工资支付台账，并至少保存3年。

书面工资支付台账应当包括用人单位名称，支付周期，支付日期，支付对象姓名、身份证号码、联系方式，工作时间，应发工资项目及数额，代扣、代缴、扣除项目和数额，实发工资数额，银行代发工资凭证或者农民工签字等内容。

用人单位向农民工支付工资时，应当提供农民工本人的工资清单。

## 第三章　工资清偿

**第十六条**　用人单位拖欠农民工工资的，应当依法予以清偿。

**第十七条**　不具备合法经营资格的单位招用农民工，农民工已经付出劳动而未获得工资的，依照有关法律规定执行。

**第十八条**　用工单位使用个人、不具备合法经营资格的单位或者未依法取得劳务派遣许可证的单位派遣的农民工，拖欠农民工工资的，由用工单位清偿，并可以依法进行追偿。

**第十九条**　用人单位将工作任务发包给个人或者不具备合法经营资格的单位，导致拖欠所招用农民工工资的，依照有关法律规定执行。

用人单位允许个人、不具备合法经营资格或者未取得相应资质的单位以用人单位的名义对外经营，导致拖欠所招用农民工工资的，由用人单位清偿，并可以依法进行追偿。

**第二十条**　合伙企业、个人独资企业、个体经济组织等用人单位拖欠农民工工资的，应当依法予以清偿；不清偿的，由出资人依法清偿。

**第二十一条**　用人单位合并或者分立时，应当在实施合并或者分立前依法清偿拖欠的农民工工资；经与农民工书面协商一致的，可以由合并或者分立后承继其权利和义务的用人单位清偿。

**第二十二条**　用人单位被依法吊销营业执照或者登记证书、被责令关闭、被撤销或者依法解散的，应当在申请注销登记前依法清偿拖欠的农民工工资。

未依据前款规定清偿农民工工资的用人单位主要出资人，应当在注册新用人单位前清偿拖欠的农民工工资。

## 第四章　工程建设领域特别规定

**第二十三条**　建设单位应当有满足施工所需要的资金安排。没有满足施工所需要的资金安排的，工程建设项目不得开工建设；依法需要办理施工许可证的，相关行业工程建设主管部门不予颁发施工许可证。

政府投资项目所需资金，应当按照国家有关规定落实到位，不得由施工单位垫资建设。

**第二十四条**　建设单位应当向施工单位提供工程款支付担保。

建设单位与施工总承包单位依法订立书面工程施工合同，应当约定工程款计量周期、工程款进度结算办法以及人工费用拨付周期，并按照保障农民工工资按时足额支付的要求约定人工费用。人工费用拨付周期不得超过 1 个月。

建设单位与施工总承包单位应当将工程施工合同保存备查。

**第二十五条**　施工总承包单位与分包单位依法订立书面分包合同，应当约定工程款计量周期、工程款进度结算办法。

**第二十六条**　施工总承包单位应当按照有关规定开设农民工工资专用账户，专项用于支付该工程建设项目农民工工资。

开设、使用农民工工资专用账户有关资料应当由施工总承包单位妥善保存备查。

**第二十七条** 金融机构应当优化农民工工资专用账户开设服务流程，做好农民工工资专用账户的日常管理工作；发现资金未按约定拨付等情况的，及时通知施工总承包单位，由施工总承包单位报告人力资源社会保障行政部门和相关行业工程建设主管部门，并纳入欠薪预警系统。

工程完工且未拖欠农民工工资的，施工总承包单位公示30日后，可以申请注销农民工工资专用账户，账户内余额归施工总承包单位所有。

**第二十八条** 施工总承包单位或者分包单位应当依法与所招用的农民工订立劳动合同并进行用工实名登记，具备条件的行业应当通过相应的管理服务信息平台进行用工实名登记、管理。未与施工总承包单位或者分包单位订立劳动合同并进行用工实名登记的人员，不得进入项目现场施工。

施工总承包单位应当在工程项目部配备劳资专管员，对分包单位劳动用工实施监督管理，掌握施工现场用工、考勤、工资支付等情况，审核分包单位编制的农民工工资支付表，分包单位应当予以配合。

施工总承包单位、分包单位应当建立用工管理台账，并保存至工程完工且工资全部结清后至少3年。

**第二十九条** 建设单位应当按照合同约定及时拨付工程款，并将人工费用及时足额拨付至农民工工资专用账户，加强对施工总承包单位按时足额支付农民工工资的监督。

因建设单位未按照合同约定及时拨付工程款导致农民工工资拖欠的，建设单位应当以未结清的工程款为限先行垫付被拖欠的农民工工资。

建设单位应当以项目为单位建立保障农民工工资支付协调机制和工资拖欠预防机制，督促施工总承包单位加强劳动用工管理，妥善处理与农民工工资支付相关的矛盾纠纷。发生农民工集体讨薪事件的，建设单位应当会同施工总承包单位及时处理，并向项目所在地人力资源社会保障行政部门和相关行业工程建设主管部门报告有关情况。

**第三十条** 分包单位对所招用农民工的实名制管理和工资支付负直接责任。

施工总承包单位对分包单位劳动用工和工资发放等情况进行监督。

分包单位拖欠农民工工资的，由施工总承包单位先行清偿，再依法进行追偿。

工程建设项目转包，拖欠农民工工资的，由施工总承包单位先行清偿，再依法进行追偿。

**第三十一条**　工程建设领域推行分包单位农民工工资委托施工总承包单位代发制度。

分包单位应当按月考核农民工工作量并编制工资支付表，经农民工本人签字确认后，与当月工程进度等情况一并交施工总承包单位。

施工总承包单位根据分包单位编制的工资支付表，通过农民工工资专用账户直接将工资支付到农民工本人的银行账户，并向分包单位提供代发工资凭证。

用于支付农民工工资的银行账户所绑定的农民工本人社会保障卡或者银行卡，用人单位或者其他人员不得以任何理由扣押或者变相扣押。

**第三十二条**　施工总承包单位应当按照有关规定存储工资保证金，专项用于支付为所承包工程提供劳动的农民工被拖欠的工资。

工资保证金实行差异化存储办法，对一定时期内未发生工资拖欠的单位实行减免措施，对发生工资拖欠的单位适当提高存储比例。工资保证金可以用金融机构保函替代。

工资保证金的存储比例、存储形式、减免措施等具体办法，由国务院人力资源社会保障行政部门会同有关部门制定。

**第三十三条**　除法律另有规定外，农民工工资专用账户资金和工资保证金不得因支付为本项目提供劳动的农民工工资之外的原因被查封、冻结或者划拨。

**第三十四条**　施工总承包单位应当在施工现场醒目位置设立维权信息告示牌，明示下列事项：

（一）建设单位、施工总承包单位及所在项目部、分包单位、相关行业工程建设主管部门、劳资专管员等基本信息；

（二）当地最低工资标准、工资支付日期等基本信息；

（三）相关行业工程建设主管部门和劳动保障监察投诉举报电话、劳动争议调解仲裁申请渠道、法律援助申请渠道、公共法律服务热线等信息。

**第三十五条**　建设单位与施工总承包单位或者承包单位与分包单位因工程数量、质量、造价等产生争议的，建设单位不得因争议不按照本条例第二十四条的规定拨付工程款中的人工费用，施工总承包单位也不得因争议不按照规定代发工资。

**第三十六条**　建设单位或者施工总承包单位将建设工程发包或者分包给个

人或者不具备合法经营资格的单位，导致拖欠农民工工资的，由建设单位或者施工总承包单位清偿。

施工单位允许其他单位和个人以施工单位的名义对外承揽建设工程，导致拖欠农民工工资的，由施工单位清偿。

**第三十七条** 工程建设项目违反国土空间规划、工程建设等法律法规，导致拖欠农民工工资的，由建设单位清偿。

## 第五章 监督检查

**第三十八条** 县级以上地方人民政府应当建立农民工工资支付监控预警平台，实现人力资源社会保障、发展改革、司法行政、财政、住房城乡建设、交通运输、水利等部门的工程项目审批、资金落实、施工许可、劳动用工、工资支付等信息及时共享。

人力资源社会保障行政部门根据水电燃气供应、物业管理、信贷、税收等反映企业生产经营相关指标的变化情况，及时监控和预警工资支付隐患并做好防范工作，市场监管、金融监管、税务等部门应当予以配合。

**第三十九条** 人力资源社会保障行政部门、相关行业工程建设主管部门和其他有关部门应当按照职责，加强对用人单位与农民工签订劳动合同、工资支付以及工程建设项目实行农民工实名制管理、农民工工资专用账户管理、施工总承包单位代发工资、工资保证金存储、维权信息公示等情况的监督检查，预防和减少拖欠农民工工资行为的发生。

**第四十条** 人力资源社会保障行政部门在查处拖欠农民工工资案件时，需要依法查询相关单位金融账户和相关当事人拥有房产、车辆等情况的，应当经设区的市级以上地方人民政府人力资源社会保障行政部门负责人批准，有关金融机构和登记部门应当予以配合。

**第四十一条** 人力资源社会保障行政部门在查处拖欠农民工工资案件时，发生用人单位拒不配合调查、清偿责任主体及相关当事人无法联系等情形的，可以请求公安机关和其他有关部门协助处理。

人力资源社会保障行政部门发现拖欠农民工工资的违法行为涉嫌构成拒不支付劳动报酬罪的，应当按照有关规定及时移送公安机关审查并作出决定。

**第四十二条** 人力资源社会保障行政部门作出责令支付被拖欠的农民工工

资的决定，相关单位不支付的，可以依法申请人民法院强制执行。

**第四十三条**　相关行业工程建设主管部门应当依法规范本领域建设市场秩序，对违法发包、转包、违法分包、挂靠等行为进行查处，并对导致拖欠农民工工资的违法行为及时予以制止、纠正。

**第四十四条**　财政部门、审计机关和相关行业工程建设主管部门按照职责，依法对政府投资项目建设单位按照工程施工合同约定向农民工工资专用账户拨付资金情况进行监督。

**第四十五条**　司法行政部门和法律援助机构应当将农民工列为法律援助的重点对象，并依法为请求支付工资的农民工提供便捷的法律援助。

公共法律服务相关机构应当积极参与相关诉讼、咨询、调解等活动，帮助解决拖欠农民工工资问题。

**第四十六条**　人力资源社会保障行政部门、相关行业工程建设主管部门和其他有关部门应当按照“谁执法谁普法”普法责任制的要求，通过以案释法等多种形式，加大对保障农民工工资支付相关法律法规的普及宣传。

**第四十七条**　人力资源社会保障行政部门应当建立用人单位及相关责任人劳动保障守法诚信档案，对用人单位开展守法诚信等级评价。

用人单位有严重拖欠农民工工资违法行为的，由人力资源社会保障行政部门向社会公布，必要时可以通过召开新闻发布会等形式向媒体公开曝光。

**第四十八条**　用人单位拖欠农民工工资，情节严重或者造成严重不良社会影响的，有关部门应当将该用人单位及其法定代表人或者主要负责人、直接负责的主管人员和其他直接责任人员列入拖欠农民工工资失信联合惩戒对象名单，在政府资金支持、政府采购、招投标、融资贷款、市场准入、税收优惠、评优评先、交通出行等方面依法依规予以限制。

拖欠农民工工资需要列入失信联合惩戒名单的具体情形，由国务院人力资源社会保障行政部门规定。

**第四十九条**　建设单位未依法提供工程款支付担保或者政府投资项目拖欠工程款，导致拖欠农民工工资的，县级以上地方人民政府应当限制其新建项目，并记入信用记录，纳入国家信用信息系统进行公示。

**第五十条**　农民工与用人单位就拖欠工资存在争议，用人单位应当提供依法由其保存的劳动合同、职工名册、工资支付台账和清单等材料；不提供的，依法承担不利后果。

**第五十一条** 工会依法维护农民工工资权益，对用人单位工资支付情况进行监督；发现拖欠农民工工资的，可以要求用人单位改正，拒不改正的，可以请求人力资源社会保障行政部门和其他有关部门依法处理。

**第五十二条** 单位或者个人编造虚假事实或者采取非法手段讨要农民工工资，或者以拖欠农民工工资为名讨要工程款的，依法予以处理。

## 第六章 法律责任

**第五十三条** 违反本条例规定拖欠农民工工资的，依照有关法律规定执行。

**第五十四条** 有下列情形之一的，由人力资源社会保障行政部门责令限期改正；逾期不改正的，对单位处 2 万元以上 5 万元以下的罚款，对法定代表人或者主要负责人、直接负责的主管人员和其他直接责任人员处 1 万元以上 3 万元以下的罚款：

（一）以实物、有价证券等形式代替货币支付农民工工资；

（二）未编制工资支付台账并依法保存，或者未向农民工提供工资清单；

（三）扣押或者变相扣押用于支付农民工工资的银行账户所绑定的农民工本人社会保障卡或者银行卡。

**第五十五条** 有下列情形之一的，由人力资源社会保障行政部门、相关行业工程建设主管部门按照职责责令限期改正；逾期不改正的，责令项目停工，并处 5 万元以上 10 万元以下的罚款；情节严重的，给予施工单位限制承接新工程、降低资质等级、吊销资质证书等处罚：

（一）施工总承包单位未按规定开设或者使用农民工工资专用账户；

（二）施工总承包单位未按规定存储工资保证金或者未提供金融机构保函；

（三）施工总承包单位、分包单位未实行劳动用工实名制管理。

**第五十六条** 有下列情形之一的，由人力资源社会保障行政部门、相关行业工程建设主管部门按照职责责令限期改正；逾期不改正的，处 5 万元以上 10 万元以下的罚款：

（一）分包单位未按月考核农民工工作量、编制工资支付表并经农民工本人签字确认；

（二）施工总承包单位未对分包单位劳动用工实施监督管理；

（三）分包单位未配合施工总承包单位对其劳动用工进行监督管理；

（四）施工总承包单位未实行施工现场维权信息公示制度。

**第五十七条**　有下列情形之一的，由人力资源社会保障行政部门、相关行业工程建设主管部门按照职责责令限期改正；逾期不改正的，责令项目停工，并处5万元以上10万元以下的罚款：

（一）建设单位未依法提供工程款支付担保；

（二）建设单位未按约定及时足额向农民工工资专用账户拨付工程款中的人工费用；

（三）建设单位或者施工总承包单位拒不提供或者无法提供工程施工合同、农民工工资专用账户有关资料。

**第五十八条**　不依法配合人力资源社会保障行政部门查询相关单位金融账户的，由金融监管部门责令改正；拒不改正的，处2万元以上5万元以下的罚款。

**第五十九条**　政府投资项目政府投资资金不到位拖欠农民工工资的，由人力资源社会保障行政部门报本级人民政府批准，责令限期足额拨付所拖欠的资金；逾期不拨付的，由上一级人民政府人力资源社会保障行政部门约谈直接责任部门和相关监管部门负责人，必要时进行通报，约谈地方人民政府负责人。情节严重的，对地方人民政府及其有关部门负责人、直接负责的主管人员和其他直接责任人员依法依规给予处分。

**第六十条**　政府投资项目建设单位未经批准立项建设、擅自扩大建设规模、擅自增加投资概算、未及时拨付工程款等导致拖欠农民工工资的，除依法承担责任外，由人力资源社会保障行政部门、其他有关部门按照职责约谈建设单位负责人，并作为其业绩考核、薪酬分配、评优评先、职务晋升等的重要依据。

**第六十一条**　对于建设资金不到位、违法违规开工建设的社会投资工程建设项目拖欠农民工工资的，由人力资源社会保障行政部门、其他有关部门按照职责依法对建设单位进行处罚；对建设单位负责人依法依规给予处分。相关部门工作人员未依法履行职责的，由有关机关依法依规给予处分。

**第六十二条**　县级以上地方人民政府人力资源社会保障、发展改革、财政、公安等部门和相关行业工程建设主管部门工作人员，在履行农民工工资支付监督管理职责过程中滥用职权、玩忽职守、徇私舞弊的，依法依规给予处分；构成犯罪的，依法追究刑事责任。

## 第七章 附 则

**第六十三条** 用人单位一时难以支付拖欠的农民工工资或者拖欠农民工工资逃匿的，县级以上地方人民政府可以动用应急周转金，先行垫付用人单位拖欠的农民工部分工资或者基本生活费。对已经垫付的应急周转金，应当依法向拖欠农民工工资的用人单位进行追偿。

**第六十四条** 本条例自2020年5月1日起施行。

# 集体合同规定

（2003年12月30日中华人民共和国劳动和社会保障部令第22号公布）

## 第一章　总　则

**第一条**　为规范集体协商和签订集体合同行为，依法维护劳动者和用人单位的合法权益，根据《中华人民共和国劳动法》和《中华人民共和国工会法》，制定本规定。

**第二条**　中华人民共和国境内的企业和实行企业化管理的事业单位（以下统称用人单位）与本单位职工之间进行集体协商，签订集体合同，适用本规定。

**第三条**　本规定所称集体合同，是指用人单位与本单位职工根据法律、法规、规章的规定，就劳动报酬、工作时间、休息休假、劳动安全卫生、职业培训、保险福利等事项，通过集体协商签订的书面协议；所称专项集体合同，是指用人单位与本单位职工根据法律、法规、规章的规定，就集体协商的某项内容签订的专项书面协议。

**第四条**　用人单位与本单位职工签订集体合同或专项集体合同，以及确定相关事宜，应当采取集体协商的方式。集体协商主要采取协商会议的形式。

**第五条**　进行集体协商，签订集体合同或专项集体合同，应当遵循下列原则：

（一）遵守法律、法规、规章及国家有关规定；

（二）相互尊重，平等协商；

（三）诚实守信，公平合作；

（四）兼顾双方合法权益；

（五）不得采取过激行为。

**第六条**　符合本规定的集体合同或专项集体合同，对用人单位和本单位的全体职工具有法律约束力。

用人单位与职工个人签订的劳动合同约定的劳动条件和劳动报酬等标准，

不得低于集体合同或专项集体合同的规定。

**第七条** 县级以上劳动保障行政部门对本行政区域内用人单位与本单位职工开展集体协商、签订、履行集体合同的情况进行监督，并负责审查集体合同或专项集体合同。

## 第二章 集体协商内容

**第八条** 集体协商双方可以就下列多项或某项内容进行集体协商，签订集体合同或专项集体合同：

（一）劳动报酬；

（二）工作时间；

（三）休息休假；

（四）劳动安全与卫生；

（五）补充保险和福利；

（六）女职工和未成年工特殊保护；

（七）职业技能培训；

（八）劳动合同管理；

（九）奖惩；

（十）裁员；

（十一）集体合同期限；

（十二）变更、解除集体合同的程序；

（十三）履行集体合同发生争议时的协商处理办法；

（十四）违反集体合同的责任；

（十五）双方认为应当协商的其他内容。

**第九条** 劳动报酬主要包括：

（一）用人单位工资水平、工资分配制度、工资标准和工资分配形式；

（二）工资支付办法；

（三）加班、加点工资及津贴、补贴标准和奖金分配办法；

（四）工资调整办法；

（五）试用期及病、事假等期间的工资待遇；

（六）特殊情况下职工工资（生活费）支付办法；

（七）其他劳动报酬分配办法。

**第十条**　工作时间主要包括：

（一）工时制度；

（二）加班加点办法；

（三）特殊工种的工作时间；

（四）劳动定额标准。

**第十一条**　休息休假主要包括：

（一）日休息时间、周休息日安排、年休假办法；

（二）不能实行标准工时职工的休息休假；

（三）其他假期。

**第十二条**　劳动安全卫生主要包括：

（一）劳动安全卫生责任制；

（二）劳动条件和安全技术措施；

（三）安全操作规程；

（四）劳保用品发放标准；

（五）定期健康检查和职业健康体检。

**第十三条**　补充保险和福利主要包括：

（一）补充保险的种类、范围；

（二）基本福利制度和福利设施；

（三）医疗期延长及其待遇；

（四）职工亲属福利制度。

**第十四条**　女职工和未成年工的特殊保护主要包括：

（一）女职工和未成年工禁忌从事的劳动；

（二）女职工的经期、孕期、产期和哺乳期的劳动保护；

（三）女职工、未成年工定期健康检查；

（四）未成年工的使用和登记制度。

**第十五条**　职业技能培训主要包括：

（一）职业技能培训项目规划及年度计划；

（二）职业技能培训费用的提取和使用；

（三）保障和改善职业技能培训的措施。

**第十六条** 劳动合同管理主要包括：

（一）劳动合同签订时间；

（二）确定劳动合同期限的条件；

（三）劳动合同变更、解除、续订的一般原则及无固定期限劳动合同的终止条件；

（四）试用期的条件和期限。

**第十七条** 奖惩主要包括：

（一）劳动纪律；

（二）考核奖惩制度；

（三）奖惩程序。

**第十八条** 裁员主要包括：

（一）裁员的方案；

（二）裁员的程序；

（三）裁员的实施办法和补偿标准。

## 第三章 集体协商代表

**第十九条** 本规定所称集体协商代表（以下统称协商代表），是指按照法定程序产生并有权代表本方利益进行集体协商的人员。

集体协商双方的代表人数应当对等，每方至少 3 人，并各确定 1 名首席代表。

**第二十条** 职工一方的协商代表由本单位工会选派。未建立工会的，由本单位职工民主推荐，并经本单位半数以上职工同意。

职工一方的首席代表由本单位工会主席担任。工会主席可以书面委托其他协商代表代理首席代表。工会主席空缺的，首席代表由工会主要负责人担任。未建立工会的，职工一方的首席代表从协商代表中民主推举产生。

**第二十一条** 用人单位一方的协商代表，由用人单位法定代表人指派，首席代表由单位法定代表人担任或由其书面委托的其他管理人员担任。

**第二十二条** 协商代表履行职责的期限由被代表方确定。

**第二十三条** 集体协商双方首席代表可以书面委托本单位以外的专业人员作为本方协商代表。委托人数不得超过本方代表的三分之一。

首席代表不得由非本单位人员代理。

**第二十四条**　用人单位协商代表与职工协商代表不得相互兼任。

**第二十五条**　协商代表应履行下列职责：

（一）参加集体协商；

（二）接受本方人员质询，及时向本方人员公布协商情况并征求意见；

（三）提供与集体协商有关的情况和资料；

（四）代表本方参加集体协商争议的处理；

（五）监督集体合同或专项集体合同的履行；

（六）法律、法规和规章规定的其他职责。

**第二十六条**　协商代表应当维护本单位正常的生产、工作秩序，不得采取威胁、收买、欺骗等行为。

协商代表应当保守在集体协商过程中知悉的用人单位的商业秘密。

**第二十七条**　企业内部的协商代表参加集体协商视为提供了正常劳动。

**第二十八条**　职工一方协商代表在其履行协商代表职责期间劳动合同期满的，劳动合同期限自动延长至完成履行协商代表职责之时，除出现下列情形之一的，用人单位不得与其解除劳动合同：

（一）严重违反劳动纪律或用人单位依法制定的规章制度的；

（二）严重失职、营私舞弊，对用人单位利益造成重大损害的；

（三）被依法追究刑事责任的。

职工一方协商代表履行协商代表职责期间，用人单位无正当理由不得调整其工作岗位。

**第二十九条**　职工一方协商代表就本规定第二十七条、第二十八条的规定与用人单位发生争议的，可以向当地劳动争议仲裁委员会申请仲裁。

**第三十条**　工会可以更换职工一方协商代表；未建立工会的，经本单位半数以上职工同意可以更换职工一方协商代表。

用人单位法定代表人可以更换用人单位一方协商代表。

**第三十一条**　协商代表因更换、辞任或遇有不可抗力等情形造成空缺的，应在空缺之日起 15 日内按照本规定产生新的代表。

## 第四章　集体协商程序

**第三十二条**　集体协商任何一方均可就签订集体合同或专项集体合同以及相关事宜，以书面形式向对方提出进行集体协商的要求。一方提出进行集体协商要求的，另一方应当在收到集体协商要求之日起20日内以书面形式给以回应，无正当理由不得拒绝进行集体协商。

**第三十三条**　协商代表在协商前应进行下列准备工作：

（一）熟悉与集体协商内容有关的法律、法规、规章和制度；

（二）了解与集体协商内容有关的情况和资料，收集用人单位和职工对协商意向所持的意见；

（三）拟定集体协商议题，集体协商议题可由提出协商一方起草，也可由双方指派代表共同起草；

（四）确定集体协商的时间、地点等事项；

（五）共同确定一名非协商代表担任集体协商记录员。记录员应保持中立、公正，并为集体协商双方保密。

**第三十四条**　集体协商会议由双方首席代表轮流主持，并按下列程序进行：

（一）宣布议程和会议纪律；

（二）一方首席代表提出协商的具体内容和要求，另一方首席代表就对方的要求作出回应；

（三）协商双方就商谈事项发表各自意见，开展充分讨论；

（四）双方首席代表归纳意见。达成一致的，应当形成集体合同草案或专项集体合同草案，由双方首席代表签字。

**第三十五条**　集体协商未达成一致意见或出现事先未预料的问题时，经双方协商，可以中止协商。中止期限及下次协商时间、地点、内容由双方商定。

## 第五章　集体合同的订立、变更、解除和终止

**第三十六条**　经双方协商代表协商一致的集体合同草案或专项集体合同草案应当提交职工代表大会或者全体职工讨论。

职工代表大会或者全体职工讨论集体合同草案或专项集体合同草案，应当有三分之二以上职工代表或者职工出席，且须经全体职工代表半数以上或者全

体职工半数以上同意，集体合同草案或专项集体合同草案方获通过。

**第三十七条**　集体合同草案或专项集体合同草案经职工代表大会或者职工大会通过后，由集体协商双方首席代表签字。

**第三十八条**　集体合同或专项集体合同期限一般为1至3年，期满或双方约定的终止条件出现，即行终止。

集体合同或专项集体合同期满前3个月内，任何一方均可向对方提出重新签订或续订的要求。

**第三十九条**　双方协商代表协商一致，可以变更或解除集体合同或专项集体合同。

**第四十条**　有下列情形之一的，可以变更或解除集体合同或专项集体合同：

（一）用人单位因被兼并、解散、破产等原因，致使集体合同或专项集体合同无法履行的；

（二）因不可抗力等原因致使集体合同或专项集体合同无法履行或部分无法履行的；

（三）集体合同或专项集体合同约定的变更或解除条件出现的；

（四）法律、法规、规章规定的其他情形。

**第四十一条**　变更或解除集体合同或专项集体合同适用本规定的集体协商程序。

## 第六章　集体合同审查

**第四十二条**　集体合同或专项集体合同签订或变更后，应当自双方首席代表签字之日起10日内，由用人单位一方将文本一式三份报送劳动保障行政部门审查。

劳动保障行政部门对报送的集体合同或专项集体合同应当办理登记手续。

**第四十三条**　集体合同或专项集体合同审查实行属地管辖，具体管辖范围由省级劳动保障行政部门规定。

中央管辖的企业以及跨省、自治区、直辖市的用人单位的集体合同应当报送劳动保障部或劳动保障部指定的省级劳动保障行政部门。

**第四十四条**　劳动保障行政部门应当对报送的集体合同或专项集体合同的下列事项进行合法性审查：

（一）集体协商双方的主体资格是否符合法律、法规和规章规定；

（二）集体协商程序是否违反法律、法规、规章规定；

（三）集体合同或专项集体合同内容是否与国家规定相抵触。

**第四十五条** 劳动保障行政部门对集体合同或专项集体合同有异议的，应当自收到文本之日起 15 日内将《审查意见书》送达双方协商代表。《审查意见书》应当载明以下内容：

（一）集体合同或专项集体合同当事人双方的名称、地址；

（二）劳动保障行政部门收到集体合同或专项集体合同的时间；

（三）审查意见；

（四）作出审查意见的时间。

《审查意见书》应当加盖劳动保障行政部门印章。

**第四十六条** 用人单位与本单位职工就劳动保障行政部门提出异议的事项经集体协商重新签订集体合同或专项集体合同的，用人单位一方应当根据本规定第四十二条的规定将文本报送劳动保障行政部门审查。

**第四十七条** 劳动保障行政部门自收到文本之日起 15 日内未提出异议的，集体合同或专项集体合同即行生效。

**第四十八条** 生效的集体合同或专项集体合同，应当自其生效之日起由协商代表及时以适当的形式向本方全体人员公布。

## 第七章 集体协商争议的协调处理

**第四十九条** 集体协商过程中发生争议，双方当事人不能协商解决的，当事人一方或双方可以书面向劳动保障行政部门提出协调处理申请；未提出申请的，劳动保障行政部门认为必要时也可以进行协调处理。

**第五十条** 劳动保障行政部门应当组织同级工会和企业组织等三方面的人员，共同协调处理集体协商争议。

**第五十一条** 集体协商争议处理实行属地管辖，具体管辖范围由省级劳动保障行政部门规定。

中央管辖的企业以及跨省、自治区、直辖市用人单位因集体协商发生的争议，由劳动保障部指定的省级劳动保障行政部门组织同级工会和企业组织等三方面的人员协调处理，必要时，劳动保障部也可以组织有关方面协调处理。

**第五十二条**　协调处理集体协商争议，应当自受理协调处理申请之日起 30 日内结束协调处理工作。期满未结束的，可以适当延长协调期限，但延长期限不得超过 15 日。

**第五十三条**　协调处理集体协商争议应当按照以下程序进行：

（一）受理协调处理申请；

（二）调查了解争议的情况；

（三）研究制定协调处理争议的方案；

（四）对争议进行协调处理；

（五）制作《协调处理协议书》。

**第五十四条**《协调处理协议书》应当载明协调处理申请、争议的事实和协调结果，双方当事人就某些协商事项不能达成一致的，应将继续协商的有关事项予以载明。《协调处理协议书》由集体协商争议协调处理人员和争议双方首席代表签字盖章后生效。争议双方均应遵守生效后的《协调处理协议书》。

## 第八章　附　则

**第五十五条**　因履行集体合同发生的争议，当事人协商解决不成的，可以依法向劳动争议仲裁委员会申请仲裁。

**第五十六条**　用人单位无正当理由拒绝工会或职工代表提出的集体协商要求的，按照《工会法》及有关法律、法规的规定处理。

**第五十七条**　本规定于 2004 年 5 月 1 日起实施。原劳动部 1994 年 12 月 5 日颁布的《集体合同规定》同时废止。

# 第二章

# 国家及地方集体协商相关政策文件和关于新冠肺炎疫情期间协调劳动关系相关政策文件

# 中共中央　国务院关于构建和谐劳动关系的意见

（中发〔2015〕10号 2015年3月21日）

为全面贯彻党的十八大和十八届二中、三中、四中全会精神，构建和谐劳动关系，推动科学发展，促进社会和谐，现提出如下意见。

**一、充分认识构建和谐劳动关系的重大意义**

劳动关系是生产关系的重要组成部分，是最基本、最重要的社会关系之一。劳动关系是否和谐，事关广大职工和企业的切身利益，事关经济发展与社会和谐。党和国家历来高度重视构建和谐劳动关系，制定了一系列法律法规和政策措施并作出工作部署。各级党委和政府认真贯彻落实党中央和国务院的决策部署，取得了积极成效，总体保持了全国劳动关系和谐稳定。但是，我国正处于经济社会转型时期，劳动关系的主体及其利益诉求越来越多元化，劳动关系矛盾已进入凸显期和多发期，劳动争议案件居高不下，有的地方拖欠农民工工资等损害职工利益的现象仍较突出，集体停工和群体性事件时有发生，构建和谐劳动关系的任务艰巨繁重。

党的十八大明确提出构建和谐劳动关系。在新的历史条件下，努力构建中国特色和谐劳动关系，是加强和创新社会管理、保障和改善民生的重要内容，是建设社会主义和谐社会的重要基础，是经济持续健康发展的重要保证，是增强党的执政基础、巩固党的执政地位的必然要求。各级党委和政府要从夺取中国特色社会主义新胜利的全局和战略高度，深刻认识构建和谐劳动关系的重大意义，切实增强责任感和使命感，把构建和谐劳动关系作为一项紧迫任务，摆在更加突出的位置，采取有力措施抓实抓好。

**二、构建和谐劳动关系的指导思想、工作原则和目标任务**

（一）指导思想。全面贯彻党的十八大和十八届二中、三中、四中全会精神，以邓小平理论、“三个代表”重要思想、科学发展观为指导，深入贯彻习近平总书记系列重要讲话精神，贯彻落实党中央和国务院的决策部署，坚持促进企业发展、维护职工权益，坚持正确处理改革发展稳定关系，推动中国特色和谐劳动关系的建设和发展，最大限度增加劳动关系和谐因素，最大限度减少不和谐因素，促进经济持续健康发展和社会和谐稳定，凝聚广大职工为实现“两个一百年”奋斗目标、实现中华民族伟大复兴的中国梦贡献力量。

（二）工作原则

——坚持以人为本。把解决广大职工最关心、最直接、最现实的利益问题，切实维护其根本权益，作为构建和谐劳动关系的根本出发点和落脚点。

——坚持依法构建。健全劳动保障法律法规，增强企业依法用工意识，提高职工依法维权能力，加强劳动保障执法监督和劳动纠纷调处，依法处理劳动关系矛盾，把劳动关系的建立、运行、监督、调处的全过程纳入法治化轨道。

——坚持共建共享。统筹处理好促进企业发展和维护职工权益的关系，调动劳动关系主体双方的积极性、主动性，推动企业和职工协商共事、机制共建、效益共创、利益共享。

——坚持改革创新。从我国基本经济制度出发，统筹考虑公有制经济、非公有制经济和混合所有制经济的特点，不断探究和把握社会主义市场经济条件下劳动关系的规律性，积极稳妥推进具有中国特色的劳动关系工作理论、体制、制度、机制和方法创新。

（三）目标任务。加强调整劳动关系的法律、体制、制度、机制和能力建设，加快健全党委领导、政府负责、社会协同、企业和职工参与、法治保障的工作体制，加快形成源头治理、动态管理、应急处置相结合的工作机制，实现劳动用工更加规范，职工工资合理增长，劳动条件不断改善，职工安全健康得到切实保障，社会保险全面覆盖，人文关怀日益加强，有效预防和化解劳动关系矛盾，建立规范有序、公正合理、互利共赢、和谐稳定的劳动关系。

**三、依法保障职工基本权益**

（四）切实保障职工取得劳动报酬的权利。完善并落实工资支付规定，健全工资支付监控、工资保证金和欠薪应急周转金制度，探索建立欠薪保障金制度，落实清偿欠薪的施工总承包企业负责制，依法惩处拒不支付劳动报酬等违法犯罪行为，保障职工特别是农民工按时足额领到工资报酬。努力实现农民工与城镇就业人员同工同酬。

（五）切实保障职工休息休假的权利。完善并落实国家关于职工工作时间、全国年节及纪念日假期、带薪年休假等规定，规范企业实行特殊工时制度的审批管理，督促企业依法安排职工休息休假。企业因生产经营需要安排职工延长工作时间的，应与工会和职工协商，并依法足额支付加班加点工资。加强劳动定额定员标准化工作，推动劳动定额定员国家标准、行业标准的制定修订，指导企业制定实施科学合理的劳动定额定员标准，保障职工的休息权利。

（六）切实保障职工获得劳动安全卫生保护的权利。加强劳动安全卫生执法监督，督促企业健全并落实劳动安全卫生责任制，严格执行国家劳动安全卫生保护标准，加大安全生产投入，强化安全生产和职业卫生教育培训，提供符合国家规定的劳动安全卫生条件和劳动保护用品，对从事有职业危害作业的职工按照国家规定进行上岗前、在岗期间和离岗时的职业健康检查，加强女职工和未成年工特殊劳动保护，最大限度地减少生产安全事故和职业病危害。

（七）切实保障职工享受社会保险和接受职业技能培训的权利。认真贯彻实施社会保险法，继续完善社会保险关系转移接续办法，努力实现社会保险全面覆盖，落实广大职工特别是农民工和劳务派遣工的社会保险权益。督促企业依法为职工缴纳各项社会保险费，鼓励有条件的企业按照法律法规和有关规定为职工建立补充保险。引导职工自觉履行法定义务，积极参加社会保险。加强对职工的职业技能培训，鼓励职工参加学历教育和继续教育，提高职工文化知识水平和技能水平。

**四、健全劳动关系协调机制**

（八）全面实行劳动合同制度。贯彻落实好劳动合同法等法律法规，加强对企业实行劳动合同制度的监督、指导和服务，在用工季节性强、职工流动性大的行业推广简易劳动合同示范文本，依法规范劳动合同订立、履行、变更、解除、终止等行为，切实提高劳动合同签订率和履行质量。依法加强对劳务派遣的监管，规范非全日制、劳务承揽、劳务外包用工和企业裁员行为。指导企业建立健全劳动规章制度，提升劳动用工管理水平。全面推进劳动用工信息申报备案制度建设，加强对企业劳动用工的动态管理。

（九）推行集体协商和集体合同制度。以非公有制企业为重点对象，依法推进工资集体协商，不断扩大覆盖面、增强实效性，形成反映人力资源市场供求关系和企业经济效益的工资决定机制和正常增长机制。完善工资指导线制度，加快建立统一规范的企业薪酬调查和信息发布制度，为开展工资集体协商提供参考。推动企业与职工就工作条件、劳动定额、女职工特殊保护等开展集体协商，订立集体合同。加强集体协商代表能力建设，提高协商水平。加强对集体协商过程的指导，督促企业和职工认真履行集体合同。

（十）健全协调劳动关系三方机制。完善协调劳动关系三方机制组织体系，建立健全由人力资源社会保障部门会同工会和企业联合会、工商业联合会等企业代表组织组成的三方机制，根据实际需要推动工业园区、乡镇（街道）和产业系统建立三方机制。加强和创新三方机制组织建设，建立健全协调劳动关系三方委员会，由同级政府领导担任委员会主任。完善三方机制职能，健全工作制度，充分发挥政府、工会和企业代表组织共同研究解决有关劳动关系重大问题的重要作用。

**五、加强企业民主管理制度建设**

（十一）健全企业民主管理制度。完善以职工代表大会为基本形式的企业民主管理制度，丰富职工民主参与形式，畅通职工民主参与渠道，依法保障职工的知情权、参与权、表达权、监督权。推进企业普遍建立职工代表大会，认真落实职工代表大会职权，充分发挥职工代表大会在企业发展重大决策和涉及职工切身利益等重大事项上的重要作用。针对不同所有制企业，探索符合各自特点的职工代表大会形式、权限和职能。在中小企业集中的地方，可以建立区域性、行业性职工代表大会。

（十二）推进厂务公开制度化、规范化。进一步提高厂务公开建制率，加强国有企业改制重组过程中的厂务公开，积极稳妥推进非公有制企业厂务公开制度建设。完善公开程序，充实公开内容，创新公开形式，探索和推行经理接待日、劳资恳谈会、总经理信箱等多种形式的公开。

（十三）推行职工董事、职工监事制度。按照公司法规定，在公司制企业建立职工董事、职工监事制度。依法规范职工董事、职工监事履职规则。在董事会、监事会研究决定公司重大问题时，职工董事、职工监事应充分发表意见，反映职工合理诉求，维护职工和公司合法权益。

**六、健全劳动关系矛盾调处机制**

（十四）健全劳动保障监察制度。全面推进劳动保障监察网格化、网络化管理，实现监察执法向主动预防和统筹城乡转变。创新监察执法方式，规范执法行为，进一步畅通举报投诉渠道，扩大日常巡视检查和书面审查覆盖范围，强化对突出问题的专项整治。建立健全违法行为预警防控机制，完善多部门综合治理和监察执法与刑事司法联动机制，加大对非法用工尤其是大案要案的查处力度，严厉打击使用童工、强迫劳动、拒不支付劳动报酬等违法犯罪行为。加强劳动保障诚信评价制度建设，建立健全企业诚信档案。

（十五）健全劳动争议调解仲裁机制。坚持预防为主、基层为主、调解为主的工作方针，加强企业劳动争议调解委员会建设，推动各类企业普遍建立内部劳动争议协商调解机制。大力推动乡镇（街道）、村（社区）依法建立劳动争议调解组织，支持工会、商（协）会依法建立行业性、区域性劳动争议调解组织。完善劳动争议调解制度，大力加强专业性劳动争议调解工作，健全人民调解、行政调解、仲裁调解、司法调解联动工作体系，充分发挥协商、调解在处理劳动争议中的基础性作用。完善劳动人事争议仲裁办案制度，规范办案程序，加大仲裁办案督查力度，进一步提高仲裁效能和办案质量，促进案件仲裁终结。加强裁审衔接与工作协调，积极探索建立诉讼与仲裁程序有效衔接、裁审标准统一的新规则、新制度。畅通法律援助渠道，依法及时为符合条件的职工提供法律援助，切实维护当事人合法权益。依托协调劳动关系三方机制完善协调处理集体协商争议的办法，有效调处因签订集体合同发生的争议和集体停工事件。

（十六）完善劳动关系群体性事件预防和应急处置机制。加强对劳动关系形势的分析研判，建立劳动关系群体性纠纷的经常性排查和动态监测预警制度，及时发现和积极解决劳动关系领域的苗头性、倾向性问题，有效防范群体性事件。完善应急预案，明确分级响应、处置程序和处置措施。健全党委领导下的政府负责，有关部门和工会、企业代表组织共同参与的群体性事件应急联动处置机制，形成快速反应和处置工作合力，督促指导企业落实主体责任，及时妥善处置群体性事件。

**七、营造构建和谐劳动关系的良好环境**

（十七）加强对职工的教育引导。在广大职工中加强思想政治教育，引导职工树立正确的世界观、人生观、价值观，追求高尚的职业理想，培养良好的职业道德，增强对企业的责任感、认同感和归属感，爱岗敬业、遵守纪律、诚实守信，自觉履行劳动义务。加强有关法律法规政策宣传工作，在努力解决职工切身利益问题的同时，引导职工正确对待社会利益关系调整，合理确定提高工资收入等诉求预期，以理性合法形式表达利益诉求、解决利益矛盾、维护自身权益。

（十八）加强对职工的人文关怀。培育富有特色的企业精神和健康向上的企业文化，为职工构建共同的精神家园。注重职工的精神需求和心理健康，及时了解掌握职工思想动态，有针对性地做好思想引导和心理疏导工作，建立心理危机干预预警机制。加强企业文体娱乐设施建设，积极组织职工开展喜闻乐见、丰富多彩的文化体育活动，丰富职工文化生活。拓宽职工的发展渠道，拓展职业发展空间。

（十九）教育引导企业经营者积极履行社会责任。加强广大企业经营者的思想政治教育，引导其践行社会主义核心价值观，牢固树立爱国、敬业、诚信、守法、奉献精神，切实承担报效国家、服务社会、造福职工的社会责任。教育引导企业经营者自觉关心爱护职工，努力改善职工的工作、学习和生活条件，帮助他们排忧解难，加大对困难职工的帮扶力度。建立符合我国国情的企业社会责任标准体系和评价体系，营造鼓励企业履行社会责任的环境。加强对企业经营者尤其是中小企业经营管理人员的劳动保障法律法规教育培训，提高他们的依法用工意识，引导他们自觉保障职工合法权益。

（二十）优化企业发展环境。加强和改进政府的管理服务，减少和规范涉企行政审批事项，提高审批事项的工作效率，激发市场主体创造活力。加大对中小企业政策扶持力度，特别是推进扶持小微企业发展的各项政策落实落地，进一步减轻企业负担。加强技术支持，引导企业主动转型升级，紧紧依靠科技进步、职工素质提升和管理创新，不断提升竞争力。通过促进企业发展，为构建和谐劳动关系创造物质条件。

（二十一）加强构建和谐劳动关系的法治保障。进一步完善劳动法、劳动合同法、劳动争议调解仲裁法、社会保险法、职业病防治法等法律的配套法规、规章和政策，加快完善基本劳动标准、集体协商和集体合同、企业工资、劳动保障监察、企业民主管理、协调劳动关系三方机制等方面的制度，逐步健全劳动保障法律法规体系。深入开展法律法规宣传教育，加强行政执法和法律监督，促进各项劳动保障法律法规贯彻实施。

**八、加强组织领导和统筹协调**

（二十二）进一步加强领导，形成合力。各级党委和政府要建立健全构建和谐劳动关系的领导协调机制，形成全社会协同参与的工作合力。各级党委要统揽全局，把握方向，及时研究和解决劳动关系中的重大问题，把党政力量、群团力量、企业力量、社会力量统一起来，发挥人大监督、政协民主监督作用。各级政府要把构建和谐劳动关系纳入当地经济社会发展规划和政府目标责任考核体系，切实担负起定政策、作部署、抓落实的责任。完善并落实最低工资制度，在经济发展基础上合理调整最低工资标准。各级人力资源社会保障等部门要充分履行职责，认真做好调查研究、决策咨询、统筹协调、指导服务、检查督促和监察执法等工作。各级工会要积极反映职工群众呼声，依法维护职工权益，团结和凝聚广大职工建功立业。各级工商业联合会、企业联合会等企业代表组织要积极反映企业利益诉求，依法维护企业权益，教育和引导广大企业经营者主动承担社会责任。

（二十三）加强劳动关系工作能力建设。重视加强各级政府劳动关系协调、劳动保障监察机构建设以及劳动人事争议仲裁委员会和仲裁院建设，配备必要的工作力量。统筹推进乡镇（街道）、村（社区）等基层劳动就业社会保障公共服务平台建设，完善基层劳动关系工作职能，充实基层劳动关系协调、劳动争议调解和劳动保障监察人员。加强劳动关系工作人员业务培训，提高队伍素质。各级政府要针对劳动关系工作机构和队伍建设方面存在的问题，从力量配置、经费投入上给予支持，保障构建和谐劳动关系工作顺利开展。

（二十四）加强企业党组织和基层工会、团组织、企业代表组织建设。加强各类企业党建工作，重点在非公有制企业扩大党的组织覆盖和工作覆盖。坚持企业党建带群团建设，依法推动各类企业普遍建立工会，进一步加强非公有制企业团建工作。指导和支持企业党群组织探索适合企业特点的工作途径和方法，不断增强企业党群组织活力，充分发挥在推动企业发展、凝聚职工群众、促进和谐稳定中的作用。深入推进区域性、行业性工会联合会和县（市、区）、乡镇（街道）、村（社区）、工业园区工会组织建设，健全产业工会组织体系。完善基层工会主席民主产生机制，探索基层工会干部社会化途径，健全保护基层工会干部合法权益制度。建立健全县级以上政府与同级总工会联席会议制度，支持工会参与协调劳动关系。加强基层企业代表组织建设，支持企业代表组织参与协调劳动关系，充分发挥企业代表组织对企业经营者的团结、服务、引导、教育作用。

（二十五）深入推进和谐劳动关系创建活动。把和谐劳动关系创建活动作为构建和谐劳动关系的重要载体，总结创建活动经验，建立健全创建工作目标责任制，扩大创建活动在广大企业特别是非公有制企业和中小企业的覆盖面，推动区域性创建活动由工业园区向企业比较集中的乡镇（街道）、村（社区）拓展，努力形成全方位、多层次的创建局面。丰富创建内容，规范创建标准，改进创建评价，完善激励措施，按照国家有关规定定期表彰创建活动先进单位，把对企业和企业经营者评先评优与和谐劳动关系创建结合起来，不断推进创建活动深入开展。积极开展构建和谐劳动关系综合试验区（市）建设，为构建中国特色和谐劳动关系创造经验。

（二十六）加大构建和谐劳动关系宣传力度。充分利用新闻媒体和网站，大力宣传构建和谐劳动关系的重大意义、宣传党和政府的方针政策和劳动保障法律法规、宣传构建和谐劳动关系取得的实际成效和工作经验、宣传企业关爱职工和职工奉献企业的先进典型，形成正确舆论导向和强大舆论声势，营造全社会共同关心、支持和参与构建和谐劳动关系的良好氛围。

# 中共中央关于加强社会主义协商民主建设的意见

（2015 年 1 月 5 日）

社会主义协商民主是中国社会主义民主政治的特有形式和独特优势，是党的群众路线在政治领域的重要体现，是深化政治体制改革的重要内容。为深入贯彻落实党的十八大和十八届三中、四中全会精神，推进协商民主广泛多层制度化发展，建设社会主义政治文明，推进国家治理体系和治理能力现代化，现就加强社会主义协商民主建设提出如下意见。

**一、加强协商民主建设的重要意义**

协商民主是在中国共产党领导下，人民内部各方面围绕改革发展稳定重大问题和涉及群众切身利益的实际问题，在决策之前和决策实施之中开展广泛协商，努力形成共识的重要民主形式。

（1）发展历程。社会主义协商民主是中国共产党和中国人民的伟大创造，源自中国共产党领导人民进行革命、建设、改革的长期实践。党的十八大和十八届三中全会深刻总结我国社会主义民主政治建设的经验和规律，作出健全社会主义协商民主制度、推进协商民主广泛多层制度化发展的重大战略部署。协商民主在我国具有深厚的文化基础、理论基础、实践基础、制度基础，为发展中国社会主义民主政治丰富了形式，拓展了渠道，增加了内涵。

（2）重要意义。当前，我国正处在全面建成小康社会的决定性阶段。面对改革开放进程中利益格局深刻调整的新形势，面对社会新旧矛盾相互交织的新变化，面对市场经济条件下思想观念多元多样的新情况，面对世界范围内不同政治发展道路竞争博弈的新挑战，加强协商民主建设，有利于扩大公民有序政治参与、更好实现人民当家作主的权利，有利于促进科学民主决策、推进国家治理体系和治理能力现代化，有利于化解矛盾冲突、促进社会和谐稳定，有利于保持党同人民群众的血肉联系、巩固和扩大党的执政基础，有利于发挥我国政治制度优越性，增强中国特色社会主义道路自信、理论自信、制度自信。

## 二、加强协商民主建设的指导思想、基本原则和渠道程序

（3）指导思想。加强协商民主建设，必须贯彻落实党的十八大和十八届三中、四中全会精神，高举中国特色社会主义伟大旗帜，以马克思列宁主义、毛泽东思想、邓小平理论、“三个代表”重要思想、科学发展观为指导，深入贯彻落实习近平总书记系列重要讲话精神，坚持和完善我国根本政治制度和基本政治制度，以保证人民当家作主为根本，构建程序合理、环节完整的协商民主体系，推进协商民主广泛多层制度化发展，为发展中国社会主义民主政治注入新的活力，为实现“两个一百年”奋斗目标、实现中华民族伟大复兴的中国梦凝聚智慧和力量。

（4）基本原则。加强协商民主建设，必须坚持党的领导、人民当家作主、依法治国有机统一，贯彻民主集中制，坚定不移走中国特色社会主义政治发展道路。坚持围绕中心、服务大局，促进经济持续健康发展，维护社会和谐稳定。坚持依法有序、积极稳妥，确保协商民主有制可依、有规可守、有章可循、有序可遵。坚持协商于决策之前和决策实施之中，增强决策的科学性和实效性。坚持广泛参与、多元多层，更好保障人民群众的知情权、参与权、表达权、监督权。坚持求同存异、理性包容，切实提高协商质量和效率。

（5）协商渠道。继续重点加强政党协商、政府协商、政协协商，积极开展人大协商、人民团体协商、基层协商，逐步探索社会组织协商。发挥各协商渠道自身优势，做好衔接配合，不断健全和完善社会主义协商民主制度。各类协商要根据自身特点和实际需要，合理确定协商内容和方式。

（6）协商程序。从实际出发，按照科学合理、规范有序、简便易行、民主集中的要求，制定协商计划、明确协商议题和内容、确定协商人员、开展协商活动、注重协商成果运用反馈，确保协商活动有序务实高效。

## 三、继续加强政党协商

发挥中国特色社会主义政党制度优势，坚持长期共存、互相监督、肝胆相照、荣辱与共，加强中国共产党同民主党派的政治协商，搞好合作共事，巩固和发展和谐政党关系。

（7）继续探索规范政党协商形式。完善协商的会议形式，就党和国家重要方针政策、重大问题召开专题协商座谈会，由中共中央主要负责同志主持；就重要人事安排在酝酿阶段召开人事协商座谈会，由中共中央负责同志主持；就

民主党派的重要调研课题召开调研协商座谈会，由中共中央负责同志主持，邀请相关部门参加；根据工作需要，召开协商座谈会，沟通思想、交换意见、通报重要情况，由中共中央负责同志或委托有关部门主持。完善中共中央负责同志与民主党派中央负责同志约谈形式。完善中共中央与民主党派中央书面沟通协商形式。

（8）完善民主党派中央直接向中共中央提出建议制度。民主党派中央每年以调研报告、建议等形式直接向中共中央提出意见和建议。民主党派中央负责同志可以个人名义向中共中央和国务院直接反映情况、提出建议。中共中央政治局常委、委员开展的国内考察调研以及重要外事活动，可根据需要、经统一安排邀请民主党派中央负责同志参加。

（9）加强政党协商保障机制建设。健全知情明政机制，有关部门定期提供相关材料，组织专题报告会，协助民主党派优化考察调研选题。加强政府有关部门、司法机关与民主党派的联系，视情邀请民主党派列席有关会议、参加专项调研和检查督导工作。完善协商反馈机制，中共中央将协商意见交付有关部门办理，有关部门及时反馈落实情况。支持民主党派加强协商能力建设。

无党派人士是政治协商的重要组成部分，工商联是具有统战性的人民团体和民间商会，有关部门要为无党派人士和工商联参加协商做好联络服务。

各省（自治区、直辖市）、市（地、州、盟）党委要结合实际，对开展政党协商作出具体安排。

**四、积极开展人大协商**

人民代表大会制度是保证人民当家做主的根本政治制度。各级人大要依法行使职权，同时在重大决策之前根据需要进行充分协商，更好汇聚民智、听取民意，支持和保证人民通过人民代表大会行使国家权力。

（10）深入开展立法工作中的协商。制定立法规划、立法工作计划，要广泛听取各方面的意见和建议。健全法律法规起草协调机制，加强人大专门委员会、工作委员会与相关方面的沟通协商。健全立法论证、听证、评估机制，探索建立有关国家机关、社会团体、专家学者等对立法中涉及的重大利益调整论证咨询机制。拓宽公民有序参与立法途径，健全法律法规草案公开征求意见和公众意见采纳情况反馈机制。对于法律关系复杂、意见分歧较大的法律法规草案，要进行广泛深入的调研、论证、协商，在各方面基本取得共识基础上再依法提请表决。

（11）发挥好人大代表在协商民主中的作用。健全法律法规规章起草征求人大代表意见制度，增加人大代表列席人大常委会会议人数，更好发挥人大代表在立法协商中的作用。提高代表议案建议质量，有关方面要加强与代表的沟通协商，增强议案建议办理实效。建立健全代表联络机构、网络平台等形式，密切代表同人民群众联系。

鼓励基层人大在履职过程中依法开展协商，探索协商形式，丰富协商内容。

**五、扎实推进政府协商**

围绕有效推进科学民主依法决策加强政府协商，增强决策透明度和公众参与度，解决好人民最关心最直接最现实的利益问题，推进政府职能转变，提高政府治理能力和水平。

（12）探索制定并公布协商事项目录。政府根据法律法规规定和工作实际，探索制定并公布协商事项目录。列入目录的事项，要进行沟通协商。未列入目录的事项，根据实际需要进行沟通协商。

（13）增强协商的广泛性和针对性。坚持社会公众广泛参与，加强与人大代表、政协委员以及民主党派、无党派人士、工商联等的沟通协商。专业事项坚持专家咨询论证。涉及经济社会发展重大问题、重大公共利益或重大民生的，重视听取社会各方面的意见和建议，吸纳社会公众特别是利益相关方参与协商。涉及特定群体利益的，加强与相关人民团体、社会组织以及群众代表的沟通协商。

（14）完善政府协商机制。做好政府信息公开工作，为各方面参与政府协商创造条件。完善意见征集和反馈机制，在立法、设定决策议题、进行决策时广泛听取意见，及时反馈意见采纳情况。规范听证机制，听证会依法公开举行，及时公开相关信息。建立健全决策咨询机制，完善咨询程序，提高咨询质量和公信力。完善人大代表议案建议和政协提案办理联系机制，建立和完善台账制度，将建议和提案办理纳入政府年度督查工作计划，办理结果逐步向社会公开。

**六、进一步完善政协协商**

充分发挥人民政协作为协商民主重要渠道和专门协商机构的作用，坚持团结和民主两大主题，推进政治协商、民主监督、参政议政制度建设，不断提高人民政协协商民主制度化、规范化、程序化水平。

（15）明确政协协商的主要内容。主要包括国家和地方的大政方针以及政治、经济、文化和社会生活中的重要问题，各党派参加人民政协工作的共同性事务，政协内部的重要事务，以及有关爱国统一战线的其他重要问题等。

（16）完善政协会议及其他协商形式。改进政协通过会议进行协商的形式，适当增加专题议政性常委会议和专题协商会议次数，完善协商座谈会制度。更加灵活、更为经常地开展专题协商、对口协商、界别协商、提案办理协商，探索网络议政、远程协商等新形式。增加集体提案比重，提高提案质量，建立交办、办理、督办提案协商机制。通过协商会议、建议案、视察、提案、反映社情民意信息等形式提出意见和建议，积极履行民主监督职能。

（17）加强政协协商与党委和政府工作的有效衔接。规范协商议题提出机制，认真落实由党委、人大、政府、民主党派、人民团体等提出议题的规定，探索由界别和委员联名提出议题。规范年度协商计划的制定，由党委常委会会议专题讨论并列入党委年度工作要点。健全知情明政制度，相关部门定期通报有关情况，为政协委员履职提供便利、创造条件。规范党委和政府领导及部门负责人参加政协协商活动。完善协商成果采纳、落实和反馈机制。

（18）加强人民政协制度建设。政协全国委员会研究制定规范政治协商、民主监督、参政议政的具体意见。深入开展调查研究，在条件成熟时对政协界别适当进行调整。完善委员推荐提名工作机制，优化委员构成。研究制定政协委员管理的指导性意见。在政协建立健全委员联络机构，完善委员联络制度。

**七、认真做好人民团体协商**

围绕做好新形势下党的群众工作开展协商，更好组织和代表所联系群众参与公共事务，有效反映群众意愿和利益诉求，发挥人民团体作为党和政府联系人民群众的桥梁和纽带作用。

（19）建立完善人民团体参与各渠道协商的工作机制。对涉及群众切身利益的实际问题，特别是事关特定群体权益保障的，有关部门要加强与相关人民团体协商。政协要充分发挥人民团体及其界别委员的作用，积极组织人民团体参与协商、视察、调研等活动，密切各专门委员会和人民团体的联系。

（20）组织引导群众开展协商。人民团体要健全直接联系群众工作机制，及时围绕涉及所联系群众切身利益的问题开展协商。拓展联系渠道和工作领域，把联系服务新兴社会群体纳入工作范围，增强协商的广泛性和代表性。积极发挥对相关领域社会组织的联系服务引领作用，搭建相关社会组织与党委和政府沟通交流的平台。

**八、稳步推进基层协商**

涉及人民群众利益的大量决策和工作，主要发生在基层。要按照协商于民、协商为民的要求，建立健全基层协商民主建设协调联动机制，稳步开展基层协商，更好解决人民群众的实际困难和问题，及时化解矛盾纠纷，促进社会和谐稳定。

（21）推进乡镇、街道的协商。围绕本地城乡规划、工程项目、征地拆迁以及群众反映强烈的民生问题等，组织有关方面开展协商。加强乡镇、街道对行政村、社区协商活动的指导。跨行政村或跨社区的重要决策事项，根据需要由乡镇、街道乃至县（市、区、旗）组织开展协商。

（22）推进行政村、社区的协商。坚持村（居）民会议、村（居）民代表会议制度，规范议事规程。积极探索村（居）民议事会、村（居）民理事会、恳谈会等协商形式。重视吸纳利益相关方、社会组织、外来务工人员、驻村（社区）单位参加协商。通过协商无法解决或存在较大争议的问题或事项，应提交村（居）民会议或村（居）民代表会议决定。

（23）推进企事业单位的协商。健全以职工代表大会为基本形式的企事业单位民主管理制度。畅通职工表达合理诉求渠道，健全各层级职工沟通协商机制。积极推动由工会代表职工与企业就调整和规范劳动关系等重要决策事项进行集体协商。逐步完善以劳动行政部门、工会组织、企业组织为代表的劳动关系三方协商机制。

探索开展社会组织协商。坚持党的领导和政府依法管理，健全与相关社会组织联系的工作机制和沟通渠道，引导社会组织有序开展协商，更好为社会服务。

**九、加强和完善党对协商民主建设的领导**

党的领导是中国特色社会主义最本质的特征。加强协商民主建设，必须坚持党的领导，充分发挥党总揽全局、协调各方的领导核心作用，把握正确方向，形成强大合力，确保有序高效开展。

（24）高度重视协商民主建设。各级党委要充分认识加强协商民主建设的重大意义，把协商民主建设纳入总体工作部署和重要议事日程，对职责范围内各类协商民主活动进行统一领导、统一规划、统一部署。要做到协商于决策之前和决策实施之中，根据各方面的意见和建议来决定和调整决策和工作，从制度上保障协商成果落地，使决策和工作更好顺乎民意、合乎实际。党委领导同志要以身作则，带头学习掌握协商民主理论，熟悉协商民主工作方法，把握协商民主工作规律，努力成为加强协商民主建设的积极组织者、有力促进者、自觉实践者，通过推进协商民主改善党的领导、加强党的领导、巩固党的执政地位。

（25）建立健全党领导协商民主建设的工作制度。建立党委统一领导、各方分工负责、公众积极参与的领导体制和工作机制。各级党委要按照民主集中制原则，坚持民主基础上的集中和集中指导下的民主相统一，确保协商依法开展、有序进行，防止议而不决、决而不行。加强统筹协调，认真研究制定协商计划，解决协商民主建设的重大问题，支持人大、政府、政协、党派团体、基层组织和社会组织依照法律法规和各自章程开展协商，有计划有步骤地推进协商活动。加强对协商民主建设落实情况的监督检查。

（26）支持鼓励协商民主建设探索创新。协商民主建设是一个不断发展的过程。各级党委要加强领导和组织协调，鼓励探索创新，通过各种途径、各种渠道、各种方式进行广泛协商，建立健全提案、会议、座谈、论证、听证、公示、评估、咨询、网络、民意调查等多种协商方式。尊重群众首创精神，注重实践经验提炼总结，并适时上升为制度规范。加强中国特色新型智库建设，建立健全决策咨询制度。加强协商民主理论研究，不断丰富和发展社会主义协商民主理论体系。研究制定协商民主建设党内法规。

（27）营造协商民主建设良好氛围。各级党委要自觉把协商民主建设贯穿于各领域，坚持有事多协商，遇事多协商，做事多协商。健全党内民主制度，以党内民主带动和促进协商民主发展。党委宣传部门和主要新闻媒体，要加强正确舆论引导，普及协商民主知识，宣传协商民主理论和实践，树立协商民主建设先进典型，发挥好示范引领作用。

各地区各相关部门要根据本意见，结合实际，制定具体实施办法。

# 国务院办公厅关于延长2020年春节假期的通知

（国办发明电〔2020〕1号 2020年1月26日）

各省、自治区、直辖市人民政府，国务院各部委、各直属机构：

经国务院批准，为加强新型冠状病毒感染的肺炎疫情防控工作，有效减少人员聚集，阻断疫情传播，更好保障人民群众生命安全和身体健康，现将延长2020年春节假期的具体安排通知如下。

一、延长2020年春节假期至2月2日（农历正月初九，星期日），2月3日（星期一）起正常上班。

二、各地大专院校、中小学、幼儿园推迟开学，具体时间由教育部门另行通知。

三、因疫情防控不能休假的职工，应根据《中华人民共和国劳动法》规定安排补休，未休假期的工资报酬应按照有关政策保障落实。

# 国务院应对新型冠状病毒感染肺炎疫情联防联控机制关于印发企事业单位复工复产疫情防控措施指南的通知

（国发明电〔2020〕4号 2020年2月21日）

各省、自治区、直辖市人民政府，国务院各部委、各直属机构：

《企事业单位复工复产疫情防控措施指南》已经中央应对新型冠状病毒感染肺炎疫情工作领导小组同意，现印发给你们，请结合实际抓好贯彻落实。

国务院应对新型冠状病毒感染

肺炎疫情联防联控机制

2020年2月21日

## 企事业单位复工复产疫情防控措施指南

为指导落实好新冠肺炎疫情防控各项工作要求，推动企事业单位稳步有序复工复产，特制定本指南。

**一、加强员工健康监测**

（一）做好员工健康管理。各单位要切实掌握员工流动情况，按照当地要求分区分类进行健康管理，对来自疫情严重地区的人员实行居家或集中隔离医学观察。对处在隔离期间和入住集体宿舍的员工，应每日进行2次体温检测。及时掌握缺勤人员健康状况。

（二）实行健康状况报告。各单位要设立可疑症状报告电话，员工出现发热、呼吸道症状时，要及时向本单位如实报告。要每天汇总员工健康状况，向当地疾控部门报告，发现异常情况及时报告并采取相应的防控措施。

**二、做好工作场所防控**

（三）加强进出人员登记管理。各单位要指派专人对进出单位和宿舍的所有通道进行严格管理。使用指纹考勤机的单位应暂时停用，改用其他方式对进出人员进行登记。员工每次进入单位或厂区时，应在入口处检测体温，体温正常方可进入。要尽量减少非本单位人员进入，确因工作需要的，应检测体温，并询问来源地、工作单位、接触疫情发生地区人员等情况，符合要求方可进入。

（四）保持工作场所通风换气。各单位在条件允许情况下首选自然通风，如室温因通风有所降低，应提醒工作人员适当加衣保暖。如使用空调，应当确保供风安全充足，所有排风直接排到室外，不使用空调时应当关闭回风通道。

（五）保障洗手等设施正常运行。工作场所应设置洗手设备，洗手、喷淋设施应保持正常运行。如无洗手设备，应配备免洗消毒用品。

（六）做好工作和生活场所清洁消毒。工作场所、食堂、电梯、卫生间、洗手池、通勤工具等公共区域及相关物品，应由专人负责定期消毒。电梯按钮、门把手等频繁接触部位应适当增加消毒次数。

（七）减少员工聚集和集体活动。引导员工在使用通道、电梯、楼梯、吸烟区时有序排队，保持适当间距，吸烟时不与他人交谈。减少召开会议，需要开的会议要缩短时间、控制规模，保持会议室空气流通，提倡召开视频或电话会议。员工集体宿舍原则上每间不超过 6 人，人均不少于 2.5 平方米。根据实际情况可采取错时上下班、弹性工作制或居家办公方式。

（八）加强员工集体用餐管理。适当延长食堂供餐时间，实行错峰就餐，有条件时使用餐盒、分散用餐。要加强循环使用餐具清洁消毒，不具备消毒条件的要使用一次性餐具。员工用餐时应避免面对面就坐，不与他人交谈。

（九）做好医务服务。设立医务室的单位要调配必要的药物和防护物资，配合疾控部门规范开展隔离观察与追踪管理。未设立医务室的单位应当就近与医疗机构建立联系，确保员工及时得到救治或医疗服务。关心关爱员工心理健康，及时疏解心理压力。

（十）规范垃圾收集处理。在公共区域设置口罩专用回收箱，加强垃圾箱清洁，定期进行消毒处理。加强垃圾分类管理，及时收集并清运。

**三、指导员工个人防护**

（十一）强化防控宣传教育。采用多种形式加强复工复产后疫情防治知识科普宣传，使员工充分了解防治知识、掌握防护要点、增强防护意识、支持配合防控工作。

（十二）落实个人防护要求。员工要减少不必要外出，避免去人群聚集尤其是空气流动性差的场所。在人员密集场所应按照《不同人群预防新型冠状病毒感染口罩选择和使用技术指引》要求，正确佩戴口罩等防护用品。养成勤洗手习惯，打喷嚏或咳嗽时要用纸巾、手绢、衣袖等遮挡，倡导合理膳食、适量运动、规律作息等健康生活方式。

**四、做好异常情况处置**

（十三）明确单位防控责任。各单位主要负责人是疫情防控第一责任人，要建立单位内部疫情防控组织体系，明确疫情防控应急措施和处置流程，把防控责任落实到部门和个人。

（十四）设立隔离观察区域。当员工出现可疑症状时，及时到该区域进行暂时隔离，并报告当地疾控部门，按照相关规范要求安排员工就近就医。

（十五）封闭相关区域并进行消毒。发现可疑症状员工后，立即隔离其工作岗位和宿舍，并根据医学观察情况进一步封闭其所在的办公室、车间等办公单元以及员工宿舍楼等生活场所，严禁无关人员进入，同时在专业人员指导下对其活动场所及使用物品进行消毒。配合有关方面做好密切接触者防控措施。

（十六）做好发现病例后的应对处置。已发现病例的单位，要实施内防扩散、外防输出的防控策略，加强病例流行病学调查、密切接触者追踪管理、疫点消毒等工作。疫情播散的单位，要实施内防蔓延、外防输出的防控策略，根据疫情严重程度，暂时关闭工作场所，待疫情得到控制后再恢复生产。

# 人力资源社会保障部　全国总工会　中国企业联合会/中国企业家协会　全国工商联关于做好新型冠状病毒感染肺炎疫情防控期间稳定劳动关系支持企业复工复产的意见

（人社部发〔2020〕8号　2020年2月7日）

各省、自治区、直辖市及新疆生产建设兵团人力资源社会保障厅（局）、总工会、企业联合会/企业家协会、工商联：

为贯彻落实党中央关于新型冠状病毒感染肺炎疫情防控工作的决策部署，积极发挥广大企业和职工在疫情防控中的重要作用，全力支持企业复工复产稳定劳动关系，动员广大职工凝心聚力共克时艰，现就做好疫情防控期间稳定劳动关系、支持企业复工复产提出以下意见。

**一、高度重视疫情对劳动关系领域带来的新挑战**

近期，受新型冠状病毒感染肺炎疫情影响，劳动关系领域面临新情况新问题。部分行业企业面临较大的生产经营压力，劳动者面临待岗、失业、收入减少等风险，劳动关系不稳定性增加，劳动关系矛盾逐步凸显。当前，新型冠状病毒感染肺炎疫情防控正处于关键阶段，各级协调劳动关系三方要认真学习贯彻习近平总书记关于疫情防控工作的一系列重要指示精神，坚决贯彻落实党中央决策部署，高度重视当前特殊时期劳动关系运行中出现的突出问题，加强劳动关系风险监测和研判，引导企业与职工共担责任共渡难关。要充分发挥三方机制在保企业、保就业、保稳定中的独特作用，深入分析当前劳动关系形势，结合实际帮助企业制定复工复产的措施，联合各方力量共同行动，加大对特殊时期企业劳动关系处理的指导服务，确保劳动关系总体和谐稳定。

**二、灵活处理疫情防控期间的劳动用工问题**

（一）鼓励协商解决复工前的用工问题。对因受疫情影响职工不能按期到岗或企业不能开工生产的，要指导企业主动与职工沟通，有条件的企业可安排职工通过电话、网络等灵活的工作方式在家上班完成工作任务；对不具备远程办公条件的企业，与职工协商优先使用带薪年休假、企业自设福利假等各类假。要指导企业工会积极动员职工与企业同舟共济，在兼顾企业和劳动者双方合法权益的基础上，帮助企业尽可能减少受疫情影响带来的损失。

（二）鼓励灵活安排工作时间。在疫情防控期间，为减少人员聚集，要鼓励符合规定的复工企业实施灵活用工措施，与职工协商采取错时上下班、弹性上下班等方式灵活安排工作时间。对承担政府疫情防控保障任务需要紧急加班的企业，在保障劳动者身体健康和劳动安全的前提下，指导企业与工会和职工协商，可适当延长工作时间应对紧急生产任务，依法不受延长工作时间的限制。

（三）指导规范用工管理。在疫情防控期间，要指导企业全面了解职工被实施隔离措施或政府采取的紧急措施情况，要求企业不得在此期间解除受相关措施影响不能提供正常劳动职工的劳动合同或退回被派遣劳动者。对符合规定的复工企业，要指导企业提供必要的防疫保护和劳动保护措施，积极动员职工返岗。对不愿复工的职工，要指导企业工会及时宣讲疫情防控政策要求和企业复工的重要性，主动劝导职工及时返岗。对经劝导无效或以其他非正当理由拒绝返岗的，指导企业依法予以处理。鼓励企业积极探索稳定劳动关系的途径和方法，对采取相应措施后仍需要裁员的企业，要指导企业制定裁员方案，依法履行相关程序，妥善处理劳动关系，维护企业正常生产经营秩序。

**三、协商处理疫情防控期间的工资待遇问题**

（四）支持协商未返岗期间的工资待遇。在受疫情影响的延迟复工或未返岗期间，对用完各类休假仍不能提供正常劳动或其他不能提供正常劳动的职工，指导企业参照国家关于停工、停产期间工资支付相关规定与职工协商，在一个工资支付周期内的按照劳动合同规定的标准支付工资；超过一个工资支付周期的按有关规定发放生活费。

（五）支持困难企业协商工资待遇。对受疫情影响导致企业生产经营困难的，鼓励企业通过协商民主程序与职工协商采取调整薪酬、轮岗轮休、缩短工时等方式稳定工作岗位；对暂无工资支付能力的，要引导企业与工会或职工代表协商延期支付，帮助企业减轻资金周转压力。

（六）保障职工工资待遇权益。对因依法被隔离导致不能提供正常劳动的职工，要指导企业按正常劳动支付其工资；隔离期结束后，对仍需停止工作进行治疗的职工，按医疗期有关规定支付工资。对在春节假期延长假期间因疫情防控不能休假的职工，指导企业应先安排补休，对不能安排补休的，依法支付加班工资。

**四、采取多种措施减轻企业负担**

（七）帮助企业减少招聘成本。要加大线上招聘服务工作力度，打造线上春风行动，大力推广远程面试，提高招聘企业与劳动者“点对点”直接对接率。规范人力资源服务收费，坚决打击恶意哄抬劳动力价格行为。对受疫情影响缺工较大的企业或者承担政府保障任务企业，鼓励人力资源服务机构减免费用提供招聘服务。

（八）合理分担企业稳岗成本。用好失业保险稳岗返还政策，对受疫情影响不裁员或少裁员的中小微企业，可放宽裁员率标准，让更多企业受益。用好培训费补贴政策，对受疫情影响的企业，在确保防疫安全情况下，在停工期、恢复期组织职工参加各类线上或线下职业培训的，可按规定纳入补贴类培训范围。用好小微企业工会经费支持政策，对受疫情影响符合条件的小微企业工会经费全额返还。用好企业组织会费，对受疫情影响符合条件的困难企业实行一定比例的企业会费返还。用好工会防疫专项资金，加大对防疫一线职工的慰问，充分调动职工参与防控疫情的积极性。

（九）提供在线免费培训。指导企业积极组织开展职工在线免费培训，支持帮助受疫情影响企业特别是中小微企业开展职工技能培训和困难企业职工转岗培训，开放“中国职业培训在线”平台全部功能，免费提供培训教学资源。

**五、统筹各方力量加大指导服务力度**

（十）加强劳动用工指导服务。各级人力资源社会保障部门要及时研究和解决疫情防控期间劳动关系领域中的重大问题，主动回应社会关切，制定有针对性政策，准确解读政策，帮助企业解决发展中的困难。要做好协调劳动关系三方牵头工作，加强政策宣传和组织协调，发挥各方优势，形成工作合力。各级工会要做好团结、动员广大职工工作，积极发挥企业工会作用，为困难职工提供必要的帮扶救助和心理危机干预疏导。要引导职工关心企业的生存与发展，依法理性表达诉求。动员职工大力发扬劳动精神、劳模精神、工匠精神，为企业长远发展献计献策、贡献力量。各级企联和工商联组织要梳理评估企业的实际困难并积极向有关部门提出针对性帮扶支持政策建议和指导服务，要鼓励企业承担社会责任，通过技术创新等提高竞争力。要引导受疫情影响导致生产经营困难的企业，完善企业内部协商民主机制，畅通与职工对话渠道，通过多种方式稳定劳动关系和工作岗位。要引导企业关心关爱职工健康，帮助解决职工实际困难，切实保障职工权益。要充分发挥行业协会积极作用，通过减免租金等形式减轻企业经营负担，引导同行业或上下游企业互帮互助，抱团取暖。

（十一）主动化解劳动关系矛盾。要力争把风险隐患化解在萌芽状态，着力提升基层预防化解劳动争议能力，推动企业建立健全内部劳动争议协商解决机制。大力加强专业性劳动争议调解工作，创新仲裁办案方式，加强争议处理指导监督，发挥多元机制合力，大力推广“互联网 + 调解仲裁”，切实提高争议处理效能。进一步畅通举报投诉渠道，加大劳动保障监察执法力度，依法查处违法行为。

（十二）做好表彰先进典型工作。各级协调劳动关系三方要深入开展和谐劳动关系创建活动，主动宣传在防控疫情中真正实现有事好商量、遇事多商量、有难题共同解决的企业，要在和谐劳动关系创建活动评比、劳动模范评选、五一劳动奖章、奖状等荣誉授予中优先考虑疫情防控期间对稳定劳动关系作出突出贡献的企业和个人，激励引导广大企业家和职工在疫情防控工作中主动履职，担当作为。

各级协调劳动关系三方要切实增强“四个意识”，坚定“四个自信”，做到“两个维护”，深入贯彻落实党中央应对新型冠状病毒感染肺炎疫情工作的决策部署，把稳定劳动关系支持企业与职工共渡难关作为当前重要工作来抓，统筹处理好促进企业发展和维护职工权益的关系，充分发挥中国特色和谐劳动关系的制度优势，坚定信心、积极作为，为打赢疫情防控阻击战作出积极贡献。

# 人力资源社会保障部办公厅关于订立电子劳动合同有关问题的函

（人社厅函〔2020〕33号 2020年3月4日）

北京市人力资源和社会保障局：

你局《关于在疫情防控期间开展劳动合同管理电子化工作的请示》收悉。经研究，现答复如下：

用人单位与劳动者协商一致，可以采用电子形式订立书面劳动合同。采用电子形式订立劳动合同，应当使用符合电子签名法等法律法规规定的可视为书面形式的数据电文和可靠的电子签名。用人单位应保证电子劳动合同的生成、传递、储存等满足电子签名法等法律法规规定的要求，确保其完整、准确、不被篡改。符合劳动合同法规定和上述要求的电子劳动合同一经订立即具有法律效力，用人单位与劳动者应当按照电子劳动合同的约定，全面履行各自的义务。

# 国务院办公厅关于应对新冠肺炎疫情影响强化稳就业举措的实施意见

（国办发〔2020〕6号　2020年3月20日）

各省、自治区、直辖市人民政府，国务院各部委、各直属机构：

为深入贯彻习近平总书记关于统筹推进新冠肺炎疫情防控和经济社会发展工作的重要指示精神，加快恢复和稳定就业，经国务院同意，现提出如下意见：

**一、更好实施就业优先政策**

（一）推动企业复工复产。坚持分区分级精准防控，提高复工复产服务便利度，取消不合理审批，坚决纠正限制劳动者返岗的不合理规定。加快重大工程项目、出口重点企业开复工，以制造业、建筑业、物流业、公共服务业和农业生产等为突破口，全力以赴推动重点行业和低风险地区就业，循序渐进带动其他行业和地区就业。协调解决复工复产企业日常防护物资需求，督促其落实工作场所、食堂宿舍等防控措施。（发展改革委、工业和信息化部、交通运输部、卫生健康委按职责分工负责）

（二）加大减负稳岗力度。加快实施阶段性、有针对性的减税降费政策。加大失业保险稳岗返还，对不裁员或少裁员的中小微企业，返还标准最高可提至企业及其职工上年度缴纳失业保险费的100%，湖北省可放宽到所有企业；对暂时生产经营困难且恢复有望、坚持不裁员或少裁员的参保企业，适当放宽其稳岗返还政策认定标准，重点向受疫情影响企业倾斜，返还标准可按不超过6个月的当地月人均失业保险金和参保职工人数确定，或按不超过3个月的企业及其职工应缴纳社会保险费确定。2020年6月底前，允许工程建设项目暂缓缴存农民工工资保证金，支付记录良好的企业可免缴。切实落实企业吸纳重点群体就业的定额税收减免、担保贷款及贴息、就业补贴等政策。加快实施阶段性减免、缓缴社会保险费政策，减免期间企业吸纳就业困难人员的社会保险补贴期限可顺延。（财政部、人力资源社会保障部、住房城乡建设部、交通运输部、水利部、人民银行、税务总局按职责分工负责）

（三）提升投资和产业带动就业能力。实施重大产业就业影响评估，明确重要产业规划带动就业目标，优先投资就业带动能力强、有利于农村劳动力就地就近就业和高校毕业生就业的产业。加快制定和完善引导相关产业向中西部地区转移的政策措施。对部分带动就业能力强、环境影响可控的项目，制定环评审批正面清单，加大环评“放管服”改革力度，审慎采取查封扣押、限产停产等措施。（发展改革委、人力资源社会保障部、生态环境部、商务部按职责分工负责）

（四）优化自主创业环境。深化“证照分离”改革，推进“照后减证”和简化审批，简化住所（经营场所）登记手续，申请人提交场所合法使用证明即可登记。充分发挥创业投资促进“双创”和增加就业的独特作用，对带动就业能力强的创业投资企业予以引导基金扶持、政府项目对接等政策支持。加大创业担保贷款支持力度，扩大政策覆盖范围，优先支持受疫情影响的重点群体，对优质创业项目免除反担保要求。政府投资开发的孵化基地等创业载体应安排一定比例场地，免费向高校毕业生、农民工等重点群体提供。各类城市创优评先项目应将带动就业能力强的“小店经济”、步行街发展状况作为重要条件。（发展改革委、工业和信息化部、财政部、人力资源社会保障部、商务部、人民银行、市场监管总局、银保监会、全国妇联按职责分工负责）

（五）支持多渠道灵活就业。合理设定无固定经营场所摊贩管理模式，预留自由市场、摊点群等经营网点。支持劳动者依托平台就业，平台就业人员购置生产经营必需工具的，可申请创业担保贷款及贴息；引导平台企业放宽入驻条件、降低管理服务费，与平台就业人员就劳动报酬、工作时间、劳动保护等建立制度化、常态化沟通协调机制。取消灵活就业人员参加企业职工基本养老保险的省内城乡户籍限制，对就业困难人员、离校 2 年内未就业高校毕业生灵活就业后缴纳社会保险费的，按规定给予一定的社会保险补贴。（财政部、人力资源社会保障部、自然资源部、人民银行、市场监管总局按职责分工负责）

**二、引导农民工安全有序转移就业**

（六）引导有序外出就业。强化重点企业用工调度保障、农民工“点对点、一站式”返岗复工服务，推广健康信息互认等机制，提升对成规模集中返岗劳动者的输送保障能力。引导劳动者有序求职就业，及时收集发布用工信息，加强输出地和输入地信息对接，鼓励低风险地区农民工尽快返岗复工。对组织集中返岗、劳务输出涉及的交通运输、卫生防疫等给予支持。对人力资源服务机构、劳务经纪人开展跨区域有组织劳务输出的，给予就业创业服务补助。（公安部、财政部、人力资源社会保障部、交通运输部、卫生健康委按职责分工负责）

（七）支持就地就近就业。抓好春季农业生产，大力发展新型农业经营主体，组织暂时无法外出的农民工投入春耕备耕，从事特色养殖、精深加工、生态旅游等行业。在县城和中心镇建设一批城镇基础设施、公共服务设施，加强农业基础设施建设，实施农村人居环境改善工程，开展以工代赈工程建设，优先吸纳农村贫困劳动力和低收入群体就业。（发展改革委、人力资源社会保障部、交通运输部、农业农村部、卫生健康委按职责分工负责）

（八）优先支持贫困劳动力就业。企业复工复产、重大项目开工、物流体系建设等优先组织和使用贫困劳动力，鼓励企业更多招用贫困劳动力。支持扶贫龙头企业、扶贫车间尽快复工。利用公益性岗位提供更多就地就近就业机会，优先对贫困劳动力托底安置。加大对“三区三州”等深度贫困地区、52个未摘帽贫困县、易地扶贫搬迁大型安置区的支持力度。对吸纳贫困劳动力就业规模大的，各地可通过财政专项扶贫资金给予一次性奖励。（发展改革委、财政部、人力资源社会保障部、农业农村部、扶贫办按职责分工负责）

**三、拓宽高校毕业生就业渠道**

（九）扩大企业吸纳规模。对中小微企业招用毕业年度高校毕业生并签订1年以上劳动合同的，给予一次性吸纳就业补贴。国有企业今明两年连续扩大高校毕业生招聘规模，不得随意毁约，不得将本单位实习期限作为招聘入职的前提条件。（财政部、人力资源社会保障部、国资委、烟草局、邮政局等部门和企业按职责分工负责）

（十）扩大基层就业规模。各级事业单位空缺岗位今明两年提高专项招聘高校毕业生的比例。开发城乡社区等基层公共管理和社会服务岗位。扩大“三支一扶”计划等基层服务项目招募规模。出台改革措施，允许部分专业高校毕业生免试取得相关职业资格证书。畅通民营企业专业技术职称评审渠道。（教育部、民政部、财政部、人力资源社会保障部、农业农村部按职责分工负责）

（十一）扩大招生入伍规模。扩大2020年硕士研究生招生和普通高校专升本招生规模。扩大大学生应征入伍规模，健全参军入伍激励政策，大力提高应届毕业生征集比例。（发展改革委、教育部、财政部、退役军人部、中央军委政

治工作部、中央军委国防动员部按职责分工负责）

（十二）扩大就业见习规模。支持企业、政府投资项目、科研项目设立见习岗位。对因疫情影响见习暂时中断的，相应延长见习单位补贴期限。对见习期未满与高校毕业生签订劳动合同的，给予见习单位剩余期限见习补贴。（财政部、人力资源社会保障部、商务部、国资委、共青团中央按职责分工负责）

（十三）适当延迟录用接收。引导用人单位推迟面试体检和签约录取时间。对延迟离校的应届毕业生，相应延长报到接收、档案转递、落户办理时限。离校未就业毕业生可根据本人意愿，将户口、档案在学校保留 2 年或转入生源地公共就业人才服务机构，以应届毕业生身份参加用人单位考试、录用，落实工作单位后参照应届毕业生办理相关手续。（教育部、人力资源社会保障部、国资委按职责分工负责）

**四、加强困难人员兜底保障**

（十四）保障失业人员基本生活。畅通失业保险金申领渠道，放宽失业保险申领期限，2020 年 4 月底前实现线上申领失业保险金。对领取失业保险金期满仍未就业的失业人员、不符合领取失业保险金条件的参保失业人员，发放 6 个月的失业补助金，标准不高于当地失业保险金的 80%。对生活困难的失业人员及家庭，按规定及时纳入最低生活保障、临时救助等社会救助范围。（民政部、财政部、人力资源社会保障部按职责分工负责）

（十五）强化困难人员就业援助。动态调整就业困难人员认定标准，及时将受疫情影响人员纳入就业援助范围，确保零就业家庭动态清零。对通过市场渠道确实难以就业的，利用公益性岗位托底安置。开发一批消杀防疫、保洁环卫等临时性公益岗位，根据工作任务和工作时间，给予一定的岗位补贴和社会保险补贴，补贴期限最长不超过 6 个月，所需资金可从就业补助资金中列支。（财政部、人力资源社会保障部、中国残联按职责分工负责）

（十六）加大对湖北等疫情严重地区就业支持。建立农资点对点保障运输绿色通道，支持湖北省组织农业生产。对湖北高校及湖北籍 2020 届高校毕业生给予一次性求职创业补贴，湖北省各级事业单位可面向湖北高校及湖北籍高校毕业生开展专项招聘，高校毕业生基层服务项目向湖北省倾斜。做好湖北省疫情解除后的就业工作，加大资金、政策、项目倾斜，开展专场招聘和专项帮扶。维护就业公平，坚决纠正针对疫情严重地区劳动者的就业歧视。（发展改革委、

教育部、工业和信息化部、财政部、人力资源社会保障部、农业农村部按职责分工负责）

**五、完善职业培训和就业服务**

（十七）大规模开展职业技能培训。加大失业人员、农民工等职业技能培训力度，实施农民工等重点群体专项培训，适当延长培训时间。对企业组织职工参加线上线下培训，组织新招用农民工、高校毕业生参加岗前培训的，给予职业培训补贴。动态发布新职业，组织制定急需紧缺职业技能标准。（财政部、人力资源社会保障部按职责分工负责）

（十八）优化就业服务。2020 年 3 月底前开放线上失业登记。推进在线办理就业服务和补贴申领。持续开展线上招聘服务，发挥公共就业服务机构、高校就业指导机构、经营性人力资源服务机构作用，加大岗位信息、职业指导、网上面试等服务供给。对大龄和低技能劳动者，通过电话、短信等方式推送岗位信息，提供求职、应聘等专门服务。低风险地区可有序开展小型专项供需对接活动。优化用工指导服务，鼓励困难企业与职工协商采取调整薪酬、轮岗轮休、灵活安排工作时间等方式稳定岗位，依法规范裁员行为。（教育部、财政部、人力资源社会保障部、全国总工会、全国工商联按职责分工负责）

**六、压实就业工作责任**

（十九）强化组织领导。各地区各有关部门要在确保疫情防控到位的前提下，毫不放松抓紧抓实抓细稳就业各项工作。县级以上地方政府要加快建立由政府负责人牵头的就业工作领导机制，压实工作责任，细化实化扶持政策。各有关部门要同向发力，围绕稳就业需要，落实完善政策措施，形成工作合力。要健全公共就业服务体系，加强基层公共就业服务能力建设，提升基本公共就业服务水平。（各有关部门和单位、各省级人民政府按职责分工负责）

（二十）加强资金保障。加大就业补助资金和稳岗补贴投入力度。支持市县政府根据稳就业工作推进和政策实施需要，统筹用好就业创业、职业培训、风险储备等方面资金。失业保险基金结余大的地区，要加速稳岗返还、保生活政策落地见效。（财政部、人力资源社会保障部、各省级人民政府按职责分工负责）

（二十一）强化表扬激励。持续开展就业工作表扬激励，完善激励办法，对落实稳就业政策措施工作力度大、促进重点群体就业创业等任务完成较好的地方，及时予以资金支持等方面的表扬激励。（人力资源社会保障部、财政部牵头，各有关部门和单位、各省级人民政府按职责分工负责）

（二十二）加强督促落实。细化分解目标任务，在相关督查工作中将稳就业作为重要内容，重点督促政策服务落地及重点群体就业、资金保障落实等。对不履行促进就业职责，产生严重后果或造成恶劣社会影响的，依法依规严肃问责。完善劳动力调查，研究建立省级调查失业率按月统计发布制度，启动就业岗位调查，做好化解失业风险的政策储备和应对预案。（人力资源社会保障部、统计局牵头，各有关部门和单位、各省级人民政府按职责分工负责）

上述新增补贴政策，受理截止期限为2020年12月31日。各地区各有关部门要抓紧政策实施，发挥政策最大效应，工作中遇到的重要情况和重大问题及时报告国务院。

# 人力资源社会保障部　财政部　国家卫生健康委《关于因履行工作职责感染新型冠状病毒肺炎的医护及相关工作人员有关保障问题的通知》

（人社部函〔2020〕11号　2020年1月23日）

各省、自治区、直辖市及新疆生产建设兵团人力资源社会保障厅（局）、财政厅（局）、卫生健康委：

为做好新型冠状病毒肺炎疫情防治工作，保障防治人员的权益，现就在此次新型冠状病毒肺炎预防和救治工作中，因履行工作职责而感染新型冠状病毒肺炎的医护及相关工作人员的有关保障问题通知如下：

在新型冠状病毒肺炎预防和救治工作中，医护及相关工作人员因履行工作职责，感染新型冠状病毒肺炎或因感染新型冠状病毒肺炎死亡的，应认定为工伤，依法享受工伤保险待遇。已参加工伤保险的上述工作人员发生的相关费用，由工伤保险基金和单位按工伤保险有关规定支付；未参加工伤保险的，由用人单位按照法定标准支付，财政补助单位因此发生的费用，由同级财政予以补助。各级人力资源社会保障、财政、卫生健康行政部门要密切配合，搞好服务，及时共同做好上述人员的工伤认定和待遇支付工作。

# 人力资源社会保障部　财政部　税务总局<br>关于阶段性减免企业社会保险费的通知

（人社部发〔2020〕11号　2020年2月20日）

各省、自治区、直辖市人民政府，新疆生产建设兵团：

为贯彻落实习近平总书记关于新冠肺炎疫情防控工作的重要指示精神，纾解企业困难，推动企业有序复工复产，支持稳定和扩大就业，根据社会保险法有关规定，经国务院同意，现就阶段性减免企业基本养老保险、失业保险、工伤保险（以下简称三项社会保险）单位缴费部分有关问题通知如下：

一、自2020年2月起，各省、自治区、直辖市（除湖北省外）及新疆生产建设兵团（以下统称省）可根据受疫情影响情况和基金承受能力，免征中小微企业三项社会保险单位缴费部分，免征期限不超过5个月；对大型企业等其他参保单位（不含机关事业单位）三项社会保险单位缴费部分可减半征收，减征期限不超过3个月。

二、自2020年2月起，湖北省可免征各类参保单位（不含机关事业单位）三项社会保险单位缴费部分，免征期限不超过5个月。

三、受疫情影响生产经营出现严重困难的企业，可申请缓缴社会保险费，缓缴期限原则上不超过6个月，缓缴期间免收滞纳金。

四、各省根据工业和信息化部、统计局、发展改革委、财政部《关于印发中小企业划型标准规定的通知》（工信部联企业〔2011〕300号）等有关规定，结合本省实际确定减免企业对象，并加强部门间信息共享，不增加企业事务性负担。

五、要确保参保人员社会保险权益不受影响，企业要依法履行好代扣代缴职工个人缴费的义务，社保经办机构要做好个人权益记录工作。

六、各省级政府要切实承担主体责任，确保各项社会保险待遇按时足额支付。加快推进养老保险省级统筹，确保年底前实现基金省级统收统支。2020年企业职工基本养老保险基金中央调剂比例提高到4%，加大对困难地区的支持力度。

七、各省要结合当地实际，按照本通知规定的减免范围和减免时限执行，规范和加强基金管理，不得自行出台其他减收增支政策。各省可根据减免情况，合理调整2020年基金收入预算。

各省要提高认识，切实加强组织领导，统筹做好疫情防控和经济社会发展工作，抓紧制定具体实施办法，尽快兑现减免政策。各省印发的具体实施办法于3月5日前报人力资源社会保障部、财政部、税务总局备案。各级人力资源社会保障、财政、税务部门要会同相关部门，切实履行职责，加强沟通配合，全力做好疫情防控期间企业社会保险工作，确保企业社会保险费减免等各项政策措施落实到位。

# 国家医保局　财政部　税务总局
# 关于阶段性减征职工基本医疗保险费的指导意见

（医保发〔2020〕6号　2020年2月21日）

各省、自治区、直辖市人民政府，新疆生产建设兵团：

为贯彻落实习近平总书记关于新冠肺炎疫情防控工作的重要指示精神，切实减轻企业负担，支持企业复工复产，根据社会保险法有关规定，经国务院同意，现就阶段性减征职工基本医疗保险（以下简称职工医保）单位缴费有关工作提出如下指导意见：

一、自2020年2月起，各省、自治区、直辖市及新疆生产建设兵团（以下统称省）可指导统筹地区根据基金运行情况和实际工作需要，在确保基金收支中长期平衡的前提下，对职工医保单位缴费部分实行减半征收，减征期限不超过5个月。

二、原则上，统筹基金累计结存可支付月数大于6个月的统筹地区，可实施减征；可支付月数小于6个月但确有必要减征的统筹地区，由各省指导统筹考虑安排。缓缴政策可继续执行，缓缴期限原则上不超过6个月，缓缴期间免收滞纳金。

三、各省要指导统筹地区持续完善经办管理服务，确保待遇支付，实施减征和缓缴不能影响参保人享受当期待遇。参保单位应依法履行代扣代缴个人缴费的义务，医保经办机构要做好个人权益记录，确保个人权益不受影响。优化办事流程，不增加参保单位事务性负担。

四、各省要指导统筹地区切实加强基金管理，做好统计监测，跟踪分析基金运行情况，采取切实管用的措施，管控制度运行风险，确保基金收支中长期平衡。减征产生的统筹基金收支缺口由统筹地区自行解决。各省可根据减征情况，合理调整2020年基金预算。

五、已经实施阶段性降低单位费率等援企政策的省可继续执行，也可按照本指导意见精神指导统筹地区调整政策。已实施阶段性降低职工医保单位费率的统筹地区，不得同时执行减半征收措施。

各省要提高思想认识，加强组织领导，分类指导统筹地区做好相关工作。决定实施减征政策的省，印发的具体实施方案于 3 月 5 日前报医保局、财政部、税务总局备案。各级医疗保障、财政、税务等部门要加强协同，切实履职，全力做好疫情防控期间的医疗保障各项工作，确保政策落实到位，重要情况及时报告。

# 住房和城乡建设部　财政部　人民银行关于妥善应对新冠肺炎疫情实施住房公积金阶段性支持政策的通知

（建金〔2020〕23号 2020年2月21日）

各省、自治区、直辖市人民政府，新疆生产建设兵团：

为贯彻落实习近平总书记关于新冠肺炎疫情防控和应对工作的重要指示精神，按照党中央、国务院关于出台阶段性、有针对性的政策措施，纾解企业困难的决策部署，经国务院常务会议审议通过，现就实施住房公积金阶段性支持政策有关事项通知如下：

一、受新冠肺炎疫情影响的企业，可按规定申请在2020年6月30日前缓缴住房公积金，缓缴期间缴存时间连续计算，不影响职工正常提取和申请住房公积金贷款。

二、受新冠肺炎疫情影响的职工，2020年6月30日前住房公积金贷款不能正常还款的，不作逾期处理，不作为逾期记录报送征信部门，已报送的予以调整。对支付房租压力较大的职工，可合理提高租房提取额度、灵活安排提取时间。

三、经认定的新冠肺炎疫情严重和较严重地区，企业在与职工充分协商的前提下，可在2020年6月30日前自愿缴存住房公积金。继续缴存的，自主确定缴存比例；停缴的，停缴期间缴存时间连续计算，不影响职工正常提取住房公积金和申请住房公积金贷款。

各地区要按照本通知要求，高度重视，周密部署，加强对工作落实情况的指导监督。各设区城市人民政府要结合本地实际，抓紧提出实施住房公积金阶段性支持政策的具体办法，做好落实工作。

# 国家税务总局关于贯彻落实阶段性减免企业社会保险费政策的通知

（税总函〔2020〕33号 2020年2月25日）

国家税务总局各省、自治区、直辖市和计划单列市税务局，国家税务总局驻各地特派员办事处：

为深入贯彻落实党的十九大和十九届二中、三中、四中全会精神，统筹做好新冠肺炎疫情防控和经济社会发展工作，经国务院同意，人力资源社会保障部、财政部、税务总局印发了《关于阶段性减免企业社会保险费的通知》（人社部发〔2020〕11号，以下简称《通知》），国家医保局、财政部、税务总局印发了《关于阶段性减征职工基本医疗保险费的指导意见》（医保发〔2020〕6号，以下简称《意见》）。为确保阶段性减免企业社会保险费、减征职工基本医疗保险费政策（以下简称阶段性减免企业社保费政策）有效落地，现就有关事项通知如下：

**一、推动尽快制定本地具体实施办法**

各省、自治区、直辖市和计划单列市税务局（以下统称“省税务局”）要按照《通知》和《意见》要求，积极推动本省抓紧制定落实阶段性减免企业社保费政策的具体实施办法，按时向国家有关部门报备。要会同有关部门根据本地实际情况，研究制定落实阶段性减免企业社保费政策的具体操作办法，确保政策措施早落地、好操作。

**二、扎实做好政策宣传和辅导培训工作**

税务总局、省税务局分别在门户网站开设“阶段性减免企业社保费”专栏，集中发布相关政策、解读和操作问答。各省税务局要充分利用12366服务热线以及微信、短信等方式及时解读政策、讲解操作、回答问题，确保缴费人对阶段性减免企业社保费政策应知尽知。要利用视频会议、网络办公以及在线授课等方式，加强对税务干部的业务培训，确保一线税务干部尤其是12366服务热线的坐席人员、缴费窗口的操作人员能够熟练掌握政策，优质高效为缴费人提供服务。

**三、加快办理 2 月份已征费款退（抵）工作**

各省税务局要对 2020 年 2 月份已经征收的社保费进行分类，确定应退（抵）的企业和金额。要按照人力资源社会保障部、财政部、税务总局、国家医保局共同明确的处理原则，优化流程，提高效率，及时为应该退费的参保单位依职权办理退费，切实缓解企业特别是中小微企业经营困难。对采取以 2 月份已缴费款冲抵以后月份应缴费款的参保单位，要明确冲抵流程和操作办法，有序办理费款冲抵业务。

**四、依规从快办理缓缴费款业务**

各级税务机关要会同有关部门落实好缓缴社保费政策，结合本地实际，进一步优化业务流程，从快办理缓缴相关业务。要严格落实缓缴期限原则上不超过 6 个月、缓缴期间免收滞纳金等政策要求，确保缴费人应享尽享。

**五、抓紧完善信息系统和信息平台功能**

税务总局将在近期完成社保费征管信息系统（标准版）的优化升级工作。各省税务局要根据本省实施方案以及各类企业划型名单，明确业务办理规则，标识企业类型，尽快完成本地征管系统和信息平台相关功能的完善、联调测试以及部署上线工作。要及时做好各地网上缴费系统、缴费客户端等相关系统功能升级工作，确保缴费人顺畅办理减免等业务，精准享受阶段性减免企业社保费政策。要进一步加强与相关部门的信息共享，明确信息共享项目，及时将征收明细信息传递给同级人力资源社会保障、医疗保障部门，确保参保人员社会保险权益不受影响。

**六、扎实细致做好减免费核算和收入分析工作**

各省税务局要根据阶段性减免企业社保费政策的特点，按照统一部署，按月、分户做好减免费核算工作，及时反映政策成效。要根据政策影响情况，适时推动调整社保基金收入预算，为政策落实打好基础。要加强月度收入与免、减、缓政策联动分析，全面准确掌握社保费收入状况。

**七、切实加强领导压实工作责任**

各级税务机关要切实加强对落实阶段性减免企业社保费政策工作的组织领导，成立由分管局领导牵头、相关部门共同参加的工作专班，统筹抓好政策落实。要将阶段性减免企业社保费政策落实情况和退（抵）费办理情况纳入绩效考评，加大督查督办力度，严肃工作纪律，层层压实责任，确保各项工作落实落细。各省阶段性减免企业社保费政策落实情况、取得成效及工作中遇到的重要问题或重大事项，要及时向税务总局（社会保险费司）报告。

# 国务院办公厅关于支持多渠道灵活就业的意见

（国办发〔2020〕27号 2020年7月28日）

各省、自治区、直辖市人民政府，国务院各部委、各直属机构：

个体经营、非全日制以及新就业形态等灵活多样的就业方式，是劳动者就业增收的重要途径，对拓宽就业新渠道、培育发展新动能具有重要作用。为全面强化稳就业举措，落实保居民就业任务，经国务院同意，现就支持多渠道灵活就业提出以下意见。

**一、总体要求**

以习近平新时代中国特色社会主义思想为指导，全面贯彻党的十九大和十九届二中、三中、四中全会精神，坚持以人民为中心的发展思想，把支持灵活就业作为稳就业和保居民就业的重要举措，坚持市场引领和政府引导并重、放开搞活和规范有序并举，顺势而为、补齐短板，因地制宜、因城施策，清理取消对灵活就业的不合理限制，强化政策服务供给，创造更多灵活就业机会，激发劳动者创业活力和创新潜能，鼓励自谋职业、自主创业，全力以赴稳定就业大局。

**二、拓宽灵活就业发展渠道**

（一）鼓励个体经营发展。持续深化商事制度改革，提供便捷高效的咨询、注册服务。引导劳动者以市场为导向，依法自主选择经营范围。鼓励劳动者创办投资小、见效快、易转型、风险小的小规模经济实体。支持发展各类特色小店，完善基础设施，增加商业资源供给。对下岗失业人员、高校毕业生、农民工、就业困难人员等重点群体从事个体经营的，按规定给予创业担保贷款、税收优惠、创业补贴等政策支持。（财政部、人力资源社会保障部、商务部、人民银行、税务总局、市场监管总局等按职责分工负责）

（二）增加非全日制就业机会。落实财政、金融等针对性扶持政策，推动非全日制劳动者较为集中的保洁绿化、批发零售、建筑装修等行业提质扩容。增强养老、托幼、心理疏导和社会工作等社区服务业的吸纳就业能力。加强对非全日制劳动者的政策支持，对就业困难人员、离校2年内未就业高校毕业生从事非全日制等工作的，按规定给予社会保险补贴。（民政部、财政部、人力资源社会保障部、住房城乡建设部、商务部、人民银行等按职责分工负责）

（三）支持发展新就业形态。实施包容审慎监管，促进数字经济、平台经济健康发展，加快推动网络零售、移动出行、线上教育培训、互联网医疗、在线娱乐等行业发展，为劳动者居家就业、远程办公、兼职就业创造条件。合理设定互联网平台经济及其他新业态新模式监管规则，鼓励互联网平台企业、中介服务机构等降低服务费、加盟管理费等费用，创造更多灵活就业岗位，吸纳更多劳动者就业。（国家发展改革委、教育部、工业和信息化部、人力资源社会保障部、交通运输部、商务部、文化和旅游部、国家卫生健康委、市场监管总局等按职责分工负责）

**三、优化自主创业环境**

（四）加强审批管理服务。开通行业准入办理绿色通道，对需要办理相关行业准入许可的，实行多部门联合办公、一站式审批。在政府指定的场所和时间内销售农副产品、日常生活用品，或者个人利用自己的技能从事依法无须取得许可的便民劳务活动，无须办理营业执照。加大“放管服”改革力度，引导劳动者规范有序经营。（市场监管总局和地方各级人民政府按职责分工负责）

（五）取消部分收费。取消涉及灵活就业的行政事业性收费，对经批准占道经营的免征城市道路占用费。建立公开投诉举报渠道，依法查处违规收费行为。（财政部、住房城乡建设部、市场监管总局和地方各级人民政府按职责分工负责）

（六）提供低成本场地支持。落实阶段性减免国有房产租金政策，鼓励各类业主减免或缓收房租，帮助个体经营者等灵活就业人员减轻房租负担。有条件的地方可将社区综合服务设施闲置空间、非必要办公空间改造为免费经营场地，优先向下岗失业人员、高校毕业生、农民工、就业困难人员提供。（国家发展改革委、民政部、住房城乡建设部和地方各级人民政府按职责分工负责）

**四、加大对灵活就业保障支持**

（七）推动新职业发布和应用。密切跟踪经济社会发展、互联网技术应用和职业活动新变化，广泛征求社会各方面对新职业的意见建议，动态发布社会需要的新职业、更新职业分类，引导直播销售、网约配送、社群健康等更多新就业形态发展。及时制定新职业标准，推出新职业培训课程。完善统计监测制度，探索建立新就业形态统计监测指标。（人力资源社会保障部、国家统计局等负责。列第一位者为牵头单位，下同）

（八）开展针对性培训。将有创业意愿的灵活就业人员纳入创业培训范围，组织开展开办店铺、市场分析、经营策略等方面的创业培训，促进提升创业能力和创业成功率。支持各类院校、培训机构、互联网平台企业，更多组织开展养老、托幼、家政、餐饮、维修、美容美发等技能培训和新兴产业、先进制造业、现代服务业等领域新职业技能培训，推进线上线下结合，灵活安排培训时间和培训方式，按规定落实职业培训补贴和培训期间生活费补贴，增强劳动者就业能力。（人力资源社会保障部、教育部、财政部等负责）

（九）优化人力资源服务。把灵活就业岗位供求信息纳入公共就业服务范围，开设灵活就业专区专栏，免费发布供求信息，按需组织专场招聘，送岗位进基层进社区，提供职业指导等服务。指导企业规范开展用工余缺调剂，帮助有“共享用工”需求的企业精准、高效匹配人力资源。有条件的城市可选择交通便利、人员求职集中的地点设立劳务市场或零工市场，组织劳务对接洽谈，加强疫情防控、秩序维护和安全管理。鼓励各类人力资源服务机构为灵活就业人员提供规范有序的求职招聘、技能培训、人力资源外包等专业化服务，按规定给予就业创业服务补助。（人力资源社会保障部、财政部等负责）

（十）维护劳动保障权益。研究制定平台就业劳动保障政策，明确互联网平台企业在劳动者权益保护方面的责任，引导互联网平台企业、关联企业与劳动者协商确定劳动报酬、休息休假、职业安全保障等事项，引导产业（行业、地方）工会与行业协会或行业企业代表协商制定行业劳动定额标准、工时标准、奖惩办法等行业规范。依法纠正拖欠劳动报酬等违法违规行为。持续深入推进工程建设领域农民工按项目参加工伤保险，有针对性地做好工伤预防工作。（人力资源社会保障部、应急部、全国总工会等按职责分工负责）

（十一）加大对困难灵活就业人员帮扶力度。2020 年缴纳基本养老保险费确有困难的灵活就业人员，可按规定自愿暂缓缴费。对符合条件的灵活就业人员，及时按规定纳入最低生活保障、临时救助范围。（民政部、财政部、人力资源社会保障部、税务总局等按职责分工负责）

**五、切实加强组织实施**

（十二）强化组织领导。地方各级人民政府特别是市、县级人民政府要切实履行稳就业主体责任，把支持多渠道灵活就业作为就业工作重要内容，结合实际创新工作举措，加强规范引导，完善监督管理，促进灵活就业健康发展。各级人民政府要统筹用好就业补助资金和其他稳就业、保就业的资金，保障灵活就业扶持政策落实。各有关部门要同向发力、分工合作，坚持问题导向，完善政策措施，共同破解工作难题。（各有关部门、单位和地方各级人民政府按职责分工负责）

（十三）加强激励督导。各地区各有关部门要加强督促检查和政策实施情况评估，狠抓政策落实，简化手续，提高效率，确保灵活就业人员便捷享受各项支持政策和就业创业服务。将支持多渠道灵活就业有关工作纳入文明城市创建和测评内容。对灵活就业政策落实好、发展环境优、工作成效显著的城市，优先纳入创业型城市创建范围。（中央文明办、人力资源社会保障部和地方各级人民政府按职责分工负责）

（十四）注重舆论引导。充分利用各种宣传渠道和媒介，大力宣传支持灵活就业的政策措施和典型做法，宣传自主就业创业和灵活就业的典型事迹。建立舆情监测和处置机制，积极主动回应社会关切，营造良好舆论氛围。（各有关部门、单位和地方各级人民政府按职责分工负责）

# 中华全国总工会　人力资源社会保障部
# 中国企业联合会 / 中国企业家协会
# 中华全国工商业联合会
# 关于实施集体协商“稳就业促发展构和谐”
# 行动计划的通知

（总工发〔2019〕23 号　2019 年 6 月 5 日）

各省、自治区、直辖市总工会、人力资源社会保障厅（局）、企业联合会 / 企业家协会、工商业联合会，新疆生产建设兵团人力资源社会保障局、企业联合会 / 企业家协会、工商业联合会：

为深入贯彻党的十九大提出的“发展基层协商民主”和“完善政府、企业、工会共同参与的协商协调机制，构建和谐劳动关系”的要求，在当前经济下行压力加大和外部环境更加复杂严峻的形势下，进一步发挥集体协商集体合同制度协调劳动关系的基础性作用，稳定就业岗位，促进企业发展，构建和谐劳动关系，实现企业和职工共商共建共创共享，国家协调劳动关系三方会议研究决定，从 2019 年至 2021 年，在全国范围内实施集体协商“稳就业促发展构和谐”行动计划（以下简称行动计划）。

**一、指导思想**

坚持以习近平新时代中国特色社会主义思想为指导，深入贯彻落实党的十九大和十九届二中、三中全会精神，坚持新发展理念和中国特色社会主义集体协商理念，围绕落实中央经济工作会议和民营企业座谈会议要求，正确把握当前形势任务，切实将稳就业、促发展、构和谐作为当前集体协商工作的主线，着力健全集体协商制度，巩固集体协商基础，拓展集体协商内容，提升集体协商质量，引导职工正确看待和处理当前利益与长远利益，有效协调劳动关系双方利益关系，保护和调动企业与职工的生产经营积极性、主动性，推动企业和职工形成利益共同体，促进实现劳动者体面劳动和企业健康持续发展，营造有利于改革发展稳定的环境。

**二、目标任务**

通过各级协调劳动关系三方的共同努力，集体协商制度在推动构建和谐劳动关系中的作用更加明显，中国特色社会主义集体协商制度更加巩固发展，集体协商实效性不断增强，力争 2021 年实现已建工会的企业集体协商建制率动态保持在 80% 以上，其中规模（限额）以上已建工会的企业开展年度集体协商、签订工资专项集体合同保持在 90% 以上，行业（区域）集体合同覆盖职工数达到 8000 万人以上，职工利益诉求表达渠道进一步畅通，企业和职工获得感、满意度不断提升。

**三、具体措施**

（一）分类实施企业集体协商。鼓励生产经营正常的企业，围绕工资调整、奖金分配、考核奖惩、劳动定额、休息休假、工时制度、职工福利费和教育经费使用、劳动保护、女职工特殊保护等进行协商。鼓励和支持因产业转型升级、结构调整和经贸摩擦等造成生产经营困难或生产经营方式重大调整的企业，围绕转岗稳岗、轮岗休假、待岗培训、工资福利、裁员方案等涉及职工利益调整的重大事项进行协商。鼓励基础较好的企业建立经常性的沟通协商机制，开展多层次协商，畅通职工诉求表达渠道，努力解决企业及职工生产生活中的困难和问题。

（二）积极推进行业集体协商。坚持以劳动密集型、中小企业集中的行业（区域）作为重点，聚焦企业和职工普遍关心的问题，就行业最低工资标准、主体工种指导价位、劳动定额、计件单价、劳动保护、休息休假、福利待遇等进行协商。鼓励有条件的企业在行业集体协商的基础上，开展企业集体协商。在环卫清洁等农民工集中的行业，通过开展集体协商建立健全职工工资正常增长机制，推动低收入群体收入合理增长。在快递、外卖、网约车等新业态领域行业，通过探索确定协商主体、创新协商模式开展行业集体协商，签订行业性集体合同或协议，明确行业用工规范和劳动标准。

（三）深入推进集体协商提质增效。将开展质效评估工作作为促进集体协商提质增效的重要途径，进一步规范代表产生、要约应约、协商会议、审议报送、公示等协商程序，广泛收集企业和职工诉求，切实将企业和职工关心的问题纳入协商内容，增强集体协商的实效性。坚持以企业（行业）自评为主、外部评估为辅的原则实施集体协商质效评估工作，引导企业（行业）通过开展自我评估，发现和整改存在的问题，提高集体协商质量和职工参与率、知晓率、满意率以及企业认可度。各地协调劳动关系三方根据工作需要，可自行或委托第三方专业机构进行评估，并将评估结果作为评先评优的重要条件。通过努力，力争评估优秀企业（行业）数量达到60%以上，建制企业职工对集体协商工作的参与率达到80%以上、知晓率达到90%以上。

（四）继续开展集体协商要约行动。各地要根据企业实际情况，每年适时集中开展协商要约行动，企业或企业代表组织应支持工会提出要约。对提出要约尚有困难的工会，上级工会要给予帮助和指导，必要时可依法代替基层工会行使要约权。一方提出集体协商要约的，另一方应当在规定时间内及时给予回应。

（五）发挥集体协商谋求共识、化解矛盾、凝聚力量、促进发展作用。鼓励生产经营困难企业开展“共同约定行动”，开展以“稳岗位、促发展”为主要内容的劳动竞赛和和谐劳动关系创建活动，推动形成企业关爱职工、职工关心企业、共谋企业发展的良好氛围。工会和职工要支持企业的改革创新，加强职工技能培训、推广职工先进操作法，努力提高企业生产效率和核心竞争力。各级工会和企业要进一步强化职工法律意识和责任意识教育，引导职工遵纪守法、履行劳动合同、服从企业管理、履职尽责，为企业发展作贡献。

**四、保障机制**

（一）加强协商主体建设。加强基层工会组织建设，推进工会组织向新兴领域新兴群体延伸，巩固和扩大工会组织覆盖面。各级企业代表组织要切实加强行业协会、商会等组织建设，着力培育企业方协商主体，将推进行业集体协商作为加强行业自律、规范行业用工和竞争秩序、营造良好发展环境重要内容抓紧抓好。

（二）加强集体协商人才队伍建设。加强集体协商专家指导机构和指导员队伍建设，发挥集体协商指导员开展宣传指导、业务培训、技术支持等方面的积极作用。畅通专职集体协商指导员职业发展通道，将其作为劳动关系协调员队伍的重要力量，建立与相应职业资格相衔接的激励机制，力争专职指导员队伍达到1万人以上。加大职工方和企业方代表的培训力度，提高协商代表的能力和水平。省级、地市级工会每年培训集体协商职工方代表不少于100人，经济较发达、职工人数较多的县级工会每年培训集体协商职工方代表不少于50人；省级、地市级企业组织每年培训集体协商企业方代表不少于80人。

（三）加强对集体协商的指导服务。建立健全本地区本行业企业人工成本、劳动关系发展态势的监测体系，及时发布企业人工成本、职业薪酬、工资指导线、最低工资标准等集体协商参考数据。完善由人力资源社会保障部门、工会和企业组织等共同参与的集体协商争议调处机制，及时调处协商争议。加强对履行集体合同情况的监督检查，督促企业通过职工代表大会等形式，向职工公开集体合同履行情况。

（四）加强宣传凝聚共识。大力宣传国家积极就业政策和鼓励支持企业特别是民营企业发展的政策，推动各项政策落实落地。深入企业和工业园区、街道（社区）宣传集体协商在化解矛盾、构建和谐劳动关系、促进企业发展方面的意义。各级协调劳动关系三方每年要选树推广一批开展集体协商构建和谐劳动关系的典型，努力发挥典型的示范引领作用。

**五、有关要求**

（一）各地要加强组织领导，切实把推动实施行动计划摆上重要议事日程，争取当地党委、政府的重视和支持，努力推动形成党委领导、政府主导、三方协同、企业和职工积极参与的工作格局，积极争取将集体协商工作纳入各级党政和社会管理目标体系，作为人大执法检查的重要内容。

（二）各地要坚持从不同地区、不同行业和企业的实际出发，因地制宜，强化指导服务，分类实施，注重实效，力戒形式主义，不搞一刀切。加强对新业态新领域的调查研究，积极探索集体协商规范新业态劳动用工的途径和方法，努力发挥集体协商构建和谐劳动关系的作用。

（三）各地协调劳动关系三方要各司其职，密切配合，协同推进。人力资源社会保障部门要发挥好主导作用，积极做好推进立法、完善制度、制定规划、指导协调和集体合同审查等工作；各级工会要加强工会组织建设，强化宣传发动职工、指导协商要约、培训职工协商代表、监督集体合同履行等工作；企业联合会、工商联要加强企业代表组织建设和企业协商代表培训工作，做好引导企业树立协商理念、履行社会责任和督促企业履行集体合同等工作。各级协调劳动关系三方办公室要切实推进组织实施工作，建立健全沟通协调机制，适时开展调查研究和联合督导，注重培育推广典型，营造良好的社会舆论氛围。

# 中华全国总工会　人力资源社会保障部 中国企业联合会/中国企业家协会 中华全国工商业联合会关于应对疫情影响进一步做好集体协商工作的通知

（总工发〔2020〕3号 2020年5月19日）

各省、自治区、直辖市总工会、人力资源社会保障厅（局）、企业联合会/企业家协会、工商业联合会，新疆生产建设兵团人力资源社会保障局、企业联合会/企业家协会、工商业联合会：

为深入贯彻习近平总书记关于统筹推进新冠肺炎疫情防控和经济社会发展系列重要指示精神，落实党中央、国务院有关决策部署，全面实施集体协商"稳就业促发展构和谐"行动计划，充分发挥集体协商制度在协调劳动关系中的重要作用，积极应对疫情影响，稳定劳动关系，保障职工权益，助力企业发展，现就进一步做好当前集体协商工作通知如下。

**一、引导确立"同舟共济、共克时艰"的协商目标**

集体协商工作对于助力企业复工复产、稳定职工就业岗位、维护劳动关系稳定具有重要作用，各地要深入推进集体协商"稳就业促发展构和谐"行动计划，引导企业和职工确立"同舟共济、共克时艰"的协商目标，营造"有事多商量，遇事多商量，做事多商量，商量得越多越深入越好"的协商氛围，坚持合法合理、利益兼顾、因企制宜、稳定有序的协商原则，鼓励劳动关系双方依据企业实际情况，就双方共同关心、直接涉及职工切身利益的事项及时开展协商，寻求双方利益平衡点，妥善解决受疫情影响劳动关系的突出问题，维护劳动关系和谐稳定。

**二、着力围绕稳定劳动关系重点方面开展协商**

集体协商要针对企业经营发展现状和职工的现实诉求，重点围绕企业用工的难点和职工关切的热点开展协商。

（一）突出协商稳岗位保企业。对复工复产难度大、订单大幅减少、生产经营较困难的企业，要以稳就业、保企业为主要目标，鼓励双方通过集体协商采取调整薪酬、灵活安排工作时间、轮岗轮休、组织培训等方式稳定工作岗位，尽量不裁员或少裁员。对受疫情影响不得不裁员的企业，指导企业在裁员方案制定和实施中充分听取职工意见，就经济补偿等与职工利益密切相关的问题，依法充分协商方能实施。

（二）着重协商工资待遇问题。对受疫情影响企业延迟复工、职工待岗、工作时间调整等期间的工资待遇，引导双方依法依规协商确定。对受疫情影响的企业，引导企业和职工相互理解，根据企业经济效益情况协商，依法适度调整职工工资水平。对暂无工资支付能力的企业，通过协商约定依规合理延期支付职工工资。对效益较好生产经营正常的企业，可协商合理确定职工工资增长幅度。

（三）支持协商其他涉及职工切身利益事项。鼓励企业和职工将复工后的工作方式、时间安排、带薪休假使用、劳动保护措施、女职工特殊权益保护等涉及职工切身利益问题作为协商内容。指导承担疫情防控保障任务的企业与职工就延长工作时间和休息时间安排等依法开展协商。

（四）侧重重点行业和特殊群体权益。要把受疫情影响较大的交通运输、旅游、餐饮住宿、娱乐文化、商贸会展等行业和订单严重减少的外向型企业作为推进协商的重点领域，全面摸排掌握其生产经营情况，对生产经营较为困难、用工规模较大、劳动关系矛盾较多的企业应视情况派出联合工作组，为双方开展集体协商提供具有针对性的指导服务。开展集体协商中要重点关注劳务派遣工、农民工、试用期职工以及湖北地区职工等重点群体的权益维护。推动平台企业与平台就业劳动者就劳动报酬、工作时间、劳动保护等开展协商，切实维护好平台就业劳动者基本权益。

**三、鼓励创新完善协商方式**

疫情防控期间要采取适当方式，在确保程序规范的前提下因地制宜开展集体协商。要指导企业和职工充分借助现代信息通讯技术，通过线上线下相结合的方式进行要约、应约、沟通和协商。协商一致的意见可形成会议纪要或文件，通过电子邮件、内部OA、微信群组等形式，发送给职工群众听取意见建议，履行民主程序后向全体职工公示。

## 四、积极做好落实工作

（一）广泛宣传引导。各级协调劳动关系三方成员要充分发挥各自职能，利用多种平台和渠道，准确解读、宣传国家和地方在疫情防控和复工复产中出台的相关政策，引导企业（行业）结合当前形势和自身实际开展集体协商。

（二）加强指导服务。各级人力资源社会保障部门要加强组织协调，及时研究解决涉疫情劳动关系重点问题，及时发布企业人工成本、薪酬调查、工资指导线、最低工资标准等信息，并尽可能为企业集体合同报送提供便利。各级地方工会要加强对企业工会代表职工与企业开展集体协商工作的指导服务。各级工会要团结动员广大职工与企业共渡难关，引导职工依法理性表达诉求，推进工会组织向新兴领域、新兴群体延伸。各级企联和工商联组织要引导企业和企业家积极承担社会责任，主动要约，畅通职工反映诉求渠道，关心关爱职工，着力保障困难职工的基本生活。

（三）强化形势分析。各级协调劳动三方要加强信息沟通和共享，定期开展会商研判，深入分析劳动关系形势，共同研究解决劳动关系领域存在的突出矛盾和问题，坚决防范出现区域性、系统性劳动关系风险。

（四）注重示范引领。各级协调劳动关系三方要认真培育、宣传推广企业通过集体协商与职工共渡难关的典型事例和先进经验，引导企业和职工正确看待当前遇到的困难和问题，增强发展信心。

（五）夯实工作基础。各级协调劳动关系三方要立足当前、着眼长远，将做好疫情期间集体协商工作作为落实“稳就业促发展构和谐”行动计划的重要内容，强化制度机制建设，加强工作指导，研究解决推进集体协商工作中遇到的各种问题，着力推进专职集体协商指导员等人才队伍建设，创新工作方式方法，努力发挥集体协商协调劳动关系的重要作用。各地要联合开展调研指导，掌握相关情况，及时上报落实“稳就业促发展构和谐”行动计划工作进展情况、经验和问题。

# 中华全国总工会办公厅关于印发《深入开展集体协商质效评估工作方案》的通知

（总工办发〔2019〕8号）

各省、自治区、直辖市总工会，各全国产业工会：

现将《深入开展集体协商质效评估工作方案》印发给你们，请结合实际，认真组织实施集体协商质效评估工作，深入推进集体协商工作提质增效，更好地发挥集体协商制度协调劳动关系作用，促进劳动关系和谐稳定。各地工作进展情况，请及时报全国总工会权益保障部。

中华全国总工会办公厅

2019年3月20日

## 深入开展集体协商质效评估工作方案

为深入贯彻中国工会十七大提出的“以提质增效为重点深化集体协商工作”的任务要求，以深入开展集体协商质效评估工作（以下简称质效评估）为牵引，推动各级工会进一步提升集体协商工作质量、增强集体合同实效，进一步发挥集体协商制度协调劳动关系的基础性作用，现提出如下方案。

**一、目标任务**

通过建立和完善以职工参与率、知晓率、满意率和企业认可率为导向的集体协商质效评估体系，以开展质效评估为牵引，进一步规范集体协商的代表产生、协商准备、议题确定、协商过程、审议通过、审查备案等程序，增强集体协商的针对性和实效性，形成以促进解决企业和职工关心的问题、提升职工参与率、知晓率、满意率的工作导向，增强职工对集体协商工作的获得感和企业的认可度，进而增强工会组织的凝聚力和吸引力。力争通过三年时间，实现质效评估得分80分以上的集体协商建制企业（行业）达到60%以上，职工对集体协商工作的参与率达到80%以上、知晓率达到90%以上的目标。

## 二、指导原则

（一）坚持服务党政大局。以习近平新时代中国特色社会主义思想为指导，牢牢把握为实现中华民族伟大复兴的中国梦而奋斗的时代主题，通过深入开展质效评估，促进集体协商工作提质增效，推动企业完善产业工人技能形成机制和激励制度，引导职工主动提升技能素质、积极开展技术创新，在推动高质量发展中充分发挥主力军作用，助力企业增强活力和实现经济新旧动能转换。

（二）坚持促进企业发展。要鼓励以企业（行业）自评为主、外部评估为辅，引导企业（行业）对照评估体系，查找集体协商工作短板，不断提高工作质量。通过开展质效评估，建立完善以集体协商为主要载体的企业（行业）与职工协商对话沟通机制，引导职工对工资福利增长的合理预期，理性表达利益诉求，实现企业与职工共同发展、共渡难关、共享成果，形成利益共同体。

（三）坚持维护和发展职工权益。要把是否解决广大职工最关心、最直接、最现实的利益问题作为质效评估的重点内容，把组织动员职工全程参与、增强职工获得感作为质效评估的目标，推动使集体协商工作真正反映职工意愿、体现职工诉求，努力实现在促进企业发展中维护好职工合法权益。

## 三、工作要求

（一）细化完善评估体系。各级工会要参照企业（行业）集体协商质效评估体系（附件 1、2），根据本地实际和工作侧重，进一步分解细化各项评估标准，构建适合本地区（行业）和企业实际的集体协商质效评估体系，促进集体协商工作质量的不断提升。

（二）大力推广评估体系。各级工会要根据工作要求，将评估体系转化为集体协商工作业务指引、流程解释、指导手册等，结合实际推广应用评估体系。要将评估体系作为集体协商培训工作的重点，使各级从事集体协商工作的工会干部和指导员了解评估体系，掌握质效评估工作流程，引导树立新时代集体协商工作的正确导向，推动质效评估广泛、持续、健康发展。

（三）多形式开展质效评估。各级工会要鼓励企业（行业）集体协商双方在一个集体协商工作流程结束后进行内部自我评估，发现问题不足，进一步改进集体协商工作。鼓励各地区工会或者协调劳动关系三方根据工作需要，联合或单独进行外部评估，并向被评估企业（行业）反馈评估结果，指出问题，督促改进。要把专职集体协商指导员作为开展质效评估的重要力量。鼓励引入第三方调查机构参与评估，增强质效评估的客观性和准确性。

（四）充分使用评估结果。各级工会要将评估结果运用到工会组织的各项工作中，与基层组织建设、民主管理等工作互相促进，推动工会工作水平不断提高。各地区可根据评估结果对企业（行业）的集体协商工作进行分级评定，并作为推选“劳动关系和谐企业”“模范职工之家”等荣誉称号的重要参考。

（五）切实加强组织领导。各级工会要从贯彻落实党中央、国务院决策部署，切实履行工会基本职责，增强工会组织凝聚力的高度，认识加强集体协商质效评估机制建设的重要意义，切实加强组织领导，结合实际推动质效评估深入开展。各级工会要由集体协商工作部门牵头，制定周密工作计划，推动集体协商建制企业（行业）普遍开展质效评估，促进集体协商工作提质增效，增强职工的获得感、幸福感和安全感。全总将适时对各地质效评估推进情况进行调研指导，并总结通报各地进展情况和成功经验。

附件：1. 企业集体协商质效评价标准表

2. 行业集体协商质效评价标准表

3. 集体协商质效综合评价问卷（A 职工方）

4. 集体协商质效综合评价问卷（B 行政方）

## 附件 1：企业集体协商质效评价标准表

| 项目 | 分值 | 子项目 | 标准 | 要求 | | 要求 | | 信息来源（仅供参考） |
|---|---|---|---|---|---|---|---|---|
| 协商主体 | 10 分 | 1. 职工方代表 | 职工方协商代表通过民主程序产生，向全体职工公示 | 基本标准 1 | 2 分 | | | 职代会记录等文件或公示材料 |
| | | | 职工方协商代表结构合理，有基层职工代表 | 基本标准 2 | 2 分 | | | 协商代表信息表 |
| | | | 女职工 / 劳务派遣工总数超过本企业用工一定比例的，应有其协商代表 | | | 示范标准 1 | 是 / 否 | 协商代表信息表 |
| | | | 工会主要负责人担任职工方首席协商代表，或由其书面委托其他负责人担任；未建工会的由职工代表大会或职工大会推举产生 | 基本标准 3 | 2 分 | | | 职代会记录或公示材料 |
| | | | 建立并实施职工方协商代表述职、质询、评议、撤换等制度 | | | 示范标准 2 | 是 / 否 | 有关文件 |
| | | 2. 行政方代表 | 企业主要负责人担任行政方首席协商代表或由其书面委托其他负责人担任 | 基本标准 4 | 2 分 | | | 协商代表信息表或委托书 |
| | | 3. 代表履职 | 协商代表正常参加集体协商会议；职工方协商代表在协商中据理陈述，履职尽责 | 基本标准 5 | 2 分 | | | 协商会议记录 |
| 协商程序 | 25 分 | 4. 要约 / 准备 | 协商要约和应约均采用书面形式且时间、内容、格式等符合相关规定 | 基本标准 6 | 1 分 | | | 要约书和应约书 |
| | | | 协商代表经过相关培训 | | | 示范标准 3 | 是 / 否 | 培训教材和培训签到表 |

续表

| 项目 | 分值 | 子项目 | 标准 | 要求 | | 要求 | | 信息来源（仅供参考） |
|---|---|---|---|---|---|---|---|---|
| 协商程序 | 25分 | 4. 要约 / 准备 | 工会或职工方协商代表开展集体协商宣传动员，征集协商议题或调查各类职工的诉求和意见，覆盖一定比例的职工 | 基本标准7 | 4分 | 示范标准4（征集意见覆盖一半以上的职工） | 是 / 否 | 相关工作记录及反馈意见 |
| | | | 企业方向职工方协商代表提供集体协商所必需的有关数据资料，所提供资料准确、完整 | 基本标准8 | 2分 | | | 有关材料 |
| | | | 企业为职工方协商代表履行职责提供必需的工作条件和工作时间，依法落实保障职工方协商代表履行职责的相关规定或措施 | 基本标准9 | 1分 | | | 协商会议方案及职工方代表反馈 |
| | | | 职工方协商代表收集本地区最低工资标准、工资指导线、人力资源市场工资指导价位以及主要岗位（工种）的市场工资水平等数据，认真分析和有效利用相关数据、资料 | | | 示范标准5 | 是 / 否 | 有关分析材料 |
| | | | 工会在开展正式协商前向上级工会进行预报 | | | 示范标准6 | 是 / 否 | 有关材料 |
| | | | 协商双方制订协商方案，明确协商重点 | | | 示范标准7 | 是 / 否 | 方案文本 |
| | | 5. 协商 / 签约 | 以劳动报酬为主要内容的专项集体协商每年至少开展一次，签订工资专项集体合同 | 基本标准10 | 3分 | | | 集体合同草案文本 |
| | | | 协商会议原始记录详尽、准确且经双方代表、记录员签字 | 基本标准11 | 2分 | | | 协商会议记录 |
| | | | 协商过程顺利；或者协商过程中难以达成一致意见时能够主动争取上级工会和有关部门指导、协调，以合法方式解决分歧 | 基本标准12 | 2分 | | | 沟通记录 |

续表

| 项目 | 分值 | 子项目 | 标准 | 要求 | | 要求 | | 信息来源（仅供参考） |
|---|---|---|---|---|---|---|---|---|
| 协商程序 | 25分 | 5. 协商 / 签约 | 集体协商结果签订集体合同，集体合同及时续签 | 基本标准13 | 2分 | | | 集体合同草案文本 |
| | | | 双方应急、应事开展协商协调，结果形成书面记录 | | | 示范标准8 | 是 / 否 | 相关文字材料 |
| | | 6. 合同生效 | 集体协商进展通过恰当方式向职工通报 | | | 示范标准9 | 是 / 否 | 通报文本或会议记录 |
| | | | 职工代表大会（职工大会）审议通过集体合同（含专项集体合同）草案 | 基本标准14 | 3分 | | | 职代会相关文件 |
| | | | 将集体合同报送人社行政部门 | 基本标准15 | 2分 | | | 有关材料 |
| | | | 企业在规定时间内采取书面形式向职工公布生效的集体合同，采用其他形式公布的应留存有关图文资料 | 基本标准16 | 3分 | | | 有关图文资料 |
| 协商内容 | 30分 | 7. 内容 | 集体合同文本各条款可操作性强 | 基本标准17 | 5分 | | | 集体合同文本 |
| | | | 集体合同符合企业实际，能够体现本企业特色 | 基本标准18 | 10分 | | | 集体合同文本 |
| | | | 涉及工资调整幅度的约定符合当地工资指导线的要求，增长幅度与本企业整体发展相协调；涉及工资水平的约定与劳动力市场供求关系和企业劳动生产率相适应；工作时间、休息休假、劳动安全卫生保护、女职工权益、社会保险、职业技能培训等方面约定的权益保障水平优于法律规定 | 基本标准19 | 10分 | | | 集体合同文本 |

续表

| 项目 | 分值 | 子项目 | 标准 | 要求 | | 要求 | | 信息来源（仅供参考） |
|---|---|---|---|---|---|---|---|---|
| 协商内容 | 30分 | 7. 内容 | 每次协商至少解决1个本企业职工最关心的劳动报酬、工作时间、休息休假、劳动安全卫生、女职工权益或保险福利方面的问题 | 基本标准20 | 5分 | | | 协商会议记录或集体合同文本 |
| | | | 每次协商至少解决1个有助于企业和职工共同发展的劳动相关问题（职工技能提升、人才队伍稳定、发明创造奖励、技能参与分配等） | | | 示范标准10 | 是/否 | 协商会议记录或集体合同文本 |
| | | | 协商代表提出的各方面诉求有一半能达成一致，落实到集体合同中 | | | 示范标准11 | 是/否 | 协商会议记录或集体合同文本 |
| 合同履行及效果 | 15分 | 8. 合同履行 | 企业成立集体合同履约监督组织或由协商代表履行监督职责，至少每年开展一次集体合同履行情况的监督检查，对发现的问题及时沟通 | 基本标准21 | 3分 | | | 相关文件或规定 |
| | | | 企业至少每年向职代会报告一次集体合同履行情况 | 基本标准22 | 3分 | | | 职代会相关文件 |
| | | | 企业对集体合同履行情况监督检查反映的问题有改进办法和措施 | | | 示范标准12 | 是/否 | 工作记录及反馈意见 |
| | | | 集体合同中有针对履行监督检查的条款，或专门制定集体合同履行的实施办法，主体明确，责任明晰 | | | 示范标准13 | 是/否 | 相关文件或规定 |
| | | | 集体合同能够完全履行或经协商调整后履约率达到100% | 基本标准23 | 3分 | | | 集体合同、报表及工作总结 |

续表

| 项目 | 分值 | 子项目 | 标准 | 要求 | | 要求 | | 信息来源（仅供参考） |
|---|---|---|---|---|---|---|---|---|
| 合同履行及效果 | 15分 | 9. 协商成效 | 职工法定权益得到有效保障（五险一金、加班费的计算基数和比例，带薪年休假等） | 基本标准24 | 4分 | | | 集体合同文本 |
| | | | 未发生集体劳动争议 | 基本标准25 | 2分 | | | 相关报告或记录 |
| | | | 在行业市场未发生大的改变的情况下，企业劳动生产率稳步提高 | | | 示范标准14 | 是/否 | 报表 |
| | | | 自然离职率不高于集体协商之前的水平或不高于同行业企业平均水平 | | | 示范标准15 | 是/否 | 有关材料 |
| 综合评价 | 20分 | 10. 职工知晓度 | 对集体协商建制、集体协商进展、集体协商结果、集体合同履行情况的了解程度的评价得分（10分制，平均分） | 4分 | | | | 问卷 |
| | | 11. 职工参与度 | 参与选举协商代表、向协商代表反映意见建议的评价得分（10分制，平均分） | 4分 | | | | |
| | | 12. 职工满意度 | 对协商代表履职尽责、集体协商结果及集体合同落实情况的满意度评价得分（10分制，平均分） | 6分 | | | | 问卷 |
| | | 13. 企业认可度 | 对集体协商结果及落实情况的评价得分（10分制，平均分） | 6分 | | | | 问卷 |

**附件 2：行业集体协商质效评价标准表**

| 项目 | 分值 | 子项目 | 标准 | 要求 | | 要求 | | 信息来源（仅供参考） |
|---|---|---|---|---|---|---|---|---|
| 协商主体 | 15 分 | 1. 职工方代表 | 行业工会代表职工方参加集体协商；未组建行业工会的，由上级工会或行业所在区域的（产业）工会代行协商职能 | 基本标准 1 | 2 分 | | | 公示文件 |
| | | | 职工方协商代表由行业工会选派；未组建行业工会的，职工方协商代表由行业所在地方工会选派。职工方代表产生后，向行业内各企业公布 | 基本标准 2 | 3 分 | | | 职代会相关文件，公示文件 |
| | | | 职工方协商代表结构合理，有基层职工代表 | | | 示范标准 1 | 是 / 否 | 协商代表信息表 |
| | | | 首席协商代表由行业工会主席担任。未组建行业工会的，由代行协商职能的工会负责人担任或选派，或在上级工会指导下从本行业内企业工会主席中民主推举产生，或由职工协商代表选举产生 | 基本标准 3 | 2 分 | | | 职代会相关文件，公示文件 |
| | | 2. 行政方代表 | 行政方协商主体为行业内企业代表组织或者由行业内各企业推荐的代表组成 | 基本标准 4 | 2 分 | | | 协商代表信息表 |
| | | | 行政方首席协商代表由行业协会主席或企业方代表组织负责人担任。没有上述组织的，由行政方协商代表共同推荐人员担任 | 基本标准 5 | 3 分 | | | 协商代表信息表，推荐表 |
| | | 3. 代表履职 | 协商代表正常参加协商会议，职工方代表在协商中履职尽责 | 基本标准 6 | 3 分 | | | 协商会议记录 |

续表

| 项目 | 分值 | 子项目 | 标准 | 要求 | | 要求 | | 信息来源（仅供参考） |
|---|---|---|---|---|---|---|---|---|
| 协商程序 | 25分 | 4.要约/准备 | 协商要约和应约均采用书面形式且时间、内容、格式等符合相关规定 | 基本标准7 | 2分 | | | 要约书和应约书 |
| | | | 协商代表经过相关培训或聘用律师或专业人士作为协商顾问 | | | 示范标准2 | 是/否 | 培训教材和培训会签到表 |
| | | | 职工方协商代表开展集体协商宣传动员，征集协商议题或调查各类职工的诉求和意见，覆盖一定比例的职工 | 基本标准8 | 4分 | | | 工作记录及反馈意见 |
| | | | 行政方为职工方协商代表履行职责提供必需的工作条件和工作时间，依法落实保障职工方协商代表履行职责的相关规定或措施 | 基本标准9 | 2分 | | | 协商会议记录 |
| | | | 职工方协商代表收集本地区和行业最低工资标准、工资指导线、人力资源市场工资指导价位以及主要岗位（工种）在岗职工工资水平、工时工价、劳动定额、缺工情况等数据，认真分析和有效利用相关数据、资料 | | | 示范标准3 | 是/否 | 有关分析材料 |
| | | | 行政方在协商开始之前向职工方协商代表提供集体协商所必需的有关数据资料，所提供资料准确、完整 | | | 示范标准4 | 是/否 | 有关材料 |
| | | | 双方首席协商代表在协商会议前进行多层次的充分沟通与磋商 | | | 示范标准5 | 是/否 | 沟通记录 |
| | | | 协商双方制定协商方案，明确协商重点 | | | 示范标准6 | 是/否 | 方案文本 |

续表

| 项目 | 分值 | 子项目 | 标准 | 要求 | | 要求 | | 信息来源（仅供参考） |
|---|---|---|---|---|---|---|---|---|
| 协商程序 | 25分 | 5. 协商/签约 | 以劳动报酬为主要内容的专项集体协商每年至少开展一次，签订工资专项集体合同 | | | 示范标准7 | 是/否 | 集体合同文本 |
| | | | 协商会议原始记录详尽、准确且经双方代表、记录员签字 | 基本标准10 | 3分 | | | 协商会议记录 |
| | | | 协商过程顺利；或者协商过程中难以达成一致意见时能够主动争取上级工会和有关部门指导、协调，以合法方式解决分歧 | 基本标准11 | 2分 | | | 沟通记录 |
| | | | 集体协商结果签订集体合同，集体合同及时续签 | 基本标准12 | 2分 | | | 集体合同草案文本 |
| | | 6. 合同生效 | 集体合同草案经行业职工代表大会审议通过或以企业为单位征求意见 | 基本标准13 | 4分 | | | 职代会相关文件或征求意见记录 |
| | | | 将集体合同报送人社行政部门 | 基本标准14 | 2分 | | | 有关材料 |
| | | | 在规定时间内采取网络、报纸、张贴文告等形式向行业职工公布生效的集体合同，留存有关图文资料 | 基本标准15 | 4分 | | | 有关图文资料 |
| 协商内容 | 20分 | 7. 内容 | 集体合同文本各条款可操作性强 | 基本标准16 | 3分 | | | 集体合同文本 |
| | | | 集体合同符合行业实际，能够体现行业特色 | 基本标准17 | 4分 | | | 集体合同文本 |
| | | | 每次协商至少解决1个职工最关心的劳动报酬、工作时间、休息休假、劳动安全卫生、保险福利方面的问题 | 基本标准18 | 10分 | | | 集体合同文本 |

续表

| 项目 | 分值 | 子项目 | 标准 | 要求 | | 要求 | | 信息来源（仅供参考） |
|---|---|---|---|---|---|---|---|---|
| 协商内容 | 20分 | 7. 内容 | 明确规定覆盖范围内的企业可以一定方式认可行业集体合同，符合要求的企业应开展二次协商 | 基本标准19 | 3分 | | | 集体合同文本 |
| | | | 涉及工资调整幅度的约定符合当地工资指导线的要求，增长幅度与行业整体发展相协调；涉及工资水平的约定与劳动力市场供求关系和劳动生产率相适应；工作时间、休息休假、劳动安全卫生保护、女职工权益、社会保险、职业技能培训等权益保障水平优于法律规定 | | | 示范标准8 | 是/否 | 集体合同文本 |
| | | | 对国家和本地区没有明确规定的主要工种劳动定额、计件工价、计时工资、加班加点工资计算基数等内容进行约定 | | | 示范标准9 | 是/否 | 集体合同文本 |
| | | | 每次协商至少解决1个有助于行业发展的劳动相关问题 | | | 示范标准10 | 是/否 | 相关材料 |
| 合同履行及效果 | 20分 | 8. 合同履行 | 行业成立集体合同履约监督组织或由协商代表履行监督职责，至少每年开展一次集体合同履行情况的监督检查，对发现的问题及时沟通 | 基本标准20 | 10分 | | | 相关文件或规定 |
| | | | 行业对集体合同履行情况监督检查反映的问题有改进办法和措施 | | | 示范标准11 | 是/否 | 职代会相关文件 |
| | | | 集体合同履约率100%，或经协商调整后履约率达到100% | 基本标准21 | 5分 | | | 工作记录及反馈意见 |

续表

| 项目 | 分值 | 子项目 | 标准 | 要求 | | 要求 | | 信息来源（仅供参考） |
|---|---|---|---|---|---|---|---|---|
| 合同履行及效果 | 20分 | 9. 协商成效 | 集体合同实际覆盖本行业企业的比率不断提高 | | | 示范标准12 | 是/否 | 工作报表 |
| | | | 行业劳动关系和谐，未发生行业性集体劳动争议 | 基本标准22 | 5分 | | | 有关报告记录 |
| | | | 行业内一定比例企业的职工自愿离职率不高于协商之前的水平 | | | 示范标准13 | 是/否 | 有关材料 |
| 综合评价 | 20分 | 10. 职工知晓度 | 对本行业集体协商建制、集体协商进展、集体协商结果、集体合同履行情况的了解程度的评价得分（10分制，平均分） | 4分 | | | | 问卷 |
| | | 11. 职工参与度 | 参与选举行业集体协商代表、向协商代表反映意见建议的评价得分（10分制，平均分） | 2分 | | | | |
| | | 12. 职工满意度 | 对行业集体协商代表履职尽责、集体协商结果及集体合同落实情况的满意度评价得分（10分制，平均分） | 7分 | | | | 问卷 |
| | | 13. 企业认可度 | 对行业集体协商结果及落实情况的评价得分（10分制，平均分） | 7分 | | | | 问卷 |

**附件 3：**

## 集体协商质效综合评价问卷（A 职工方）

您所在企业名称：
您的工作岗位是（　）（可根据实际情况多选）：
A. 中层干部　B. 普通管理岗位　C. 工程技术研发岗位　D. 一线生产操作岗位
E. 营销岗位　F. 后勤辅助服务岗位　G. 以上都不是
您是（　）（可根据实际情况多选）：
H. 专职工会干部　J. 兼职工会干部　K. 集体协商代表　L. 以上情况都不是

| 请把选项字母填写在题目后面的括号中 | |
|---|---|
| 1. | 您知道本企业（行业）开展的集体协商工作吗？（　） |
| | A. 清楚　B. 比较了解　C. 了解一些　D. 从没听说 |
| 2. | 您知道本企业（行业）集体合同的主要内容吗？（　） |
| | A. 清楚　B. 知道大部分内容<br>C. 不太清楚　D. 不了解 |
| 3. | 您知道本企业（行业）集体合同内容的落实情况吗？（　） |
| | A. 知道　B. 知道一些　C. 不太清楚　D. 不知道 |
| 4. | 您参与本企业、行业集体协商代表的推选了吗？（　） |
| | A. 直接参加了投票或通过职工代表大会审议代表人选<br>B. 协商代表由工会指派，见到过代表名单的公示<br>C. 协商代表由工会指派，未见到过代表名单的公示<br>D. 不清楚协商代表是如何产生的 |
| 5. | 您向本企业（行业）集体协商代表或工会组织反映问题、意见和意愿了吗？（　） |
| | A. 直接提了书面或口头意见<br>B. 通过本部门（车间、小组）反映了意见<br>C. 被征求过意见，本人没有什么意见<br>D. 根本不知道征求意见的事 |
| 6. | 您对本企业（行业）集体协商代表履职尽责情况是否满意？（　） |
| | A. 满意　B. 基本满意　C. 不太满意　D. 很不满意 |
| 7. | 您认为您企业（行业）集体合同的内容如何，是否满意？（　） |
| | A. 内容符合实际，比较满意<br>B. 对维护职工劳动者权益有一定作用，但作用不大<br>C. 都是些空的内容，没有实质意义，不太满意<br>D. 不能发挥作用，很不满意 |

**续表**

| | | | | |
|---|---|---|---|---|
| 8. | 您对本企业（行业）集体合同的落实情况是否满意？（ ） | | | |
| | A. 满意 | B. 基本满意 | C. 不太满意 | D. 很不满意 |
| 9. | 您对本企业（行业）工会维护劳动者权益工作是否满意？（ ） | | | |
| | A. 满意 | B. 基本满意 | C. 不太满意 | D. 很不满意 |
| 10. | 您对进一步改进本企业（行业）的集体协商工作的意见建议。 | | | |
| | | | | |

（问卷到此结束，谢谢您的大力支持）

调查员：

调查时间：

**附件 4：**

## 集体协商质效综合评价问卷（B 行政方）

您所在企业名称：

您所担任的职务：

| 请把选项字母填写在题目后面的括号中 | | | | |
|---|---|---|---|---|
| 1 | 您认为建立集体协商机制是企业必须开展的一项工作吗？（　） | | | |
| | A. 很有必要 | B. 有必要 | C. 不太必要 | D. 没必要 |
| 2 | 您对集体协商关注的程度是？（　） | | | |
| | A. 关注 | B. 一般关注 | C. 不太关注 | D. 不关注 |
| 3 | 您对本企业（行业）集体协商结果的整体满意程度是？（　） | | | |
| | A. 满意 | B. 基本满意 | C. 不太满意 | D. 很不满意 |
| 4 | 您认为本企业（行业）集体协商对调动职工积极性和保持职工队伍稳定有作用吗？（　） | | | |
| | A. 有明显作用 | B. 有一些作用 | C. 作用不明显 | D. 没作用 |
| 5 | 您认为本企业（行业）集体协商对调动员工积极性、提高劳动生产率有用吗？（　） | | | |
| | A. 有明显作用 | B. 有一些作用 | C. 作用不明显 | D. 没作用 |
| 6 | 您认为本企业（行业）集体协商对构建和谐劳动关系有用吗？（　） | | | |
| | A. 有明显作用 | B. 有一些作用 | C. 作用不明显 | D. 没作用 |
| 7 | 您认为工会工作有利于企业发展和员工队伍建设吗？（　） | | | |
| | A. 有明显作用 | B. 有一些作用 | C. 作用不明显 | D. 没作用 |
| 8 | 您对进一步改进本企业（行业）的集体协商工作的意见建议。 | | | |
| | | | | |

（问卷到此结束，谢谢您的大力支持）

调查员：
调查时间：

# 中华全国总工会关于加强专职集体协商指导员队伍建设的意见

（总工发〔2019〕19号　2019年6月21日）

为进一步依法推动集体协商工作创新发展，促进集体协商提质增效，努力造就一支高素质的专职集体协商指导员队伍，为开展集体协商工作提供有力的人才支撑，现就加强专职集体协商指导员队伍建设提出如下意见。

**一、重要意义**

推进集体协商机制建设，是发展社会主义协商民主、完善政府、工会、企业共同参与的协商协调机制的重要内容，也是工会维护职工权益、构建和谐劳动关系的一项基础性、战略性、长期性的重要任务。新形势下加强专职集体协商指导员队伍建设，努力建设一支懂法律、会维护、善协商的专职集体协商指导员队伍，推动集体协商工作创新发展，是履行好工会维护职工合法权益、竭诚服务职工群众基本职责的客观需要，对于推动实现企业与职工协商共事、机制共建、效益共创、利益共享，推动构建中国特色和谐劳动关系，具有十分重要的现实意义。

**二、指导思想和工作目标**

（一）指导思想。坚持以习近平新时代中国特色社会主义思想为指导，全面贯彻党的十九大精神和习近平总书记关于工人阶级和工会工作的重要论述，进一步做好集体协商提质增效工作，坚持不懈地推进集体协商制度建设，着力建设一支高素质专业化的工会集体协商指导员队伍。

（二）工作目标。加强集体协商指导员队伍建设，应坚持专兼职结合、以兼职为主，更加注重发挥专职集体协商指导员的优势和作用。通过建立规范化的专职集体协商指导员选聘、管理、使用和培养制度，培养造就高素质的专职集体协商指导员队伍，着力解决县（区、旗）、乡镇（街道）、企业工会开展集体协商工作力量和能力不足的问题，确保集体协商工作深化发展。聘用专职集体协商指导员，原则上省级总工会2—3人，地市及县级总工会不少于3人。企业比较集中、职工人数较多的乡镇（街道）总工会和开发区（工业园区）工会可根据自身工作实际情况，合理配备专职集体协商指导员。各级工会聘用的专职集体协商指导员，原则上应分派到县及县以下行业、乡镇（街道）、开发区（工业园区）工会（工会联合会）开展工作。

**三、主要职责**

（一）宣传指导。面向企业（行业）宣传开展集体协商的意义和作用，提供政策法律咨询；推动企业建立完善集体协商机制，指导和帮助企业工会、行业性（区域性）工会联合会收集整理与集体协商相关的资料、收集职工意见，提出协商要约，拟定协商方案，研究协商策略，确定协商内容，起草集体合同草案等。

（二）参与培训。协助本级工会对负责集体协商工作的工会干部、职工方协商代表等进行业务培训，着力提高工会干部和职工方协商代表开展集体协商的能力和水平。

（三）参加协商。接受上级工会指派或接受企业工会、行业性（区域性）工会联合会委托，作为职工方协商代表直接参加集体协商。对集体协商过程中发生的重大问题，及时向本级工会报告并提出意见建议。

（四）调查研究。调查了解地区、行业、企业人工成本、经营状况以及与集体协商相关的各种数据和信息，为基层工会开展集体协商提供数据支持；及时了解本地区开展集体协商工作的最新动态，发现和总结本地区先进经验和做法；对履行职责过程中面临的新情况、新问题进行调查研究，提出解决的对策建议。

（五）监督检查。按照本级工会的统一部署，参加对本地区集体合同履行情况的定期监督检查，协助本级工会对集体协商工作开展情况进行监督指导。

**四、选聘条件**

（一）认真贯彻习近平新时代中国特色社会主义思想，坚定不移走中国特色社会主义工会发展道路，政治立场坚定，品行端正，作风严谨，办事公道，热心服务职工群众，廉洁自律，具有较强的事业心和责任感。

（二）掌握国家和地方劳动法律法规和相关政策，熟悉企业人力资源管理、财务制度，以及劳动工资、社会保障、劳动安全卫生等相关专业知识。

（三）熟悉集体协商工作，具备一定的集体协商专业知识和实践经验，有较强的组织协调能力、协商谈判能力和研究解决问题的能力。

（四）身体健康，能独立承担参加协商、调查研究、工作指导和培训教学等任务。

选聘专职集体协商指导员应优先选用具有协调劳动关系专业资质及曾在劳动人事和法律援助机构工作的人员，将具有一定专业知识、热心服务职工群众的人才纳入专职集体协商指导员队伍中来。

**五、选聘办法和要求**

（一）选聘办法。

各地应根据本地企业、职工队伍和劳动关系情况，科学合理制定人员选聘办法，有序推进专职集体协商指导员队伍建设。

1. 工会直接选聘人员。各地工会可优先从机关事业单位、企业的离岗退休人员中选聘。专职集体协商指导员年龄一般不超过 65 周岁，特殊需要的经上一级工会同意可延聘至 68 周岁。

2. 开发工会社会工作者岗位。对接本地区工会社会工作专业人才队伍体系，采用购买岗位或者设置专业岗位等方式，从本地区工会社会工作人才队伍中配置专门人员担任专职集体协商指导员。

3. 购买社会组织服务。工会大力培育孵化职工服务类社会组织，面向具有专业资质的社会组织购买集体协商工作相关服务，由社会组织承接工会集体协商工作任务或提供相关专业人才。

（二）选聘要求。

1. 严格选聘标准。按照专职集体协商指导员的职责任务和选聘条件，坚持公开、平等、竞争、择优的原则，严把准入门槛，规范选聘程序，建立规范化的选聘工作制度。

2. 分级聘任管理。省（区、市）总工会可以直接从符合条件的人员中择优选聘。各地（市）级及以下地方总工会、开发区（工业园区）工会可从符合条件的各类人员中择优选聘，统一培训、考试合格后颁发聘任证书，登记注册、建立档案，报上级工会备案。各省（区、市）总工会应每年将辖区内聘用的专职集体协商指导员基本情况报全国总工会权益保障部备案。

**六、管理制度**

通过制定相应办法、完善工作机制，建立健全专职集体协商指导员工作保障、考核激励、定期培训、联系沟通、职业发展等制度，保障专职集体协商指导员队伍长期稳定发展。

（一）工作保障制度。建立健全专职集体协商指导员薪酬或补贴制度。各级工会应根据当地经济社会发展水平，统筹考虑社会平均工资、其他社会工作者薪酬等因素，合理确定薪酬标准和增长机制。完善专职集体协商指导员工作保障机制，为其开展工作提供必要的办公条件，合理解决其交通费、伙食费、差旅费、保险费、通信费等。

（二）考核激励制度。建立分级考核制度，按照不同的管理权限和工作要求，建立岗位责任制，量化考核指标；定期开展工作业绩评估考核，根据考核情况决定续聘、解聘或调整工作，对工作业绩特别突出的专职集体协商指导员应给予适当奖励。

（三）定期培训制度。制定专职集体协商指导员培训规划，有计划、有重点，分步骤、分层次开展培训，创新培训方法，拓展培训内容，通过集中学习、交流观摩、模拟协商、典型案例分析等多种形式，逐步提升专职集体协商指导员的专业水平。

（四）联系沟通制度。建立工会组织与本级聘用的专职集体协商指导员之间定期联系沟通制度，及时安排部署工作、交流通报情况、研究解决问题，进一步增强专职集体协商指导员队伍的凝聚力、责任感、归属感。

（五）职业发展制度。注重当前需要和长远发展相结合，探索建立专职集体协商指导员职业发展通道，鼓励他们参加相关专业技术考试和职业资格认证，拓展职业发展空间，逐步建立专职集体协商指导员的人才培养制度。

**七、有关要求**

（一）加强组织领导。各级工会要切实加强组织领导，研究制定发展规划，落实工作保障机制，确保专职集体协商指导员队伍健康发展、发挥作用。要把加强专职集体协商指导员队伍建设作为一项长期性、基础性工作来抓，努力培养造就一支善于协调劳动关系的人才队伍。

（二）明确职责任务。各级工会要进一步明确职责任务，分级抓好落实。省级总工会负责统一制定管理办法和工作细则，建立本省专职集体协商指导员数据库，加强工作考核，确保本地区各级工会足额配齐配强专职集体协商指导员。各级地方总工会负责本级工会聘用的专职集体协商指导员的日常管理，建立工作档案，定期督促检查，开展年度考核，充分发挥专职集体协商指导员作用。

（三）强化经费保障。各级工会要建立和完善专职集体协商指导员队伍经费保障机制。全国总工会将根据专职集体协商指导员队伍建设情况给予适当补贴。各省（含省）以下地方总工会要列支专项经费对下级工会进行补助，保障本地专职集体协商指导员队伍的稳定和发展。各级工会要结合实际，因地制宜，结合绩效评价工作，对于专项经费发挥效益好的，应加大支持力度。

（四）强化督促检查。聘用专职集体协商指导员的专项经费必须做到专款专用。全国总工会将不定期对专项经费及配套资金的落实和使用情况进行检查。对不按规定列支专项经费的，全国总工会将缓拨或减拨下一年度该项经费；挪用该专项经费或虚报聘用专职集体协商指导员人数的，全国总工会将停拨该专项经费。各级地方工会要采取经常性督查和随机抽查等方式，及时了解掌握本地区专职集体协商指导员专项经费使用情况，加强对选派到县及县以下行业、乡镇（街道）、开发区（工业园区）工会（工会联合会）工作的专职集体协商指导员的指导和服务。

（五）营造良好氛围。各级工会要进一步加大宣传力度，推动形成有利于专职集体协商指导员队伍充分发挥作用的良好社会氛围；要积极争取党委、政府、人大、政协以及社会各界对这项工作的关心支持，形成齐抓共管的良好局面。

各级产业工会可根据工作需要建立专职集体协商指导员队伍，参照本意见执行。

# 上海市关于促进本市企业重大改革调整中劳动关系稳定的操作指引

为进一步优化本市营商环境，促进企业重大改革调整的平稳有序和劳动关系的和谐稳定，依照国家和本市相关法律法规，以及中共中央、国务院和市委、市政府有关构建和谐劳动关系政策文件规定，市总工会、市人力资源和社会保障局、市司法局、市企业联合会 / 市企业家协会和市工商业联合会共同就促进本市企业重大改革调整中劳动关系和谐稳定，制定本操作指引。

**一、适用范围**

（一）本操作指引中所指的“企业”，主要是指国有、集体及其控股企业、私营、港澳台投资、外商投资等企业。

（二）本操作指引所指的“重大改革调整”主要包括以下几种情形：

1. 企业改制：主要指国有独资企业改为国有独资公司；国有独资企业、国有独资公司改为国有资本控股公司或非国有资本控股公司；国有资本控股公司改为非国有资本控股公司。

2. 企业合并：主要指将两个或两个以上企业通过订立合并协议，依照有关法律法规规定，合并成一个企业的情形。

3. 企业分立：主要指一个企业依照有关法律法规规定，分立为两个或两个以上企业的情形。

4. 企业搬迁：主要指企业整体或部分搬迁至他处，包括搬迁至外省市、市内其他区域等情形。

5. 企业停产：主要指企业中止全部或部分生产经营活动的情形。

6. 企业解散：主要指企业因公司章程规定营业期限届满或其他解散事由、公司合并或分立需要、破产、被吊销营业执照、被责令关闭、被撤销、企业自行决定提前解散等原因终止企业主体资格的情形。

7. 企业破产：主要指企业因不能清偿到期债务或资不抵债，而通过法定程序清偿财产，偿还债权而终止其法人资格的一系列法律活动。

8. 其他情形：主要指企业发生除上述情况以外的，涉及劳动关系和职工切身利益的其他重大改革调整情形。

（三）本操作指引所指的“劳动关系变更方案，以及其他涉及职工切身利益重大事项”主要是指企业在重大改革调整中涉及职工分流安置、经济补偿等内容的方案，以及相关事项。

**二、基本原则**

（一）依法依规原则。要按照《劳动法》《工会法》《公司法》《劳动合同法》《企业破产法》《企业国有资产法》《企业民主管理规定》《上海市工会条例》《上海市集体合同条例》《上海市职工代表大会条例》等法律法规和有关政策文件要求，通过开展集体协商、召开职工代表大会等形式，依照法定要求推进各项工作，确保重大改革调整合法合规。

（二）利益兼顾原则。要在重大改革调整中兼顾各方利益，劳动关系双方须相互尊重，坦诚相待。既要平稳有序推进企业改革调整，又要兼顾职工工作生活实际，争取职工对企业改革调整的理解支持。

（三）规范有序原则。要建立企业与工会的协商沟通机制，畅通职工利益诉求表达渠道，制订完善相关方案和措施，依法履行民主协商程序，有效发挥公司律师或法律顾问的积极作用，保障企业重大改革调整依法有序、规范合理。

（四）注重实效原则。要以企业和职工需求为导向，因企制宜，精准施策，确保职工合法权益得到有效保障，促进企业重大改革调整顺利完成。

（五）确保稳定原则。各级党政组织要建立健全构建和谐劳动关系的领导协调机制，加强对企业重大改革调整的信息互通和劳动关系矛盾的风险评估，强化分类指导，妥善有序化解利益分歧，最大限度地把劳动关系矛盾预防化解在基层、解决在萌芽状态。

**三、一般情形下所要履行的民主协商程序**

（一）企业重大改革调整的方案酝酿起草阶段

主要指企业处在研究拟定重大改革调整总体工作规划阶段，需要做好以下几项主要工作：

1. 企业方在研究决定重大改革调整事项时，要依法听取企业工会的意见建议。

2. 企业重大改革调整中涉及劳动关系变更方案，以及其他涉及职工切身利益重大事项的，履行下列程序：

（1）企业在召开讨论有关劳动关系变更方案，以及其他涉及职工切身利益重大事项的会议时，要有工会代表参加。企业工会要主动配合企业做好重大改革调整方案，并酌情就劳动关系变更方案，以及其他涉及职工切身利益重大事项，采取多种形式听取职工意见，提出工会的意见建议。

（2）企业在拟定劳动关系变更方案，以及其他涉及职工切身利益重大事项时，要主动与企业工会保持沟通，形成初步方案。

（3）企业会同企业工会研究制订召开职工代表大会（或职工大会，下同）的工作计划。

（4）国有、集体及其控股企业要充分发挥公司律师的积极作用，在做好合规性审查的基础上，主动向上级党组织、上级工会和负责改革调整的上级职能部门报告企业改革调整计划、劳动关系变更方案，以及其他涉及职工切身利益重大事项。

其他企业可以通过咨询律师、法律顾问等专业人员，也可以提请企业主管部门、所在地的政府相关部门和上级工会组织、企业代表组织予以帮助和服务，进一步完善企业重大改革调整中的劳动关系变更方案，以及其他涉及职工切身利益重大事项的计划、方案。

企业工会应当向上级工会组织报告，争取工作的指导和帮助。上级工会应当就企业重大改革调整相关计划、方案，视情与有关方面形成联动预防处置的机制和预案。

3. 企业重大改革调整不涉及劳动关系变更或职工切身利益重大事项的，企业要依照法律法规的规定，通过职工代表大会或者其他形式向职工公开，听取职工的意见和建议。

（二）企业重大改革调整方案的审议决定阶段

主要指企业处在重大改革调整中，就劳动关系变更方案，以及其他涉及职工切身利益重大事项履行民主协商程序、修改完善的阶段，需要做好以下几项主要工作：

1. 提交职工代表大会审议和审议表决的书面材料，企业应当在职工代表大会召开的七日前送交职工代表；职工代表团（组）应当组织职工代表讨论，由企业工会及时汇总整理职工代表团（组）的意见和建议。

2. 企业工会汇总整理职工代表的意见建议，及时向企业反馈。企业应当与企业工会通过集体协商或其他形式进一步修改完善方案，并视情听取职工意见。在达成基本共识后，企业应当形成提交职工代表大会会议审议的方案；企业工会应当形成与企业开展集体协商、修改完善方案的情况说明。

3. 企业召开职工代表大会，企业负责人报告企业重大改革调整计划、劳动关系变更方案，以及其他涉及职工切身利益重大事项。企业工会报告与企业协商、修改完善方案的情况说明，接受职工代表审议。

4. 如果职工代表对劳动关系变更方案，以及其他涉及职工切身利益重大事项存在较大分歧的，企业与企业工会应当视下列情形重新进行协商，并提交职工代表大会再次审议。

（1）对于职工提出的法定诉求，企业应当依法履行。企业工会应当督促企业依法落实。

（2）对于职工提出的利益诉求，企业与企业工会要充分沟通，共同寻找企业与职工的利益平衡点，形成切合企业实际且能解决职工实际困难的方案。企业工会应配合企业做好沟通疏导工作，帮助职工理解支持企业重大改革调整，确保改革调整顺利进行。

5. 国有、集体及其控股企业的劳动关系变更方案，以及其他涉及职工切身利益重大事项，应当提交职工代表大会审议表决，获得全体职工代表的半数以上赞成票，方可通过。

6. 职工代表大会应当对本次会议形成决议，并向全体职工公布包含企业劳动关系变更方案，以及其他涉及职工切身利益重大事项等内容的决议。

7. 国有、集体及其控股企业将职工代表大会审议或审议通过的劳动关系变更方案，以及其他涉及职工切身利益重大事项，主动向上级党组织和负责改革调整的上级职能部门报送备案，接受指导和监督。

其他企业可以就职工代表大会审议的劳动关系变更方案，以及其他涉及职工切身利益重大事项，提请企业代表组织、企业主管部门或所在地的政府相关部门予以帮助和服务。

属于经济性裁员的，应当向人力资源社会保障部门报告。

企业工会应当将职工代表大会通过的决议报送上级工会，接受指导和监督。

（三）企业重大改革调整的方案执行实施阶段

主要指企业处在劳动关系变更方案，以及其他涉及职工切身利益重大事项付诸实施的阶段，需要做好以下几项主要工作：

1. 企业和企业工会要共同做好劳动关系变更方案，以及其他涉及职工切身利益重大事项的解释和宣传工作，及时解答职工提出的疑惑和问题。

2. 企业应执行职工代表大会审议或审议通过的劳动关系变更方案，以及其他涉及职工切身利益重大事项。企业工会应当督促并协助企业制订执行计划，确保方案执行到位。

3. 执行中如果出现其他问题时，企业和企业工会应当通过协调机制，共同研商解决办法。必要时，可以寻求相关部门或上级工会的指导帮助。

（四）未建立工会组织的企业

未建立工会的企业可以将重大改革调整和劳动关系变更方案，以及其他涉及职工切身利益重大事项等情况及时告知企业主管部门、当地政府相关部门、企业代表组织和地方工会组织。企业所在地的工会组织应当积极会同企业主管部门、政府相关部门和企业代表组织，共同做好对涉及重大改革调整企业的工作指导，帮助制定工作预案、选举职工代表、依法依规履行民主协商程序，平稳有序推进企业重大改革调整，确保职工队伍稳定。

**四、特殊情况下民主协商程序的履行**

主要指企业重大改革调整中因劳动关系变更方案，以及其他涉及职工切身利益重大事项，引发群体性劳动纠纷时，应当履行的民主协商程序。主要包括：

（一）企业和企业工会应当稳定职工情绪。企业将情况向企业主管部门、所在地政府相关部门、企业代表组织等报告，接受工作指导；企业工会要及时收集职工利益诉求。同时，在纠纷发生的当日向上一级工会报告，并接受工作指导。

（二）企业工会应当及时与企业沟通，并发出集体协商要约，反映职工利益诉求，提出工会意见建议，就劳动关系变更方案，以及其他涉及职工切身利益重大事项与企业开展集体协商。必要时，企业工会可以邀请上级工会或聘请律师、法律顾问等专业人员参与集体协商。企业可按下列途径之一执行：

1. 对劳动关系变更方案，以及其他涉及职工切身利益重大事项，在充分协商的基础上进行修改和完善，双方达成一致后，依法办理相应手续后执行。

2. 经集体协商的劳动关系变更方案，以及其他涉及职工切身利益重大事项，形成专项集体合同草案的，应提交职工代表大会审议表决通过，并依法报送人力资源社会保障部门后实施。

3. 经集体协商，双方对劳动关系变更方案，以及其他涉及职工切身利益重大事项未能达成一致的，企业或企业工会可以分别提请企业主管部门、上级企业代表组织或上级工会予以指导。经指导仍未能达成一致的，可以提请人力资源社会保障部门及政府其他相关部门协同处理。

（三）尚未建立工会的企业，所在地工会应当及时掌握了解企业重大改革调整情况，会同相关政府部门第一时间赶赴企业参与协调处置，并指导企业职工选举协商代表，汇总职工诉求，组织职工方协商代表与企业方开展民主协商，力争推动双方达成共识，共同化解矛盾。

**五、附则**

1. 国家及本市出台新规定的，从其规定。

2. 国家及本市对国有、集体及其控股企业已有规定的，从其规定。

3. 民办非企业组织参照本操作指引执行。

上海市总工会上海市人力资源和社会保障局　上海市司法局

上海市企业联合会 / 上海市企业家协会　上海市工商业联合会

2019 年 4 月 22 日

# 江苏省关于开展集体协商健全产业工人薪酬激励机制的指导意见

（苏协劳〔2020〕4号 2020年6月8日）

各设区市人力资源和社会保障局、总工会、工业和信息化局、企业联合会、工商业联合会，昆山市、泰兴市、沭阳县人力资源和社会保障局、总工会、工信主管部门、企业联合会、工商业联合会：

为深入贯彻中共中央、国务院《新时期产业工人队伍建设改革方案》和中办、国办《关于提高技术工人待遇的意见》，认真落实省委、省政府实施方案和省委办公厅、省政府办公厅实施意见，通过集体协商，推进产业工人队伍建设改革，健全产业工人薪酬激励机制，促进劳资双方共建共享高质量发展成果，制定如下指导意见。

**一、重要意义**

《新时期产业工人队伍建设改革方案》和《关于提高技术工人待遇的意见》的制定实施，是党中央为推进新时期产业工人队伍建设改革，提高保障和改善民生水平作出的重大决策，对实施人才强国和创新驱动发展战略，实现中华民族伟大复兴的中国梦，具有十分重要的意义。以集体协商的形式，激励产业工人技术创新，是推进《方案》和《意见》落地生根，建立健全职工创新成果按要素参与分配等机制的有益探索，必将激励职工爱岗敬业、积极奉献，培养造就一支知识型、技能型、创新型职工队伍，积聚企业人力资源整体优势，构筑企业人才高地，增强企业创新力、发展力和核心竞争力，构建职工与企业共建共享、互利共赢的和谐劳动关系，为加快建设“强富美高”新江苏提供有力保障。

**二、工作目标**

以促进企业创新发展、增强产业工人获得感为目标，建立健全产业工人技术创新和工作能级等参与分配的机制，充分发挥企业薪酬制度的基础性、普遍性和持续性的激励引导作用。

（一）完善企业管理制度，提升产业工人技能。增强企业薪酬等工资福利制度的导向性，推动产业工人立足岗位革新技术、改进工艺和发明创造，促进技术人才的引进交流，实现产业工人技能水平的普遍提高。

（二）推动企业创新发展，提高产业工人待遇。建立完善企业职工按技术、贡献等要素参与分配的机制，将薪酬待遇与技能提升、荣誉获得挂钩，对获得各级各类技能比赛等级的职工给予实惠，对获得劳模等荣誉称号的先进职工给予津贴等，提高产业工人劳动经济权益保障水平。

（三）构建和谐劳动关系，激发产业工人热情。推动解决职工最关心、最直接、最现实的利益问题，调动职工参与生产经营的热情，激发职工开展技术创新的智慧，形成企业和职工共谋发展、和谐共赢的命运共同体。

**三、工作原则**

（一）协商共决原则。切实保障职工知情权、参与权和决策权，充分听取职工意见和建议，通过协商方式集群智、聚群力，合理制定相关制度和措施。因企制宜，注重实效，协商结果既可以形成职工技术创新或“能级工资”专项集体合同，也可以纳入年度工资专项集体合同。

（二）激励引导原则。协商确立的制度和措施应充分发挥激励作用，提倡技高者多得、多创者多得，引导职工不断提高综合素质，激发创新潜能，增强与企业兴衰与共的责任感。使不同文化层次、不同技术等级的各类职工都能选择适合自身特点的发展阶梯和提升通道，努力成为技能人才、创新能手、管理骨干。

（三）拓展延伸原则。在注重薪酬激励的同时，发挥企业文化、职业培训、工作环境、人文关怀等多元激励作用，营造尊重知识、爱护人才、鼓励创新、支持创造的良好环境。

**四、工作重点**

通过集体协商，重点围绕以下四个方面推动健全产业工人薪酬激励机制。

（一）弘扬劳动精神。协商设立荣誉津贴，引导产业工人以诚实劳动实现人生价值。对职工荣获各级劳动模范（工匠）、五一劳动奖章，获得各级道德模范、最美职工（文明职工）、见义勇为先进个人等荣誉，具有美德善行的先进职工，通过集体协商确定给予配套或专项奖励的办法和标准，激励引导产业工人爱岗敬业、积极奉献。

（二）创新激励制度。根据企业实际情况，协商落实职工参与技术革新、发明创造、科技创新的奖励措施。大力推进职工群众性科技创新活动，激励引导职工立足岗位、技术攻关，勤奋钻研、改进工艺，优化流程、降本增效。在职工与生产密切相关的技术革新以及工作方面的技术改进、管理改善活动中，设立技术革新奖和先进操作法奖，并根据具体项目为企业节约或增加的利润，按比例奖励相关职工，激发职工创新创优的积极性。

（三）提升综合素质。协商建立完善产业工人成长的激励机制，鼓励提升职业技能水平。按不同职级，设置岗位职级（或技能）工资单元，体现不同职级的岗位工资和职称、技能津贴，畅通技能人才职级上升通道；设立学历津贴，鼓励产业工人提高学历水平；设立带徒津贴，促进高技能和绝技绝活的代际传承；在实行年薪制的企业，对技术人才根据技术等级等参照经营管理人员年薪标准，提高薪资水平和相关待遇。

（四）优化奖励方式。以促进企业创新发展、劳动关系和谐为追求，不断拓展协商内容，优化奖励方式。视情采取工资升档晋级、增加岗位津贴、实施专项奖励、进行股权激励、报销或补贴相关费用、授予或向上级推荐授予荣誉称号、组织参观考察等奖励措施，激发产业工人的积极性、主动性和创造性。通过协商工龄工资，增强职工对企业的归属感；通过协商企业增加利润的二次分配，构建职工与企业的利益共同体。将职工关心的一些奖励项目、奖励措施等，纳入年度工资专项集体协商推动及时落实。

**五、工作措施**

（一）加强联动配合，形成推动合力。各级工会组织和人社部门要加强指导，跟踪服务；各级工信部门、工商联、企联要鼓励引导各类企业行政方主动应约、务实协商。充分发挥各级协调劳动关系三方作用，争取支持，主动合作，加强互动，凝聚合力，共同推进落实。

（二）开展要约行动，实施重点协商。把健全激励机制、推动产业工人技术创新作为集体协商要约行动的重要内容，结合实际，突出重点，细化内容，实施专项要约、重点协商。

（三）注重培育典型，突出示范引导。在各类行业、企业中培植先进典型，总结实践经验，把握工作规律，坚持以点带面，逐步深入推广，使企业发展有职工创新的内在动力、有可持续的人才支撑、有较强的竞争力优势。

附件：1. 职工技术创新专项集体合同（参考文本）
2. “能级工资”专项集体合同（参考文本）

江苏省协调劳动关系三方委员会
2020 年 6 月 8 日

**附件 1：**

# 职工技术创新专项集体合同

（参考文本）

甲　方：××× 公司　　　　　　乙　方：××× 工会
法定代表人：　　　　　　　　　工会主席：
协商首席代表：　　　　　　　　协商首席代表：
代表人数：　　　　　　　　　　代表人数：

根据《劳动法》《劳动合同法》《科学技术普及法》《科学技术进步法》《科技成果转化法》《江苏省集体合同条例》和财政部《关于企业职工教育培训经费提取与使用管理的意见》等法律法规政策规定，经甲、乙双方集体协商同意，签订本合同。

**第一条**　为建立以企业为主体、职工为主力的技术创新体系，引导和激励职工积极参与到企业技术创新中来，打造知识型、技术型、创新型职工队伍，加快建设一流创新型企业。结合本企业特点，经过甲、乙双方协商，签订本合同。

**第二条**　本合同所指的职工是指本企业各岗位上非专业性科技研发人员的公司职工。

**第三条**　公司结合技术创新和职工技能培训开展科普活动，利用现有的科技、教育、文化等设施开展科普活动，并设立科普画廊、橱窗、板报等。

**第四条**　公司设立技术革新奖和先进操作法奖。奖项主要面对与生产密切相关的工艺、设备、质量、成本、安全等方面的技术革新活动，以及工作流程、环境保护、生产管理、检验测试、技术配套、售后服务、节能降耗等方面的技术改进、管理改善活动。

**第五条**　经公司认可的各项创新成果，应当在转化成功当年按节本增效的一定比例计提给牵头部门（技术革新改造或发明创造按节本增效金额的 ×%，管理创新按节本增效金额的 ×%），由牵头部门按照参与职工的绩效及成果贡献进行分配。

**第六条** 公司职工开展创新活动，自行实施或与他人合作实施其成果得到公司认可的，应当在转化成功投产后连续三年，每年从实施该项成果后增加的净利润中提取不低于 ×% 的比例用于对成果创立者的奖励。

**第七条** 公司重视职工技能文化教育培训，按照职工工资总额的 ×% 足额提取教育培训经费，并列入成本开支。职工教育培训经费的 ×% 以上用于一线职工的教育和培训。

**第八条** 公司支持工会开展职工技能竞赛、职工合理化建议活动，每年开展技能竞赛不少于 × 项。

**第九条** 大力弘扬劳模精神、劳动精神、工匠精神，每年选树一批先进标兵和先进班组。公司支持工会开展“劳模创新工作室”和“工人先锋号”创建活动。

**第十条** 公司根据生产经营实际，在遵守法律法规政策规定前提下开展的冲刺全年目标、保障优质生产的劳动竞赛活动，工会应当引导职工积极参与。年底评优评先、干部提升优先考虑成果突出人员，成果突出人员可越级评定技术等级。

**第十一条** 公司在职职工应当遵守本单位的技术秘密保护制度。离职、离休、退休后职工三年内不得泄露本单位的技术秘密和从事与原单位相同的科技成果转化活动。

**第十二条** 公司职工不得将职务科技成果擅自转让或者变相转让。

**第十三条** 公司对完成、转化职务科技成果作出重要贡献的人员给予奖励和报酬的支出，计入当年本单位工资总额，但不受当年本单位工资总额限制、不纳入本单位工资总额考核基数。

**第十四条** 对本合同未明确的事项，甲、乙双方应当以法律法规政策规定为准。法律法规政策规定未予明确的，应由双方协商确定。对于协商内容有异议的，由双方协商解决。

**第十五条** 职工技术创新专项集体合同签订后，遇不可抗力或公司经营状况发生重大变化，须变更专项集体合同的，双方可提出协商修改合同。任何一方提出协商要求的，双方应在七日内进行商谈。未经双方协商一致，任何一方不得变更合同内容。

**第十六条** 本合同经公司职代会审议通过。审议通过的合同以书面形式向全体职工公布。

**第十七条** 本合同有效期 × 年，自 ×××× 年 ×× 月 ×× 日起至 ×××× 年 ×× 月 ×× 日止。

**第十八条** 本合同一式四份，甲乙双方各执一份，报 ××× 人社局和 ××× 总工会各一份。

甲方首席代表　　　　　　　　乙方首席代表

（签字）　　　　　　　　　　（签字）

年　月　日　　　　　　　　　年　月　日

**附件 2**

# “能级工资”专项集体合同

（参考文本）

甲　方：××× 公司　　　　　　乙　方：××× 工会

法定代表人：　　　　　　　　　工会主席：

协商首席代表：　　　　　　　　协商首席代表：

代表人数：　　　　　　　　　　代表人数：

根据《劳动法》《工会法》《劳动合同法》《江苏省集体合同条例》等法律法规政策规定，经甲、乙双方集体协商同意，签订本合同。

**第一条**　为健全完善薪酬激励机制，提高技术工人、先进职工各项待遇，增强广大职工的主人翁意识和工作热情，加快打造一支有理想守信念、懂技术会创新、敢担当讲奉献的职工队伍，结合本公司特点，经过甲、乙双方协商，签订本合同。

**第二条**　公司设立创新创造成果奖和先进操作法奖。奖励对象主要为与生产密切相关的技术创新成果、发明专利、先进操作法以及参加公司课题攻关对成果有所贡献的职工。具体奖励内容和标准如下：

1. ……

……

**第三条**　公司建立技能人才职级制，畅通技能人才职级上升通道。公司对工程技术类岗和生产操作类岗按不同职级（或技能）设置，并明确对应职级（或技能）岗位工资水平。具体职级（或技能）设置内容和工资标准如下：

1. ……

……

**第四条**　公司对高技能领军人才和特殊技能人才实行年薪制和协议薪酬制。具体内容和标准如下：

1. ……

……

**第五条** 公司设立职称津贴和技能津贴。经过 ××× 认定的正高级、副高级、中级、助理级、（技术）员级津贴标准分别为每月 ×× 元；高级技师、技师、高级工津贴标准分别为每月 ×× 元。从聘任次月起享受。职称津贴和技术津贴不重复享受，按高标准执行。不予享受的情形有 ××××。

**第六条** 公司设立学历津贴。在专业对口岗位工作的大专（含）以上毕业生，以及在本职岗位上所需专业学历得到提升的技术工人，享受学历津贴，博士、硕士、本科、专科津贴标准分别为每月 ×× 元。不予享受的情形有 ××××。

**第七条** 公司设立竞赛获奖等专项特殊津贴。职工在各级各类岗位技能比武竞赛中获得较好名次（通常为前三名）的，享受特殊津贴，国家、省、市、区、企业级津贴标准分别为每月 ×× 元，享受年限为 × 年。对作出其他突出贡献的职工，具体奖励内容和标准如下（可每月发放津贴，或一次性奖励，也可两者结合）：

1. ……

……

**第八条** 公司设立带徒津贴。根据需要签订带徒协议、明确师傅徒弟权利义务，带徒津贴标准根据师傅技能情况分级设置。具体内容和标准如下：

1. ……

……

**第九条** 公司设立荣誉津贴。获各级劳动模范（工匠）称号、五一劳动奖章的职工，以及获得各级道德模范、最美职工（文明职工）、见义勇为等称号，具有美德善行的先进职工，享受荣誉津贴。具体奖励内容和标准如下（可每月发放津贴，或一次性奖励，也可两者结合）：

1. ……

……

**第十条** 双方需要协商的其他内容：

1. ……

……

**第十一条** 对本合同未明确的事项，甲、乙双方应当以法律法规政策规定为准。法律法规政策规定未予明确的，应由双方协商确定。对协商内容有异议的，由双方协商解决。

**第十二条**　“能级工资”专项集体合同签订后，遇不可抗力或企业经营状况发生重大变化，须变更专项集体合同的，双方可提出协商修改合同。任何一方提出协商要求，双方应在七日内进行商谈。未经双方协商一致，任何一方不得变更合同内容。

**第十三条**　本合同经公司职代会审议通过。审议通过的合同以书面形式向全体职工公布。

**第十四条**　本合同有效期 × 年，自 ×××× 年 ×× 月 ×× 日起至 ×××× 年 ×× 月 ×× 日止。

**第十五条**　本合同一式四份，甲、乙双方各执一份，报 ××× 人社局和 ××× 总工会各一份。

甲方首席代表　　　　　　　　乙方首席代表

（签字）　　　　　　　　　　（签字）

年　月　日　　　　　　　　　年　月　日

# 福建省协调劳动关系三方会议办公室关于印发《福建省集体协商质效评价标准（暂行）》的通知

（闽人社三方〔2019〕7号 2019年12月11日）

各市、县（区）协调劳动关系三方会议办公室、平潭综合实验区社会事业局：

根据《福建省协调劳动关系三方会议办公室关于实施集体协商“稳就业促发展构和谐”行动计划的通知》（闽人社三方〔2019〕5号）精神，现将《福建省集体协商质效评价标准（暂行）》印发给你们。请各地按照通知精神和评价标准（暂行），结合当地实际，积极指导企业开展集体协商质效评价工作，促进集体协商提质增效。

附件：1. 企业集体协商工作质效评分标准

2. 行业 / 区域集体协商工作质效评分标准

3. 职工知晓度、参与度、满意度和企业认可度综合评价问卷

## 附件 1：企业集体协商工作质效评分标准

| 评价项目 | 评价要素 | 分值 | 评价内容 | 评分细则 | | 得分 |
|---|---|---|---|---|---|---|
| | | | | 序号 | 分值 | |
| 1 协商主体 10 分 | 1.1 代表产生 | 5 分 | ①双方协商代表对等选派，每方至少 3 人。双方均可聘请本单位以外的有关专业人员作为本方的协商代表，但所聘人数不得超过本方代表的三分之一。 | ① | 2 | |
| | | | ②企业方首席代表由企业法定代表人担任，其他协商代表由企业法定代表人指派。 | ② | 1 | |
| | | | ③职工方首席代表由企业工会主席担任，其他协商代表由企业工会选派，代表名单向全体职工公示。 | ③ | 1 | |
| | | | ④职工方协商代表中应有基层职工代表；企业女职工委员会主任应作为职工方的协商代表；劳务派遣工占全体职工总数 8% 以上的，应有其协商代表。 | ④ | 1 | |
| | 1.2 代表职责 | 5 分 | ①代表本方认真做好协商准备，参加协商会议，据理陈述，履职尽责。 | ① | 2 | |
| | | | ②收集本方人员意见，接受本方人员质询。 | ② | 1 | |
| | | | ③代表本方参加有关集体合同争议的处理。 | ③ | 1 | |
| | | | ④监督集体合同履行。 | ④ | 1 | |
| 2 协商程序 40 分 | 2.1 协商要约 | 2 分 | ①协商双方均可以书面形式提出协商要约，约定协商的时间、地点、主要议题、协商代表等事项，并分别指定 1 名记录员。 | ① | 1 | |
| | | | ②另一方在收到要约书的 15 日内予以书面答复。 | ② | 1 | |
| | 2.2 协商准备 | 8 分 | ①协商代表收集整理与协商相关的数据和信息，包括企业内部和外部资料。 | ① | 1 | |
| | | | ②职工方协商代表开展集体协商宣传动员，调查各类职工的诉求和意见，覆盖职工比例达到 50% 以上。 | ② | 3 | |
| | | | ③企业应向职工方协商代表准确、完整地提供集体协商所需的有关数据资料；职工方协商代表应当保守协商过程中知悉的商业秘密。 | ③ | 3 | |
| | | | ④企业保证职工方协商代表履行职责必要的工作时间和工作条件。 | ④ | 1 | |

续表

| 评价项目 | 评价要素 | 分值 | 评价内容 | 评分细则 | | 得分 |
|---|---|---|---|---|---|---|
| | | | | 序号 | 分值 | |
| | 2.3 协商会议 | 20分 | ①协商会议由双方首席代表共同主持。 | ① | 1 | |
| | | | ②理性协商。双方应本着互相尊重、合作共赢的原则开展集体协商。未发生因协商引发的停工及群体性事件。 | ② | 5 | |
| | | | ③理性解决分歧。一次协商未能达成一致的，可暂时休会，休会时间不超过60天。协商双方意见分歧较大、难以自行解决的，书面向有管辖权的人社主管部门提出协调处理申请。 | ③ | 3 | |
| | | | ④协商代表应及时向本方人员通报协商进展情况。 | ④ | 3 | |
| | | | ⑤协商会议记录详尽、准确，并由双方首席代表和记录员签字确认。 | ⑤ | 2 | |
| | | | ⑥协商会议达成一致的，双方首席代表应对协商成果进行草签。 | ⑥ | 1 | |
| | | | ⑦双方可就劳动关系的难点、热点问题开展日常性协商，形成书面协议。 | ⑦ | 5 | |
| | 2.4 合同生效 | 10分 | ①协商双方共同指定专人草拟集体合同草案。 | ① | 1 | |
| | | | ②集体合同草案经职工（代表）大会审议通过，须2/3以上职工（或职工代表）出席，全体职工（或职工代表）半数以上同意。 | ② | 2 | |
| | | | ③集体合同草案通过后，由双方首席代表签字确认。 | ③ | 1 | |
| | | | ④企业应于集体合同签字之日起10日内将集体合同文本、附件及相关材料报送人社行政主管部门审查。 | ④ | 3 | |
| | | | ⑤集体合同生效后，企业应于10日内向双方全体人员公布。 | ⑤ | 2 | |
| | | | ⑥企业应于集体合同期限届满前90日内，做好续订或重订的准备。 | ⑥ | 1 | |
| 3 协商内容 20分 | 3.1 协商议题 | 15分 | ①企业集体合同就职工劳动报酬、工作时间、休息休假、保险福利、劳动安全卫生、女职工权益、技能培训等方面劳动经济权益作出较为全面的约定。 | ① | 5 | |
| | | | ②企业每年至少开展一次工资集体协商，并签订工资专项集体合同。 | ② | 4 | |
| | | | ③每次协商至少解决1个职工最关心的问题。 | ③ | 3 | |
| | | | ④每次协商至少有一个企业与职工共同发展的相关议题（职工技能提升、人才队伍稳定、发明创造奖励、技能参与分配等）。 | ④ | 3 | |

续表

| 评价项目 | 评价要素 | 分值 | 评价内容 | 评分细则 | | 得分 |
|---|---|---|---|---|---|---|
| | | | | 序号 | 分值 | |
| 3<br>协商内容<br>20分 | 3.2<br>协商结果 | 5分 | ①合同内容合法，双方约定的相关劳动标准不低于当地人民政府规定的最低标准。<br>②合同条款符合企业实际，体现企业特色。 | ① | 3 | |
| | | | | ② | 2 | |
| 4<br>合同履行及评价<br>20分 | 4.1<br>合同履行 | 12分 | ①企业每年至少组织一次集体合同履行情况监督检查。<br>②每年至少向职代会报告一次集体合同履行情况。<br>③集体合同能够完全履行或经协商调整后履约率达到100%。 | ① | 4 | |
| | | | | ② | 4 | |
| | | | | ③ | 4 | |
| | 4.2<br>综合评价 | 8分 | ①职工合法权益得到保障。<br>②未发生群体性劳动争议。<br>③职工自然离职率不高于集体协商之前的水平或不高于同行业企业平均水平。<br>④在市场未发生重大变化的情况下，企业劳动生产率有所提高。 | ① | 2 | |
| | | | | ② | 2 | |
| | | | | ③ | 2 | |
| | | | | ④ | 2 | |
| 5<br>协商双方评价<br>10分 | 5.1<br>职工知晓度 | 2分 | 对集体协商建制、进展、成果及集体合同履行情况的了解程度（十分制，平均分）。①职工知晓率60%—80%；②职工知晓率80%及以上。 | ① | 1 | |
| | | | | ② | 2 | |
| | 5.2<br>职工参与度 | 2分 | 参与选举协商代表、向协商代表反映意见、建议的情况（十分制，平均分）。①职工参与率50%—80%；②职工参与率80%及以上。 | ① | 1 | |
| | | | | ② | 2 | |
| | 5.3<br>职工满意度 | 3分 | 对协商代表履责尽职、集体协商成果及落实情况的满意度（十分制，平均分）。①职工满意率60%—70%；②职工满意率70%及以上。 | ① | 1 | |
| | | | | ② | 3 | |
| | 5.4<br>企业认可度 | 3分 | 对协商结果、落实情况及其作用的认可度（十分制，平均分）。①满意；②基本满意；③不太满意；④不满意。 | ① | 3 | |
| | | | | ② | 2 | |
| | | | | ③ | 1 | |
| | | | | ④ | 0 | |

## 附件 2：行业 / 区域集体协商工作质效评分标准

| 评价项目 | 评价要素 | 分值 | 评价内容 | 评分细则 | | 得分 |
|---|---|---|---|---|---|---|
| | | | | 序号 | 分值 | |
| 1 协商主体 20 分 | 1.1 代表产生 | 12 分 | ①职工方协商主体为行业 / 区域工会，首席代表由行业 / 区域工会主席担任，协商代表由工会选派，具有代表性。未组建行业 / 区域工会的，由上一级工会代行协商职能。 | ① | 5 | |
| | | | ②企业方协商主体为行业 / 区域内企业代表组织，首席代表由企业方代表组织负责人担任。未成立行业 / 区域企业代表组织的，由各企业共同推选协商代表，首席代表应有相应企业共同签署的委托书。 | ② | 5 | |
| | | | ③双方对等选派协商代表，代表名单分别向本方全体人员公示。 | ③ | 2 | |
| | 1.2 代表职责 | 8 分 | ①协商代表应认真做好协商准备，收集本方人员意见，接受本方人员咨询。 | ① | 3 | |
| | | | ②代表本方参加协商会议，理性协商，无过激言行。 | ② | 3 | |
| | | | ③代表本方参与集体合同争议的处理，监督合同履行。 | ③ | 2 | |
| 2 协商程序 35 分 | 2.1 协商要约 | 5 分 | ①协商双方均可以书面形式提出协商要约，约定协商的时间、地点、主要议题、协商代表等事项，并分别指定 1 名记录员。 | ① | 3 | |
| | | | ②另一方在收到要约书的 15 日内予以书面答复。 | ② | 2 | |
| | 2.2 协商准备 | 10 分 | ①收集整理与协商相关的数据和信息，包括行业 / 区域内部和外部的资料。 | ① | 2 | |
| | | | ②开展集体协商宣传动员，充分调查企业和职工的诉求，覆盖企业比例达到 50% 以上。 | ② | 3 | |
| | | | ③企业应向职工方协商代表准确、完整地提供集体协商所需的有关数据资料；职工方协商代表应当保守协商过程中知悉的商业秘密。 | ③ | 3 | |
| | | | ④企业保证职工方协商代表履行职责必要的工作时间和工作条件。 | ④ | 2 | |

续表

| 评价项目 | 评价要素 | 分值 | 评价内容 | 评分细则 |  | 得分 |
|---|---|---|---|---|---|---|
|  |  |  |  | 序号 | 分值 |  |
| 2<br>协商程序<br>35 分 | 2.3<br>协商会议 | 10 分 | ①协商会议由双方首席代表共同主持。 | ① | 1 |  |
|  |  |  | ②理性协商。双方应本着互相尊重、合作共赢的原则开展集体协商。未发生因协商引发的停工及群体性事件。 | ② | 4 |  |
|  |  |  | ③理性解决分歧。一次协商未能达成一致的，可暂时休会，休会时间不超过 60 天。协商双方意见分歧较大、难以自行解决的，书面向有管辖权的人社主管部门提出协调处理申请。 | ③ | 3 |  |
|  |  |  | ④协商会议记录详尽、准确，并由双方首席协商代表和记录员签字确认。 | ④ | 1 |  |
|  |  |  | ⑤协商会议达成一致的，双方首席代表应对协商成果进行草签。 | ⑤ | 1 |  |
|  | 2.4<br>合同生效 | 10 分 | ①协商双方共同指定专人草拟集体合同草案。 | ① | 1 |  |
|  |  |  | ②集体合同草案经行业 / 区域职工代表大会审议通过，须 2/3 以上职工代表出席，全体职工代表半数以上同意。召开职代会条件不成熟的，向相关企业分别征求意见，各企业职工满意率均在 50% 以上。 | ② | 2 |  |
|  |  |  | ③集体合同草案通过后，由双方首席代表签字确认。 | ③ | 1 |  |
|  |  |  | ④协商双方于集体合同签字之日起 10 日内将集体合同文本、附件及相关材料报送人社行政主管部门审查。 | ④ | 3 |  |
|  |  |  | ⑤集体合同生效后 10 日内，采取网络、张贴文告等形式向行业 / 区域内双方全体人员公布。 | ⑤ | 2 |  |
|  |  |  | ⑥双方应于集体合同期限届满前 90 日内，做好续订或重订的准备。 | ⑥ | 1 |  |
| 3<br>协商内容<br>20 分 | 3.1<br>协商议题 | 15 分 | ①行业 / 区域集体合同就职工劳动报酬、工作时间、休息休假、保险福利、劳动安全卫生、女职工权益、技能培训等方面劳动经济权益作出较为全面的约定。 | ① | 5 |  |
|  |  |  | ②每年开展一次工资集体协商，签订工资专项集体合同，或形成工资协议，作为集体合同的附件。 | ② | 4 |  |
|  |  |  | ③每次协商至少解决 1 个有助于行业 / 区域发展的相关问题。 | ③ | 3 |  |
|  |  |  | ④明确规定合同覆盖范围内的企业在行业 / 区域集体合同约定的标准之上，开展二次协商。 | ④ | 3 |  |

续表

| 评价项目 | 评价要素 | 分值 | 评价内容 | 评分细则 | | 得分 |
|---|---|---|---|---|---|---|
| | | | | 序号 | 分值 | |
| | 3.2 协商结果 | 5分 | ①合同内容合法，双方约定的相关劳动标准不低于当地人民政府规定的最低标准。 | ① | 3 | |
| | | | ②合同条款符合行业/区域实际，体现行业/区域特色。 | ② | 2 | |
| 4 合同履行及评价 15分 | 4.1 合同履行 | 7分 | ①行业/区域每年组织一次以上集体合同履行情况的监督检查。 | ① | 4 | |
| | | | ②每年至少向行业/区域职代会报告一次集体合同履行情况，或对合同履行情况进行一次公示。 | ② | 3 | |
| | 4.2 合同成效 | 8分 | ①合同有效期内行业/区域内职工队伍稳定，未发生群体性劳动争议。 | ① | 3 | |
| | | | ②职工合法权益得到保障。 | ② | 3 | |
| | | | ③集体合同对本行业/区域内企业的覆盖率不断提高。 | ③ | 2 | |
| 5 协商双方评价 10分 | 5.1 职工知晓度 | 2分 | 对本行业/区域集体协商建制、进展、成果及集体合同履行情况的了解程度（十分制，平均分）。①职工知晓率60%—80%；②职工知晓率80%及以上。 | ① | 1 | |
| | | | | ② | 2 | |
| | 5.2 职工参与度 | 2分 | 参与选举行业/区域协商代表、向协商代表反映意见、建议的情况（十分制，平均分）。①职工参与率50%—80%；②职工参与率80%及以上。 | ① | 1 | |
| | | | | ② | 2 | |
| | 5.3 职工满意度 | 3分 | 对协商代表履责尽职、集体协商成果及落实情况的满意度（十分制，平均分）。①职工满意率60%—70%；②职工满意率70%及以上。 | ① | 1 | |
| | | | | ② | 3 | |
| | 5.4 企业认可度 | 3分 | 对行业/区域集体协商成果、落实情况及其作用的认可度（十分制，平均分）。①满意；②基本满意；③不太满意；④不满意。 | ① | 3 | |
| | | | | ② | 2 | |
| | | | | ③ | 1 | |
| | | | | ④ | 0 | |

## 附件3：职工知晓度、参与度、满意度和企业认可度综合评价问卷

| 一、职工知晓度 | | | | |
|---|---|---|---|---|
| **评价项目** | **A. 非常清楚** | **B. 知道大部分** | **C. 不太清楚** | **D. 不知道** |
| 1. 您知道本企业（行业/区域）开展的集体协商工作吗？ | | | | |
| 2. 您知道本企业（行业/区域）集体合同的主要内容吗？ | | | | |
| 3. 您知道本企业（行业/区域）集体合同的落实情况吗？ | | | | |
| 平均得分 | | | | |
| **二、职工参与度** | | | | |
| **评价项目** | **A. 直接参与** | **B. 间接参与** | **C. 不太清楚** | **D. 从未参与** |
| 4. 您参与了本企业（行业/区域）集体协商代表的推选吗？ | | | | |
| 5. 您向本企业（行业/区域）集体协商代表或工会组织反映问题、意见和意愿了吗？ | | | | |
| 平均得分 | | | | |
| **三、职工满意度** | | | | |
| **评价项目** | **A. 满意** | **B. 基本满意** | **C. 不太满意** | **D. 很不满意** |
| 6. 您对本企业（行业/区域）集体协商代表履职情况满意吗？ | | | | |
| 7. 您对本企业（行业/区域）集体合同的内容是否满意？ | | | | |
| 8. 您对本企业（行业/区域）集体合同的落实情况是否满意？ | | | | |

续表

| | | | | |
|---|---|---|---|---|
| 9. 您对本企业（行业 / 区域）工会组织维护职工权益方面是否满意? | | | | |
| 10. 您对本企业（行业 / 区域）集体协商结果的整体满意度? | | | | |
| 平均得分 | | | | |
| **四、企业认可度** | | | | |
| **评价项目** | **A. 有明显作用** | **B. 有些作用** | **C. 作用不明显** | **D. 没作用** |
| 11. 您认为本企业（行业 / 区域）集体协商对调动职工积极性和保持职工队伍稳定有作用吗? | | | | |
| 12. 您认为本企业（行业 / 区域）集体协商对提高企业劳动生产率有作用吗? | | | | |
| 13. 您认为本企业（行业 / 区域）集体协商对构建和谐的企业劳动关系有作用吗? | | | | |
| 14. 您认为工会工作有利于企业（行业 / 区域）发展和员工队伍建设 吗? | | | | |
| 平均得分 | | | | |
| 说明：职工方知晓度、参与度和满意度测评，可结合企业职工（代表）大会开展，或按职工名册随机抽取一定数量的职工进行。企业行政方认可度测评对象为其董事会成员、执行董事、中层行政正职及以上管理人员；行业 / 区域行政方认可度测评对象为合同覆盖的所有企业。<br>1. 综合评价问卷每道题目得分标准为，选 A 得 10 分，选 B 得 7 分，选 C 得 3 分，选 D 得 0 分。<br>2. 每个项目得分为该项评价项目的平均分。<br>3. 各单项综合评价得分计算方式为：参与测评人员单项总得分 / 参与测评人数。 | | | | |

# 中共青海省委办公厅青海省人民政府办公厅关于印发《青海省加强企业协商民主制度建设的实施意见》的通知

（青办字〔2020〕56 号　2020 年 4 月 22 日）

各市州委和人民政府、省委各部委、省直机关各单位、各人民团体：

《青海省加强企业协商民主制度建设的实施意见》已经省委省政府同意，现印发给你们，请结合实际认真贯彻落实。

中共青海省委办公厅

青海省人民政府办公厅

2020 年 4 月 22 日

## 青海省加强企业协商民主制度建设的实施意见

为深入贯彻落实《中共中央关于加强社会主义协商民主建设的意见》精神，进一步加强青海省企业协商民主制度建设，现提出如下实施意见。

**一、总体要求**

（一）指导思想。以习近平新时代中国特色社会主义思想为指导，全面贯彻党的十九大和十九届二中、三中、四中全会精神，坚持和完善我国根本政治制度和基本政治制度，以保证人民当家做主为根本，落实全心全意依靠工人阶级指导方针，按照协商于民、协商为民的要求，构建程序合理、环节完整的协商民主体系，完善协商于决策之前和决策实施之中的落实机制，丰富有事好商量、众人的事情由众人商量的制度化实践，健全以职工代表大会为基本形式的企事业单位民主管理制度，探索企业职工参与管理的有效方式，保障职工群众的知情权、参与权、表达权、监督权，大力构建和谐劳动关系，凝心聚力推动企业健康稳定发展，促进职工体面劳动、全面发展，为奋力推进“一优两高”、建设更加富裕文明和谐美丽新青海充分发挥企业主体作用和工人阶级主力军作用。

（二）基本原则。坚持党的领导，发挥党组织的领导核心作用，确保企业协商民主制度建设始终保持正确的政治方向；坚持依法依规，依照法律法规、政策规定开展企业协商，保证协商活动有序推进、协商结果合法合规；坚持利益兼顾，寻求企业发展和职工权益之间的最大公约数，推动企业和职工共谋发展路径、共享发展成果；坚持注重实效，做到发扬民主和提高效率有机统一，反对形式主义、官僚主义，防止泛泛而议、议而不决；坚持因企制宜，以解决问题为导向，尊重企业和职工的首创精神，鼓励大胆探索、积极创新。

**二、工作机制**

（一）明确协商主体。企业行政与企业工会（代表企业职工方）是企业协商的主体。尚未建立工会的企业，所在地工会指导企业职工推举代表与企业行政开展协商。专业性、技术性强的协商事项，企业方和职工方可以邀请有关专家学者、律师、法律顾问等作为协商代表。涉及面广、影响面大的重要事项，当地人力资源社会保障部门、工会组织、企业代表组织开展劳动关系三方协商。区域性（行业性）工会组织与同级企业代表组织或本区域、本行业企业代表可以作为企业协商主体开展协商。企业内部不同利益群体职工也可以开展协商，实现职工整体利益与局部利益的有机兼顾。

（二）确定协商内容。根据当地经济社会发展状况和企业实际，企业协商主体应当就以下一项或几项内容开展协商：企业改制、重组、合并、搬迁、停产、解散、破产等重大改革调整；职工分流安置、经济补偿等劳动关系变更以及其他涉及职工切身利益重大事项；职工劳动条件、劳动标准；企业劳动用工管理；企业协商民主制度建设；法律法规和政策规定明确要求协商、协商主体认为应当协商约定的其他事项。

（三）丰富协商形式。企业协商民主要坚持以职工代表大会为基本形式的企事业单位民主管理制度，坚持厂务公开制度，坚持集体协商集体合同制度，坚持企业行政与企业工会联席会议制度，采取职工议事会、民情恳谈会、微信等灵活多样的协商制度和形式，不断丰富完善企业与职工沟通协商机制，畅通企业和职工表达利益诉求渠道。坚持和完善劳动关系三方协商机制、区域性（行业性）集体协商机制，研究解决涉及企业发展和职工权益方面的普遍性问题。

（四）规范协商程序。企业协商民主的一般程序为：协商主体在充分沟通、征求意见的基础上研究提出协商议题；通过多种方式，向职工群众通报协商内容和相关信息；组织开展协商，保证协商主体充分发表意见建议，形成协商意见；组织实施协商议定的事项，向职工群众反馈落实情况。

企业研究制定重大改革调整、涉及劳动关系变更以及其他涉及职工切身利益重大事项时，有关实施方案、工作方案在酝酿起草、审议决定、执行实施阶段，均应严格按照职代会、集体协商集体合同等法律法规、政策规定，认真履行征求意见、沟通交流、研究讨论、审议决定、公开公布、报告备案、执行实施、监督落实等程序。

因实施劳动关系变更以及其他涉及职工切身利益重大事项引发群体性劳动纠纷时，企业党组织、行政、工会应当首先稳定职工情绪，收集职工利益诉求，并将有关情况向上级党组织、企业主管部门、所在地政府相关部门、上级工会或所在地工会组织、企业代表组织等报告，接受工作指导，同时，认真开展企业集体协商，达成一致意见，依法办理相关手续后执行实施。经企业集体协商未能达成一致意见的，提请企业主管部门、上级工会或所在地工会组织、企业代表组织予以指导；经指导仍未能达成一致意见的，提请当地人力资源社会保障部门及政府其他相关部门协同处理，保持职工队伍稳定。

（五）落实协商成果。企业应当通过职代会、厂务公开、企业报刊、网络渠道等，及时公开协商事项落实情况，接受职工群众监督。对协商过程中持不同意见的职工群众，企业党组织、行政、工会要认真做好说明解释工作。需要上级党组织、政府有关部门、上级工会组织、企业代表组织等协调落实的事项，有关部门、组织要认真协调落实，及时向企业反馈。协商结果违反法律法规和政策规定的，有关部门、组织应当依法纠正，并做好法治宣传教育工作。

**三、组织保障**

（一）加强组织领导。各级党委政府要把企业协商民主制度建设纳入重要议事日程，及时研究企业协商民主制度建设中的重要问题，加强分类指导，提高企业协商民主制度建设的针对性、实效性。有关部门、工会组织、企业代表组织要认真做好企业协商民主制度建设指导督导工作，推动企业协商民主制度建设广泛深入、规范有序发展，必要时可邀请“两新”工委相关人员参加民主协商会议，进行监督指导。

（二）健全工作制度。企业党组织、行政、工会要加强对协商民主制度建设的学习研究，针对协商民主制度建设工作中存在的突出问题，及时向上级党组织和有关部门、组织提出意见建议，推动问题解决。企业党组织要鼓励支持本企业中的党代表、人大代表、政协委员以及党员干部积极参与企业协商民主制度建设实践，引领企业经营管理者和职工群众广泛参与企业协商民主活动。企业行政和企业工会要安排一定的专项资金，保证企业协商民主制度建设深入推进。

（三）提升协商能力。各级党委政府和有关部门要积极倡导协商民主精神，大力培育协商民主文化，引导企业劳资双方充分表达意见建议、积极参与协商民主制度建设。要加强企业经营管理者、工会工作者、协商代表和职工群众专题培训，提高企业协商民主制度建设能力和水平。要广泛开展法律法规、政策知识宣传普及活动，营造全社会关心、支持、推动企业协商民主制度建设的良好氛围。

（四）压实工作责任。各级党委政府和有关部门要认真落实有关法律法规、政策规定，维护企业劳资双方合法权益，保障职工群众知情权、参与权、表达权、监督权，推动企业协商民主制度建设规范有序运行。对不重视协商民主制度建设、不开展协商民主工作的企业，上级党组织、企业主管部门要约谈企业主要负责人。对企业不履行协商民主程序、强行施行企业重大改革调整方案特别是涉及劳动关系变更方案、严重侵犯职工合法权益、引发群体性事件的，依法依规追究企业主要负责人及相关责任人责任。

第二部分

# 相关政策文件解读

# 第三章

# 集体协商工作知识问答

# 一、集体协商的基本概念

### 1. 什么是集体协商和集体合同？集体协商和集体合同的关系是什么？

集体协商是指企业职工一方与用人单位就劳动报酬、工作时间、休息休假、劳动安全卫生、保险福利、职工培训、劳动纪律以及劳动定额管理等直接涉及劳动者切身利益的规章制度或者重大事项依法进行平等协商的行为。集体合同是指企业职工一方与用人单位就劳动报酬、工作时间、休息休假、劳动安全卫生、保险福利、职工培训、劳动纪律以及劳动定额管理等直接涉及劳动者切身利益的重大事项依法通过集体协商签订的书面协议。

集体协商是劳动关系双方就彼此之间的权益及双方关注的相关事宜进行沟通、交涉、协调和共决的过程，也是订立集体合同的法定必经程序和实现方式。集体合同是劳动关系双方协商达成一致的成果体现，通常以书面形式订立。未经集体协商而签订的集体合同是无效的合同，集体协商的水平直接影响着集体合同的质量及其可行性。

### 2. 集体协商、集体合同可以分为哪些类型？

从集体协商覆盖范围来划分，分为企业、区域性、行业性集体协商；从集体合同所涉及的内容来划分，分为综合性集体合同和专项集体合同。

### 3. 什么是综合性集体合同？什么是专项集体合同？

综合性集体合同，是指职工一方与用人单位之间依法就劳动报酬、工作时间、休息休假、劳动安全卫生、保险福利、职工培训、劳动纪律以及劳动定额管理等直接涉及劳动者切身利益的规章制度或者重大事项中的多项内容，通过集体协商签订的书面协议。专项集体合同，是指职工一方与用人单位之间依法就劳动报酬、工作时间、休息休假、劳动安全卫生、保险福利、职工培训中的某项内容通过集体协商签订的书面协议。

### 4. 什么是企业集体协商？什么是行业性集体协商？什么是区域性集体协商？

企业集体协商，是指企业（或实行企业化管理的事业单位）职工一方与用人单位之间依法就劳动报酬、工作时间、休息休假、劳动安全卫生、保险福利、职工培训、劳动纪律以及劳动定额管理等直接涉及劳动者切身利益的规章制度或者重大事项，为达成一致意见而进行商谈交涉的行为。用人单位一方的协商代表，由用人单位法定代表人指派。职工一方的协商代表由本单位工会选派。未建立工会的，由本单位职工民主推荐，并经本单位半数以上职工同意。

行业性集体协商，是指在同行业企业相对集中的区域，由行业工会组织代表职工与同级企业代表组织或企业代表，依法就行业内企业职工劳动报酬、工作时间、休息休假、劳动安全卫生、保险福利、职工培训等事项开展集体协商、签订行业性集体合同的行为。

区域性集体协商，是指在一定的区域范围内，由区域工会组织与相应的区域企业组织或区域内企业方面推选产生的代表，依法就劳动报酬、工作时间、休息休假、劳动安全卫生、保险福利、职业培训等事项开展集体协商、签订区域性集体合同的行为。

### 5. 什么是工资集体协商和工资专项集体合同？工资集体协商和工资专项集体合同的关系是什么？

工资集体协商是指企业职工一方与用人单位依法就企业内部工资分配制度、工资分配形式、工资支付办法、工资标准等事项，为签订工资专项集体合同进行商谈的行为。工资专项集体合同是指企业职工一方与用人单位专门就企业内部工资分配制度、工资分配形式、工资支付办法、工资标准等事项签订的集体合同。

工资集体协商和工资专项集体合同之间是程序与结果的关系。工资集体协商是签订工资专项集体合同的必经程序和重要阶段，而工资专项集体合同是工资集体协商的结果。工资集体协商的结果既可以形成工资专项集体合同，也可以作为集体合同的一个组成部分或附件，与集体合同具有同等的法律效力。

### 6. 集体合同与劳动合同有什么联系和区别？

集体合同与劳动合同两者都是合同，都有保障劳动者合法权益的功能，都是劳动者和用人单位之间签订的，都是用来调整劳动关系的。一般而言，劳动合同关于劳动者权益的规定不得低于集体合同的标准。对于劳动合同没有规定或者规定不详的事项，集体合同具有补充功能。

两者的区别主要有：

（1）当事人不同。劳动合同当事人为单个劳动者和用人单位；集体合同当事人为劳动者团体和用人单位或其团体。

（2）对象不同。从根本上来说，劳动合同和集体合同都是为了维护职工合法权益，但是订立劳动合同是为了维护单个劳动者的合法权益，而订立集体合同则主要是为劳动者团体的合法权益提供兜底性保护。

（3）内容不同。劳动合同以单个劳动者的权利义务为内容，一般包括劳动关系的各个方面；集体合同以集体劳动关系中全体劳动者的共同权利和义务为内容，可能涉及劳动关系的各个方面，也可能只涉及劳动关系的某个方面。

（4）效力不同。劳动合同对单个的用人单位和劳动者有法律效力；集体合同对签订合同的单个用人单位或雇主组织所代表的全体用人单位，以及工会和工会所代表的全体劳动者，都有法律效力。同时，集体合同的效力要高于劳动合同。

（5）生效程序不同。劳动合同由双方当事人签字确认即生效，集体合同签订后还应当报送劳动行政部门，由劳动行政部门对集体合同进行审查，只有劳动行政部门自收到集体合同文本之日起十五日内没有提出异议的，集体合同才能生效。

### 7. 集体合同制度的法律法规和行政规章有哪些？

（1）在法律层面，《劳动法》《工会法》《劳动合同法》《公司法》等法律均对集体合同制度作出相应规定。

（2）在地方法规和规章层面，截至 2020 年 7 月底，共计 30 个省区市出台了 42 部省级地方性法规和规章，其中包括 38 部省级集体合同条例和工资集体协商条例和 4 部省级规章。

（3）在部颁行政规章层面，《集体合同规定》《工资支付暂行办法》《工资集体协商试行办法》《最低工资规定》等均对集体合同制度作出相应规定。

### 8. 为什么说集体合同制度是协调劳动关系的重要机制?

协调劳动关系要求建立起一整套相互衔接、具有内在逻辑关联的制度作为保障。目前，我国已经初步建立的协调劳动关系制度，主要有协调劳动关系三方机制、劳动合同制度、集体合同制度和劳动争议调处制度。在这四项制度中，协调劳动关系三方机制通过协调劳动关系各方共同参与法律法规以及相关政策的制定，为各种微观调整劳动关系制度奠定基础、提供规则依据。劳动合同制度、集体合同制度和劳动争议调处制度以劳动关系领域的法律法规和相关政策为依据，对劳动关系的建立、运行以及终止全过程进行具体规范。集体合同制度兼顾了协调劳动关系的各种制度，上承劳动法律法规和相关政策确立的劳动基准，下启个体劳动合同，克服单个劳动合同签订过程中双方力量不对等的先天不足，在协调劳动关系的各项制度中起着担纲主线、贯穿始终的作用。

### 9. 为什么说开展集体协商是工会履行基本职责的重要手段?

工会是经济关系、劳动关系矛盾的产物，是职工自愿结合的工人阶级群众组织。职工参加和组织工会的目的，是期望工会能够代表和维护他们的利益。《工会法》明确规定，“维护职工合法权益是工会的基本职责”“工会通过平等协商和集体合同制度，协调劳动关系，维护企业职工劳动权益”。履行基本职责，法律赋予工会很多权利和方法，其中最重要的就是工会代表职工，就保护劳动者合法权益与用人单位进行平等协商、签订集体合同。职工群众的合法权益是在劳动关系建立和发展变化的过程中形成和实现的，这要求工会必须始终抓住和依法参与劳动关系的调整，在这个过程中去实现对职工群众利益的代表和维护。签订集体合同的过程，就是把相关劳动法律法规规定具体化的过程，从整体上实现对职工劳动权利的维护，是企业与职工之间劳动关系的总体规范和调整，是企业调整劳动关系最有效的机制与办法。同时，工会通过开展集体协商还可以把工会组建工作、职代会、劳动安全卫生等许多方面的重点工作都带动起来。因此，开展集体协商是工会履行基本职责的重要手段。

### 10. 协调劳动关系三方在推进集体协商机制建设中各自应发挥什么作用?

协调劳动关系三方组织的性质地位、职能作用、工作方式手段各不相同，各方都具有自身独特的优势。

政府人力资源和社会保障部门，承担劳动保障行政管理职责，在推进集体协商机制建设中起着主导作用。其作用主要有：参与和推动集体合同立法，制定发布集体合同行政规章，制定推进集体协商工作规划，对签订、履行集体合同情况进行监督检查，督促集体合同制度贯彻落实；发布有关本地区行业工资指导线、劳动力指导价位、劳动定额标准等方面的数据信息，为开展集体协商提供支持。

工会组织作为党领导下的职工自愿结合的工人阶级群众组织，在推进集体协商机制建设中担负着职工利益表达者和维护者的角色。其作用主要有：参与和推动集体合同立法；就集体协商工作中的重大问题代表职工方与政府、企业进行沟通和协调；培训集体协商指导员和职工协商代表，提高其业务素质和协商能力。

企业联合会/企业家协会、工商联作为企业和雇主组织代表，担负着维护企业和企业经营者合法权益，引导企业经营者担负企业社会责任，积极开展集体协商，促进企业健康发展的主要职责。其作用主要有：参与和推动集体合同立法；就推动集体协商工作中的重大问题代表企业方与政府、工会进行沟通和协调；指导和推动企业积极开展集体协商；就企业开展集体协商工作进行培训；加强基层企业代表组织建设，为开展集体协商奠定组织基础。

### 11. 开展集体协商应当遵循哪些原则?

（1）遵守法律、法规、规章及国家有关规定。协商双方应熟悉并掌握有关的规定，依法开展工作，做到主体、内容、形式、程序合法，保证集体协商的实体内容及程序操作规范到位。

（2）相互尊重、平等协商。劳动关系双方都应承认和公正对待对方当事人依法享有的平等地位及利益主张，即双方中的任何一方都不应采取回避、拒绝或歧视的态度。

（3）诚实守信、公平合作。诚实守信，就是协商双方坦诚互信，恪守承诺，并能够切实担当起法律责任。公平合作，就是协商双方不仅能够站在客观公正的立场寻求解决问题的途径，弥合分歧，取得共识，而且能够共同维护集体合同的法律尊严，使签订的集体合同能够通过劳动关系双方的共同努力得到切实履行。

（4）兼顾双方合法权益。开展集体协商，必须始终立足于兼顾劳动关系双方合法权益，将企业长远发展与职工的具体利益相结合，谋求与实现劳动关系双方权益的共赢，达到促进企业发展、维护职工权益的目的。

（5）不得采取过激行为。劳动关系双方在协商及合同履行过程中，应当采取理智和克制的态度，在法律范围内调处争议，把表达利益诉求控制在理性、有序的范围之内。

### 12. 新冠肺炎疫情防控期间，为什么要重视开展集体协商?

集体协商工作对于助力企业复工复产、稳定职工就业岗位、维护劳动关系稳定具有重要作用。各地要深入推进集体协商“稳就业促发展构和谐”行动计划，引导企业和职工确立“同舟共济、共克时艰”的协商目标，营造“有事多商量，遇事多商量，做事多商量，商量得越多越深入越好”的协商氛围，坚持“合法合理、利益兼顾、因企制宜、稳定有序”的协商原则，鼓励劳动关系双方依据企业实际情况，就双方共同关心、直接涉及职工切身利益的事项及时开展协商，寻求双方利益平衡点，妥善解决受疫情影响劳动关系的突出问题，维护劳动关系和谐稳定。

## 二、集体协商的主体

### 13. 什么是集体协商的主体？

集体协商的主体，是指就劳动报酬、工作时间、休息休假、劳动安全卫生、保险福利等事项进行平等协商，并订立、变更或解除集体合同的双方当事人。《劳动合同法》第五十一条第二款规定，集体合同由工会代表企业职工一方与用人单位订立；尚未建立工会的用人单位，由上级工会指导劳动者推举的代表与用人单位订立。从这一规定可以看出，在通过集体协商签订集体合同的情况下，集体合同的签订主体和开展集体协商的主体实质上是一致的。

### 14. 企业、行业、区域集体协商的主体分别是什么?

企业集体协商的职工一方主体为企业工会，代表企业职工一方与用人单位开展集体协商和订立集体合同；尚未建立工会的企业，由上级工会指导职工推举的代表为职工一方的主体，与用人单位开展集体协商和订立集体合同。用人单位一方的主体是企业行政方。

行业集体协商的主体双方主要有以下三种：一是行业工会（或工会联合会，下同）和行业内企业代表组织；二是行业工会和行业内企业方推荐产生的代表；三是行业工会和行业所属各企业行政方；未组建行业工会的，还可由行业所在区域的工会作为主体代行行业工会的职能。其中，企业代表组织不应仅限于企业联合会、企业家协会，还应包括工商联、行业商会等各种企业代表组织。

区域集体协商的职工一方主体为区域联合工会或基层工会联合会；用人单位一方的主体是与区域性联合工会或基层工会联合会覆盖范围相对应的区域性企业代表组织，包括企业联合会、企业家协会、工商联等各种企业代表组织。

### 15. 什么是集体协商代表？什么是首席集体协商代表？

集体协商代表是指按照法定程序产生并有权代表本方利益进行集体协商的人员。

首席协商代表是集体协商双方各自推选的本方对集体协商进程起主导作用的协商代表，其主要任务是集体协商期间主持协商会议，负责集体协商的有关组织协调工作，并对协商过程中发生的问题提出处理建议、签署集体协商会议纪要及集体合同文本等。

### 16. 集体协商代表有哪些权利和义务？

根据原劳动和社会保障部2000年颁布的《工资集体协商试行办法》和2004年颁布的《集体合同规定》，集体协商代表有以下权利：

（1）提出集体协商的要求及协商事项。

（2）要求对方提供与集体协商有关的情况和资料。

（3）对协商规则等程序性事项提出意见和建议。

（4）依法进行集体协商，就协商事项发表意见，包括提出建议、进行陈述、表示赞成或否决。

（5）代表本方订立、变更、解除集体合同。

（6）接受首席代表委托，代签合同。

（7）企业内的协商代表参加集体协商视为提供了正常劳动。

集体协商代表承担以下义务：

（1）维护本单位正常的生产、工作秩序，不得采取威胁、收买、欺骗等行为。

（2）如实向对方提供与集体协商有关的情况和资料。

（3）保守在集体协商过程中知悉的用人单位的商业秘密。

（4）依照有关法律、法规和平等合作的原则，从企业的实际情况出发，进行集体协商。

（5）尊重对方协商代表的人格，不得采取歧视性、胁迫性行为。

（6）切实代表本方的利益，及时与所代表方沟通集体协商的情况。

（7）双方协商代表和记录员对协商过程中的个人意见保密。

### 17. 对保护职工方协商代表有哪些特殊规定？

原劳动和社会保障部2000年颁布的《工资集体协商试行办法》和2004年颁布的《集体合同规定》，对职工方协商代表有下列特殊保护规定：

（1）用人单位不得以任何借口，对职工方协商代表进行打击报复。

（2）职工方协商代表在其履行协商代表职责期间劳动合同期满的，劳动合同期限自动延长至完成履行协商代表职责之时。除个人严重过失外，用人单位不得与其解除劳动合同。

（3）职工方协商代表履行协商代表职责期间，用人单位无正当理由不得调整其工作岗位。

（4）企业内部的协商代表参加集体协商视为提供了正常劳动。

### 18. 企业工会和上级工会在开展集体协商要约行动中负有哪些职责？

根据全总《关于开展集体协商要约行动的意见》的规定，企业工会组织应主动向企业提出协商要约，启动协商程序，积极促进与企业开展集体协商和签订集体合同。企业工会提出协商要约有困难的，其上级工会可依法代表基层工会向企业提出协商要约。小企业相对集中和行业集聚地区，县级以下区域工会或产业工会组织可以向相应一级的企业代表组织提出协商要约，通过集体协商和签订区域性行业性集体合同覆盖各类小企业。根据需要，区域工会或产业工会组织也可对本区域、本产业内所属企业直接发出协商要约，同企业方开展集体协商和签订集体合同。

## 三、集体协商的内容

### 19. 集体协商包括哪些内容?

根据原劳动和社会保障部于2004年颁布的《集体合同规定》，集体协商双方可以就下列多项或某项内容进行集体协商，签订集体合同或专项集体合同：

（1）劳动报酬。主要包括：用人单位工资水平、工资分配制度、工资标准和工资分配形式；工资支付办法；加班、加点工资及津贴、补贴标准和奖金分配办法；工资调整办法；试用期及病、事假等期间的工资待遇；特殊情况下职工工资（生活费）支付办法；其他劳动报酬分配办法。

（2）工作时间。主要包括：工时制度；加班加点办法；特殊工种的工作时间；劳动定额标准。

（3）休息休假。主要包括：日休息时间、周休息日安排、年休假办法；不能实行标准工时职工的休息休假；其他假期。

（4）劳动安全卫生。主要包括：劳动安全卫生责任制；劳动条件和安全技术措施；安全操作规程；劳保用品发放标准；定期健康检查和职工健康体检。

（5）补充保险和福利。主要包括：补充保险的种类、范围；基本福利制度和福利设施；医疗期延长及其待遇；职工亲属福利制度。

（6）女职工和未成年工的特殊保护。主要包括：女职工和未成年工禁忌从事的劳动；女职工的经期、孕期、产期和哺乳期的劳动保护；女职工、未成年工定期健康检查；未成年工的使用和登记制度。

（7）职业技能培训。主要包括：职业技能培训项目规划及年度计划；职业技能培训费用的提取和使用；保障和改善职业技能培训的措施。

（8）劳动合同管理。主要包括：劳动合同签订时间；确定劳动合同期限的条件；劳动合同变更、解除、续订的一般原则及无固定期限劳动合同的终止条件；试用期的条件和期限。

（9）奖惩。主要包括：劳动纪律；考核奖惩制度；奖惩程序。

（10）裁员。主要包括：裁员的方案；裁员的程序；裁员的实施办法和补偿标准。

（11）集体合同期限。集体合同或专项集体合同期限一般为 1—3 年，工资专项集体合同期限一般是 1 年。

（12）变更、解除集体合同的条件和程序。双方协商代表协商一致，可以变更或解除集体合同或专项集体合同。集体合同期满或双方约定的终止条件出现，集体合同即行终止。

（13）履行集体合同发生争议时的协商处理办法。主要包括：协商处理争议的参加人员、范围、原则、程序、办法以及申请仲裁的条件等。

（14）违反集体合同的责任。主要包括：集体合同履行情况的监督检查组织、制度和方法，违反集体合同的督促整改办法，违约责任认定和处理办法等。

（15）双方认为应当协商的其他内容。

### 20. 集体合同一般包括哪些内容?

（1）集体合同名称。即在卷首标明该集体合同的名称。

（2）序言。序言是集体合同正文前的一段叙述性文字，相当于总则，应写明签订集体合同的目的、意义、依据等。也有的省略序言而直接进入正文，把正文的第一部分作为总则，介绍签订集体合同的目的、意义、依据等。

（3）正文。即劳动关系双方当事人协商确定的集体合同的内容，也就是集体合同的基本条款，是集体合同的核心部分。

（4）结尾。结尾部分多放在“附则”一章，包括集体合同的有效期限，集体合同的正、副本的份数及法律效力，正本保管何处，副本发放何处；双方首席代表签名盖章；集体合同签订的年、月、日及签订地点等。

### 21. 行业集体协商的主要内容是什么?

行业集体协商的主要内容包括：一般来说，企业集体协商的内容原则上也可适用于行业集体协商。但考虑到行业集体协商的特殊性，其协商重点应当包括就行业最低工资标准、主体工种指导价位、劳动定额、计件单价、劳动保护、休息休假、福利待遇等进行协商。其中，劳动定额制订的标准应当为“ 在法定工作时间内、正常劳动条件下、90% 以上职工能够完成”，这主要是为了维护广大职工的合法劳动权益，防止企业方随意提高劳动定额标准，规避国家有关工作时间、最低工资标准、加班支付加班工资等法律法规，出现变相侵权的行为。

在环卫清洁等农民工集中的行业，通过开展集体协商建立健全职工工资正常增长机制，推动低收入群体收入合理增长。在快递、外卖、网约车等新业态领域行业，通过探索确定协商主体、创新协商模式开展行业集体协商，签订行业性集体合同或协议，明确行业用工规范和劳动标准。

### 22. 劳务派遣工开展工资集体协商的重点是什么?

在使用劳务派遣工的企业中，同工同酬问题既是工资集体协商的重点，也是工资集体协商的难点。《劳动法》第四十六条规定：工资分配应当遵循按劳分配原则，实行同工同酬。《劳动合同法》第六十三条规定：被派遣劳动者享有与用工单位的劳动者同工同酬的权利。用工单位无同类岗位劳动者的，参照用工单位所在地相同或者相近岗位劳动者的劳动报酬确定。

在同一用工单位中，从事同类的劳动，就应当领取同等的报酬。在工资集体协商中，要把劳务派遣工纳入工资集体协商覆盖范围，把握同工同酬原则，真正做到对于从事相同工作，付出等量劳动且取得相同劳动业绩的劳动者，不论其身份如何，都要按照劳动定额、工时工价确定同样的劳动报酬。

### 23. 新冠肺炎疫情防控期间，集体协商的重点内容是什么?

新冠肺炎疫情防控期间，集体协商要针对企业经营发展现状和职工的现实诉求，重点围绕企业用工的难点和职工关切的热点开展协商。

一是突出协商稳岗位保企业。对复工复产难度大、订单大幅减少、生产经营较困难的企业，要以稳就业、保企业为主要目标，鼓励双方通过集体协商采取调整薪酬、灵活安排工作时间、轮岗轮休、组织培训等方式稳定工作岗位，尽量不裁员或少裁员。对受疫情影响不得不裁员的企业，指导企业在裁员方案制定和实施中充分听取职工意见，就经济补偿等与职工利益密切相关的问题，依法充分协商方能实施。

二是着重协商工资待遇问题。对受疫情影响企业延迟复工、职工待岗、工作时间调整等期间的工资待遇，引导双方依法依规协商确定。对受疫情影响的企业，引导企业和职工相互理解，根据企业经济效益情况协商，依法适度调整职工工资水平。对暂无工资支付能力的企业，通过协商约定依规合理延期支付职工工资。对效益较好生产经营正常的企业，可协商合理确定职工工资增长幅度。

三是支持协商其他涉及职工切身利益事项。鼓励企业和职工将复工后的工作方式、时间安排、带薪休假使用、劳动保护措施、女职工特殊权益保护等涉及职工切身利益问题作为协商内容。指导承担疫情防控保障任务的企业与职工就延长工作时间和休息时间安排等依法开展协商。

四是侧重重点行业和特殊群体权益。要把受疫情影响较大的交通运输、旅游、餐饮住宿、娱乐文化、商贸会展等行业和订单严重减少的外向型企业作为推进协商的重点领域，全面摸排掌握其生产经营情况，对生产经营较为困难、用工规模较大、劳动关系矛盾较多的企业应视情况派出联合工作组，为双方开展集体协商提供具有针对性的指导服务。开展集体协商时要重点关注劳务派遣工、农民工、试用期职工以及湖北地区职工等重点群体的权益维护。推动平台企业与平台就业劳动者就劳动报酬、工作时间、劳动保护等开展协商，切实维护好平台就业劳动者基本权益。

## 四、集体协商的程序

### 24. 开展集体协商一般包括哪些程序和步骤?

根据原劳动和社会保障部于 2000 年颁布的《工资集体协商试行办法》和 2004 年颁布的《集体合同规定》，开展集体协商一般包括以下八个步骤：一是产生集体协商代表。二是提出协商要约。三是做好协商准备，具体包括开展宣传教育、熟悉有关法律法规、收集了解与集体协商有关的情况和资料、充分征求职工的意见、人员的分工准备、制定集体协商实施方案等方面的工作。四是正式开展协商，主要包括召开协商会议、起草合同文本等。五是职工（代表）大会审议。六是首席代表签字。七是报送劳动保障行政部门备案审查。八是公布实施。

这八个步骤是开展集体协商基本的、必需的程序。在开展集体协商过程中，还可以在依法合规的前提下，结合具体的协商需要，增加一些更具特色、更切合实际的程序，从而进一步增强协商程序的针对性和实效性。

### 25. 集体协商代表如何产生? 组成原则是什么?

集体协商代表应依照法定程序产生，双方的代表人数应当对等，每方至少

3人，并各确定1名首席代表，双方协商代表不得相互兼任。职工一方的集体协商代表由本单位工会选派；未建立工会的，由本单位职工民主推荐，并经本单位半数以上职工同意。用人单位一方的集体协商代表，由用人单位法定代表人指派。此外，集体协商双方首席代表可以书面委托本单位以外的专业人员作为本方协商代表，委托人数不得超过本方代表的1/3。

通常来说，集体协商代表的组成原则是：

（1）适合原则。根据集体协商内容的难易程度、复杂程度及工作量大小来确定协商代表人数。

（2）结构原则。集体协商代表人员配备要考虑人员结构的合理与配套，一般包括熟悉生产经营管理人员、熟悉劳动工资人员、精通财务人员、熟悉法律人员等。

（3）精干原则。集体协商代表人员要尽量少而精，避免臃肿低效。

（4）对应原则。双方参加集体协商人员的数量应当对等，也可根据对方代表的专业情况，选派相应的代表参加。

根据原劳动和社会保障部于2004年颁布的《集体合同规定》，职工一方的首席代表由本单位工会主席担任，工会主席可以书面委托其他协商代表代理首席代表。工会主席空缺的，首席代表由工会主要负责人担任。未建立工会的，职工一方的首席代表从协商代表中民主推举产生。用人单位一方的首席代表由单位法定代表人担任或由其书面委托的其他管理人员担任。双方首席协商代表均不得由非本单位人员代理。

### 26. 集体协商要约如何提出？

集体协商要约是集体协商任何一方依法就签订集体合同或专项集体合同以及相关事宜，以书面形式向对方提出进行集体协商要求的行为。提出集体协商要约，是开展集体协商和签订集体合同的法定程序。职工和企业任何一方均可提出进行集体协商的要约。

集体协商要约的提出方应向另一方提出书面的协商意向书，明确协商的时间、地点、内容等，另一方接到协商意向书后，应于20日内予以书面答复。同意协商的，双方应当约定协商开始的日期。企业工会提出协商要约有困难的，其上级工会可依法代替基层工会向企业提出协商要约。工会提出协商要约后，企业方不按期回应或无正当理由拒绝进行集体协商的，上级工会应依法下达“整改意见书”，提出整改意见；对逾期不改的企业，工会可提请劳动保障部门责令其改正，直至追究其行政或法律责任。

### 27.职工方协商代表在协商前应进行哪些准备工作？

（1）宣传教育。通过各种途径和形式，大力宣传集体协商的重要意义，宣传集体协商的基本知识和有关规定，提高企业经营管理人员和广大职工的认知度，形成共识，为开展集体协商奠定坚实的思想基础。

（2）熟悉有关法律法规。在开展集体协商前，集体协商代表应当认真学习、了解与集体协商有关的法律、法规、规章和制度，如《劳动法》《工会法》《劳动合同法》《集体合同规定》等，为集体协商提供法律支撑。

（3）收集了解与集体协商有关的情况和资料，认真研究测算。进行集体协商需要用事实和数据说话，因此应当收集了解与集体协商有关的情况和资料，如当地政府发布的工资指导线、劳动力市场工资指导价位、最低工资标准、城镇居民消费价格指数等。还应当收集了解企业内部的信息资料，如企业的劳动生产率、经济效益、财务状况等。收集信息资料的主要方法包括：查询有关档案、资料；走访有关部门，如统计部门、物价部门、人力资源和社会保障部门等；向有关管理人员咨询，如企业财务人员、人力资源部门人员等。根据规定，在不违反法律法规的前提下，协商双方有义务按照对方要求，适时提供与集体协商有关的真实情况和资料。

（4）充分征求职工的意见。通过召开工会小组会、不同人员座谈会、问卷调查等形式，在广泛了解职工群众利益诉求基础上确定协商议题。

（5）制定集体协商实施方案。制定集体协商实施方案，包括集体协商目标、措施、方法、工作日程、协商论据、策略等。

（6）人员分工准备。对谈判人员进行角色分工。根据角色分工，对负责阐述的内容做好充分准备，做到谈判时有的放矢、观点鲜明。

（7）确定集体协商记录员。双方共同确定 1 名非协商代表担任集体协商记录员。记录员应保持中立、公正，并为集体协商双方保密。

（8）协商前按对方要求提供相关的协商资料，其中涉及国家秘密、商业秘密的，双方代表要保守秘密。

## 28. 集体协商会议包括哪些基本程序？

协商主要采取会议的形式进行。集体协商会议由双力首席协商代表轮流主持，双方应本着互相尊重，相互理解、积极合作的原则，平等协商，求同存异，就协商议题交换意见，进行充分讨论。集体协商会议一般按下列程序进行：

（1）宣布议程和会议纪律。

（2）一方首席协商代表提出协商的具体内容和要求，另一方首席协商代表就对方的要求进行回应。

（3）协商双方就协商议题发表各自意见，开展充分讨论。

（4）双方首席协商代表归纳意见。

（5）达成一致的，应当形成集体合同草案，由双方首席协商代表签字。协商未达成一致意见或出现事先未预料到的情况时，经双方同意，可以暂时中止协商。具体中止期限及下次协商的时间、地点和内容由双方共同商定。

## 29. 集体合同草案文本的职工审议程序是怎样的？

集体合同草案文本应提交职工代表大会或全体职工讨论审议，对职工（代表）提出的意见或建议，双方协商代表在认真分析研究的基础上，如需修改的应进行修改，如无修改的必要应向职工（代表）作出说明。职工代表大会或者全体职工讨论集体合同草案，应当有 2/3 以上职工代表或者职工出席，且须经全体职工代表半数以上或者全体职工半数以上同意，集体合同草案方获通过。

集体合同草案经职工（代表）大会审议通过后，由双方首席协商代表签字。

## 30. 集体合同或专项集体合同向劳动行政部门报送有何要求？

集体合同或专项集体合同签订或变更后，应当自双方首席代表签字之日起 10 日内，由用人单位一方将文本一式三份报送劳动保障行政部门审查。劳动保障行政部门对报送的集体合同或专项集体合同应当办理登记手续。

集体合同或专项集体合同审查实行属地管辖，具体管辖范围由省级劳动保障行政部门规定。中央管辖的企业以及跨省、自治区、直辖市的用人单位的集体合同应当报送劳动保障部或劳动保障部指定的省级劳动保障行政部门。

劳动保障行政部门应当对报送的集体合同或专项集体合同的下列事项进行合法性审查：（1）集体协商双方的主体资格是否符合法律、法规和规章规定；

（2）集体协商程序是否违反法律、法规、规章规定；（3）集体合同或专项集体合同内容是否与国家规定相抵触。

劳动保障行政部门自收到文本之日起 15 日内未提出异议的，集体合同或专项集体合同即行生效。

### 31. 集体合同生效后协商双方还应做哪些工作？

（一）协商双方应当自其生效之日起将已生效的集体合同以适当形式向本方全体人员公布。工会组织可通过公示栏、网络、会议等适当形式向全体职工公布。双方还应对集体合同的履约情况进行监督检查。

（二）集体合同依法订立后，就对协商双方具有法律约束力，必须认真履行兑现。除了劳动关系双方的自我约束外，关键是要有有效的监督。通过经常性的监督检查，有利于及时发现问题。

（三）加强动态管理，双方及时协商沟通，适时调整双方的约定，使劳动关系的调整更加适应企业发展中的客观情况。

### 32. 新冠肺炎疫情防控期间如何创新集体协商方式？

疫情防控期间要采取适当方式，在确保程序规范的前提下因地制宜开展集体协商。要指导企业和职工充分借助现代信息通信技术，通过线上线下相结合的方式进行要约、应约、沟通和协商。协商一致的意见可形成会议纪要或文件，通过电子邮件、内部 OA、微信群组等形式，发送给职工群众听取意见建议，履行民主程序后向全体职工公示。

## 五、专职集体协商指导员队伍建设

### 33. 什么是工会专职集体协商指导员？

专职集体协商指导员，是指由工会组织聘用、领导和管理，专职负责指导、帮助和参与基层工会代表职工与企业方或企业代表组织进行集体协商、签订集体合同或工资等专项集体合同以及从事集体协商相关工作的人员。

### 34. 专职集体协商指导员与兼职集体协商指导员相比有什么不同？

与以往的兼职集体协商指导员相比，专职集体协商指导员最大的特点是其专职化、专业性、独立性，能够更加全面主动地开展集体协商相关工作，推动集体协商工作的质量水平不断提高。

在工作方式上，专职集体协商指导员一般实行集中驻会办公，有更多的时间和精力投入指导或代表企业工会开展集体协商工作，有利于解决县区工会人手不够的问题。

在工作职责上，专职集体协商指导员可以接受委托进行跨企业、跨行业、跨区域指导工作或作为职工代表参与协商过程，有利于解决基层工会干部独立开展协商较难、“不敢谈、不愿谈”的问题。

在聘任条件上，集体协商是一项专业性强、涉及面广的工作，要求职工协商代表必须了解政策、熟悉法律、精通业务、善于协商，有较高的协商能力，专职集体协商指导员需要具备更强的专业知识技能及丰富的实践经验，有利于解决基层工会干部“不会谈、不善谈”的问题。

### 35. 建立集体协商指导员队伍有哪些制度依据？

2000 年原劳动和社会保障部颁布了《工资集体协商试行办法》，其中第三章第十二条规定：“协商双方可书面委托本企业以外的专业人士作为本方协商代表。委托人数不得超过本方代表的 1/3。”

2005 年原劳动和社会保障部、全国总工会、中国企业联合会 / 中国企业家协会联合下发了《关于进一步推进工资集体协商工作的通知》，其中规定：“要积极探索建立工资集体协商专业指导队伍，可聘任掌握法律知识和政策，熟悉企业劳动工资和财务管理，有一定协商谈判能力和技巧的专业人士担任指导员，具体指导或参与企业工资集体协商。”

2008 年全国总工会下发了《中华全国总工会关于建立集体协商指导员队伍的意见》，对集体协商指导员的职责任务、聘用条件、管理制度等提出了系统和明确的要求。

2012 年全国总工会下发了《中华全国总工会关于加强专职集体协商指导员队伍建设的意见》，对专职集体协商指导员的基本要求、主要职责、选聘条件和办法、管理制度等作出了明确规定。

2019 年全国总工会修订了《中华全国总工会关于加强专职集体协商指导员队伍建设的意见》，对新形势下加强专职集体协商指导员队伍建设提出了新要求。

### 36. 工会集体协商专家队伍建设的主要思路是什么?

（1）充分借助社会资源，加强兼职集体协商指导员队伍建设。2008 年，全国总工会下发了《中华全国总工会关于建立集体协商指导员队伍的意见》，提出从社会各界从事劳动关系领域工作的专家、学者、律师、教师、社会工作者、企业管理工作者中聘用集体协商指导员，帮助指导基层进行集体协商，为充分借助社会资源推动集体协商提供了有利条件。实践中各地聘用的兼职集体协商指导员既有社会上的专家学者，也有司法、劳动等行政部门人员、乡镇相关工作人员、企业工会人员等。各地应当用好集体协商指导员这一机制，最广泛地调动社会各方力量为集体协商工作献计出力。

（2）破解集体协商人员少任务重的难题，加强专职集体协商指导员队伍建设。2012 年全国总工会出台《中华全国总工会关于加强专职集体协商指导员队伍建设的意见》，要求县以上地方各级工会聘用专职集体协商指导员，为集体协商工作提供人才支持。各地实践充分证明，专职集体协商指导员有效解决了集体协商工作中人员、人才紧缺的难题，推动了集体协商工作的快速发展。但是目前全国专职集体协商指导员还只有 5000 多人，距离全国专职集体协商指导员达到 1 万人的目标还有很大差距，因此要推动各地加大投入，加快进度，提高质量，积极加强专职集体协商指导员队伍建设。

（3）建立专家指导机构，提升集体协商专业化水平。专家指导机构是近年来各地探索丰富集体协商指导员队伍层次的有益尝试。全国多个省（区、市）建立了集体协商工作指导组、专家组、专家指导团、专家顾问组、指导委员会、律师团、顾问团等多种形式的专家指导机构，广泛吸收业务素质能力强、具有较大社会影响力、经验丰富的优秀人才充实到专家指导机构队伍中来，极大丰富了专家指导委员会队伍的知识结构，有效提高了专家指导委员会的专业性和权威性。下一步要充分发挥专家指导机构“智囊团”的作用，组织专家深入研究制约集体协商质量提升的深层次问题，为提升集体协商质量积极出谋划策。

（4）加大培训力度，全面提升集体协商相关从业人员素质。培训是提高工会干部和协商代表的能力素质，破解“不会谈、不善谈”难题的关键环节和必然举措，全总将加强集体协商业务培训作为一项重点工作纳入“三年行动计划”，并提出每年全国工会集体协商业务培训的具体目标。

### 37.《中华全国总工会关于加强专职集体协商指导员队伍建设的意见》主要解决了什么问题?

《中华全国总工会关于加强专职集体协商指导员队伍建设的意见》围绕专职集体协商指导员队伍建设的重要意义、基本要求、主要职责、选聘条件、选聘办法、管理制度等内容，作出了明确规定和要求。解决了专职集体协商指导员队伍为什么建、怎么建等关键问题。

（1）阐明了建立专职集体协商指导员队伍的重要性和必要性。

（2）对地方工会建立专职集体协商指导员队伍的规模数量、经费来源等提出了具体要求。

（3）从宣传指导、参与培训、参加协商、调查研究、监督检查等方面明确了专职集体协商指导员的职责任务。

（4）从政治素质、专业背景、实践经验、身体条件等方面对专职集体协商指导员的选聘条件作出了规定，规范了选聘原则、选聘程序、聘用期限等内容。

（5）进一步规范了考核激励、定期培训、联系沟通等管理制度。这些规定为各地专职集体协商指导员队伍建设提供了基本遵循，为各地在实践中进一步推进和完善这项工作奠定了基础。

### 38. 2019年全国总工会修订《中华全国总工会关于加强专职集体协商指导员队伍建设的意见》(以下简称《意见》)，此次修改主要有哪些变化?

一是坚持原有目标任务。原《意见》及全总《五年规划》均提出“按照省级总工会2—3人，地市级总工会不少于3人，县级总工会2—3人的标准，分级配齐符合聘任条件的专职集体协商指导员”。新修订的《意见》提出“配备专职集体协商指导员，原则上省级总工会2—3人，地市及县级总工会不少于3人”的目标，力争将队伍规模扩大到1万人左右。同时，鼓励企业比较集中、职工人数较多的乡镇（街道）总工会和开发区（工业园区）工会根据自身工作实际情况，合理配备专职集体协商指导员。

二是放宽选聘办法和聘用条件。原《意见》规定专职集体协商指导员应从党政机关、工会组织、企业退休离岗人员中聘请。为了解决实践中专职指导员队伍建设难选聘难等问题，《意见》将聘用方式拓展为“工会直接选聘人员、开发工会社会工作者岗位、购买社会组织服务”三种，同时，将工会直接选聘人员的范围进行拓宽，包括但不限于离退休人员。

三是加强经费支持。《意见》修订时规定“全国总工会将根据专职集体协商指导员队伍建设情况给予适当补贴”，并要求各省（含省）以下地方总工会要列支专项经费对下级工会进行补助，保障本地专职集体协商指导员队伍的稳定和发展。

四是加强工作保障。在工作保障方面，针对当前专职集体协商指导员存在的工资待遇普遍偏低、工作保障不到位，专职集体协商指导员出差、交通、办公费等待遇未得到有效保障等问题，在修订《意见》时，增加了加强集体协商指导员工作保障的内容，要求各地“建立健全集体协商指导员薪酬或补贴制度”。“合理解决其交通费、伙食费、差旅费、保险费、通信费等”。

五是突出服务基层导向。按照全总工会改革中提出的“补短板、强基层”，激发基层工会活力的内在要求，针对实践中县区以下工会开展集体协商工作时人手严重不足的问题，《意见》修订时突出服务基层的工作导向，提出把专职集体协商指导员队伍建设工作重心下移，指导员主要补充到“各级工会聘用的专职集体协商指导员，原则上应分派到县及县以下行业、乡镇（街道）、开发区（工业园区）工会（工会联合会）开展工作”。

六是注重职业长远发展。放宽专职集体协商指导员选聘条件后，将会有更多专职人员投入这项工作中，成为集体协商工作的专业人才，其中包括不少刚毕业的大学生，对这部分人必须考虑他们长远的职业发展和上升通道。《意见》在修订时增加了注重指导员职业发展的规定，希望探索建立人才培养、职业晋升、职称评定等制度，鼓励他们参加劳动关系协调员等职业资格考试，不断拓展他们的发展空间和职业通道。

### 39. 专职集体协商指导员的主要职责是什么？

根据《中华全国总工会关于加强专职集体协商指导员队伍建设的意见》相关规定，专职集体协商指导员的主要职责有以下几个方面：

（1）宣传指导。面向企业（行业）宣传开展集体协商的意义和作用，提供政策法律咨询；推动企业建立完善集体协商机制，指导和帮助企业工会、行业性（区域性）工会联合会收集整理与集体协商相关的资料、收集职工意见，提出协商要约，拟定协商方案，研究协商策略，确定协商内容，起草集体合同草案等。

（2）参与培训。协助本级工会对负责集体协商工作的工会干部、职工方协商代表等进行业务培训，着力提高工会干部和职工方协商代表开展集体协商的能力和水平。

（3）参加协商。接受上级工会指派或接受企业工会、行业性（区域性）工会联合会委托，作为职工方协商代表直接参加集体协商。对集体协商过程中发生的重大问题，及时向本级工会报告并提出意见建议。

（4）调查研究。调查了解地区、行业、企业人工成本、经营状况以及与集体协商相关的各种数据和信息，为基层工会开展集体协商提供数据支持；及时了解本地区开展集体协商工作的最新动态，发现和总结本地区先进经验和做法；对履行职责过程中面临的新情况、新问题进行调查研究，提出解决的对策建议。

（5）监督检查。按照本级工会的统一部署，参加对本地区集体合同履行情况的定期监督检查，协助本级工会对集体协商工作开展情况进行监督指导。

### 40. 专职集体协商指导员需要具备什么条件?

根据《中华全国总工会关于加强专职集体协商指导员队伍建设的意见》相关规定，专职集体协商指导员应具备以下条件：

（1）认真贯彻习近平新时代中国特色社会主义思想，坚定不移走中国特色社会主义工会发展道路，政治立场坚定，品行端正，作风严谨，办事公道，热心服务职工群众，廉洁自律，具有较强的事业心和责任感。

（2）掌握国家和地方劳动法律法规和相关政策，熟悉企业人力资源管理、财务制度，以及劳动工资、社会保障、劳动安全卫生等相关专业知识。

（3）熟悉集体协商工作，具备一定的集体协商专业知识和实践经验，有较强的组织协调能力、协商谈判能力和研究解决问题的能力。

（4）身体健康，能独立承担参加协商、调查研究、工作指导和培训教学等任务。

选聘专职集体协商指导员应优先选用具有协调劳动关系专业资质及曾在劳动人事和法律援助机构工作的人员，将具有一定专业知识、热心服务职工群众的人才纳入专职集体协商指导员队伍中来。

### 41. 专职集体协商指导员的选聘办法和要求是什么?

根据《中华全国总工会关于加强专职集体协商指导员队伍建设的意见》相关规定，各地应根据本地企业、职工队伍和劳动关系情况，科学合理制定人员选聘办法，有序推进专职集体协商指导员队伍建设。选聘办法主要有三种：

（1）工会直接选聘人员。各地工会可优先从机关事业单位、企业的离岗退休人员中选聘。专职集体协商指导员年龄一般不超过 65 周岁，特殊需要的经上一级工会同意可延聘至 68 周岁。

（2）开发工会社会工作者岗位。对接本地区工会社会工作专业人才队伍体系，采用购买岗位或者设置专业岗位等方式，从本地区工会社会工作人才队伍中配置专门人员担任专职集体协商指导员。

（3）购买社会组织服务。工会大力培育孵化职工服务类社会组织，面向具有专业资质的社会组织购买集体协商工作相关服务，由社会组织承接工会集体协商工作任务或提供相关专业人才。

在专职集体协商指导员的选聘过程中，各地工会组织应按照专职集体协商指导员的职责任务和任用标准，坚持公开、平等、竞争、择优的原则，严把准入门槛，规范选聘程序，建立规范化的选聘工作制度。省（区、市）总工会可以直接从符合条件的人员中择优选聘。各地（市）级及以下地方总工会、开发区（工业园区）工会可从符合条件的各类人员中择优选聘，统一培训、考试合格后颁发聘任证书，登记注册、建立档案，报上级工会备案。各省（区、市）总工会应每年将辖区内聘用的专职集体协商指导员基本情况报全国总工会权益保障部备案。

### 42. 专职集体协商指导员队伍的管理制度有哪些?

根据《中华全国总工会关于加强专职集体协商指导员队伍建设的意见》相关规定和各地实践，专职集体协商指导员队伍的管理制度主要有：

（1）工作保障制度。建立健全专职集体协商指导员薪酬或补贴制度。各级工会应根据当地经济社会发展水平，统筹考虑社会平均工资、其他社会工作者薪酬等因素，合理确定薪酬标准和增长机制。完善专职集体协商指导员工作保障机制，为其开展工作提供必要的办公条件，合理解决其交通费、伙食费、差旅费、保险费、通信费等。

（2）考核激励制度。建立分级考核制度，按照不同的管理权限和工作要求，建立岗位责任制，量化考核指标；定期开展工作业绩评估考核，根据考核情况决定续聘、解聘或调整工作，对工作业绩特别突出的专职集体协商指导员应给予适当奖励。

（3）定期培训制度。制定专职集体协商指导员培训规划，有计划、有重点，分步骤、分层次开展培训，创新培训方法，拓展培训内容，通过集中学习、交流观摩、模拟协商、典型案例分析等多种形式，逐步提升专职集体协商指导员的专业水平。

（4）联系沟通制度。建立工会组织与本级聘用的专职集体协商指导员之间定期联系沟通制度，及时安排部署工作、交流通报情况、研究解决问题，进一步增强专职集体协商指导员队伍的凝聚力、责任感、归属感。

（5）职业发展制度。注重当前需要和长远发展相结合，探索建立专职集体协商指导员职业发展通道，鼓励他们参加相关专业技术考试和职业资格认证，拓展职业发展空间，逐步建立专职集体协商指导员的人才培养制度。

### 43. 专职集体协商指导员如何进一步提升能力素质、充分发挥作用?

（1）增强使命感责任感。随着集体协商制度在国家整体布局和工会工作全局中的地位不断提升，集体协商工作的社会影响不断扩大，广大专职集体协商指导员要增强使命感、责任感，真正认识到做好集体协商工作意义重大，认识到集体协商是预防和化解劳动关系矛盾，构建和谐劳动关系、和谐社会的重要途径；是工会维护职工权益的重要手段；是推进收入分配改革，实现社会公平公正的重要方式。

（2）提升能力素质。集体协商是一项政策性、业务性很强的工作，要想成为一名合格的专职集体协商指导员，需要不断学习，全面了解掌握相关法律法规和政策。同时，集体协商又是一项实践性很强的工作，要不断在实践中应用学到的知识，提高协商谈判能力。

（3）积极深入基层对下指导。专职集体协商指导员的岗位在集体协商工作一线，只有积极深入基层切实加强对下指导才能充分发挥作用。目前，专职集体协商指导员普遍深入一线指导，基本都有指导企业、行业、区域开展集体协商工作的具体经历，在指导基层开展集体协商中做了大量细致的工作。

（4）认真总结行之有效的工作方法。科学的工作方法是推动集体协商工作深化发展取得实效的重要途径。专职集体协商指导员在实践中应不断总结工作经验，在破解企业不愿协商、充分宣传发动职工、提高集体协商有效性、开展行业集体协商、开展业务培训等方面探索出大量行之有效的推进工作的方式方法。

## 六、集体协商质效评估体系

### 44. 为什么要建立集体协商质效评估体系？

20世纪90年代开始，伴随着社会主义市场经济体制的建立完善，我国引入国外集体谈判制度，并根据中国国情加以改进，开始建立实施具有中国特色的集体协商制度。经过近三十年的努力，中国集体协商制度的建制工作初步完成，但由于中国的国情不同于西方，受社会文化氛围、工会组织结构、企业协商意识等因素影响，集体协商过程流于形式、集体合同质量效果不高、职工群众获得感和企业行政认同度不高等问题长期存在，导致了集体协商制度协调劳动关系作用发挥不够充分。

党的十八大以来，党中央、国务院对集体协商工作提出了一系列的新要求。2015年，中共中央、国务院《关于加强社会主义协商民主建设的意见》进一步提出“推进企事业单位的协商，畅通职工表达合理诉求渠道，健全各层级职工沟通协商机制，积极推动由工会代表职工与企业就调整和规范劳动关系等重要决策事项进行集体协商”。同年，中共中央、国务院《关于构建和谐劳动关系的意见》明确将“集体协商和集体合同制度”作为协调劳动关系的三项重要机制之一。同年，中共中央《关于加强和改进党的群团工作的意见》明确提出，群团组织要“善于运用法治思维和法治方式维权，注重通过集体协商、对话协商等方式协调各方利益，引导群众识大体、顾大局，依法理性表达诉求，自觉维护社会和谐稳定。”党的十九大报告进一步提出了“完善政府、工会和企业共同参与的协商协调机制，构建和谐劳动关系”“推进协商民主广泛、多层、制度化发展”的明确要求。党中央、国务院的这些新要求，为工会组织推进基层协商民主建设，做好集体协商工作指明了方向，提供了遵循。

为贯彻落实党中央、国务院对集体协商工作提出的目标任务，2014 年全总在全国初步实现集体协商建制目标的基础上，针对集体协商工作中存在的质量不高、针对性不强、职工满意率偏低等突出问题，下发了《关于提升集体协商质量增强集体合同实效的意见》和《深化集体协商工作规划（2014—2018 年）》，并联合国家协调劳动关系三方下发《关于推进实施集体合同制度攻坚计划的通知》，都强调把提升集体协商质量、增强集体合同实效作为今后一个时期的工作重点，并提出探索实施集体协商质量效果评估工作的要求。2014—2017 年，各级工会积极探索，25 个省（区、市）工会建立了本地区的集体协商质效评估办法，有力地推进了集体协商工作提质增效。2017 年，全总在对工会集体协商工作开展全面调研督查后，确定了以建立集体协商质效评估体系为抓手，以广泛开展集体协商质效评估工作为牵引，深入推进集体协商工作提质增效的工作思路。

### 45. 集体协商质效评估体系是如何建立的?

2017 年，全总委托人力资源和社会保障部劳动科学研究院开展了“集体协商质效评估体系”课题研究。在总结各地工会探索实践的基础上形成研究报告，多次召开座谈会听取省、市和基层工会意见，最终形成了《集体协商质效评估体系研究》课题报告，并由政府部门、企业家组织、地方工会干部和业内专家组成的评审组评审通过。

2018 年，全总选取 10 个省（区、市）、25 个城市中的 126 家企业和 38 个行业开展试点工作。试点地区普遍反映：通过开展集体协商质效评估工作，可以引导企业（行业）建立以满足职工需求和助力企业发展为目标的工作导向，有力推动了集体协商工作质量的提升，切实增强了广大职工和企业行政方对集体协商工作的认可度。同时，各地也就进一步完善评估体系提出了意见建议。

试点工作结束后，全总根据各地反馈意见，对质效评估体系作了进一步的修改完善，增强可操作性，避免因开展质效评估工作增加企业和基层工会负担。2019 年，全总正式下发《深入开展集体协商质效评估工作方案》，就全面开展质效评估工作进行部署安排，并将质效评估体系作为附件一并下发。

### 46. 集体协商质效评估体系包含哪些内容？

全总正式下发的集体协商质效评估体系由 4 个部分组成，即两套分别适用于企业、行业集体协商工作的质效评价标准表和两张分别由职工方、企业行政方填写的测评表，力求全面、客观、真实地呈现企业、行业集体协商工作的质量效果。

企业、行业集体协商工作的质效评价标准表是在坚持依法依规的基础上，吸纳各地近年来在推进集体协商工作中良好实践，分级设立了“基本标准”和“示范标准”两个层次，引导在集体协商过程中，进一步规范代表产生、要约应约、协商会议、审议报送、公示等协商程序，鼓励多种形式和渠道收集企业和职工意愿和诉求，并根据职工多样化的诉求和企业发展需要，不断增强集体协商内容的针对性和实效性，既要回应职工最关心最直接的利益诉求的要求，也要解决企业行政方最关心的劳动问题。

企业职工和行政方问卷调查是希望通过问卷方式，量化企业、行业集体协商所覆盖的职工对集体协商工作的知晓率、参与率、满意率和企业行政对集体协商工作的认可度，然后转换成企业、行业质效评价标准表中综合评价部分相应的分值占比，实现对集体协商工作效果的综合评价。问卷调查的目的是引导企业、行业在开展集体协商的过程中，既要注重程序规范，也要确保取得实效，不断增强职工的获得感和企业行政的满意度。

### 47. 如何开展集体协商质效评估工作？

全总下发《深入开展集体协商质效评估工作方案》的目的，是指导各级工会从贯彻落实党中央、国务院决策部署，切实履行工会基本职责，增强工会组织凝聚力的高度，认识加强集体协商质效评估机制建设的重要意义，切实加强组织领导，结合实际推动质效评估深入开展，深入推进集体协商工作提质增效。

（1）各级工会要按照全总文件要求，坚持服务党政大局、促进企业发展、维护职工权益的工作原则，可根据本地区实际情况和自身工作需要，在全总下发的评估体系标准的基础上加以调整，可对各项评估标准进行进一步的分解细化，可额外增加其他评估标准，可适当调整各项评估标准的分值占比，从而构建适合本地区（行业）和企业实际的集体协商质效评估体系。

（2）各级工会能够多用途、多方式地使用评估体系，可根据工作需要将其转化为集体协商工作业务指引、流程解释、指导手册等形式。要将评估体系作为集体协商业务培训的重点，使各级从事集体协商工作的工会干部和指导员了解评估体系，掌握评估工作流程，从而树立新时代集体协商工作的正确导向，推动质效评估工作广泛、持续、健康发展，切实推进集体协商工作提质增效。

（3）各级工会采取多种形式开展质效评估工作。要引导企业、行业集体协商双方通过开展自我评估，发现问题及不足，进一步改进集体协商工作。可根据工作需要，各级工会单独或联合协调劳动关系三方进行外部评估，并向被评估企业、行业反馈评估结果，指出问题，督促改进。要把专职集体协商指导员作为开展质效评估的重要力量，并鼓励引入第三方调查机构参与评估。可根据评估结果对企业、行业的集体协商工作进行分级评定，并作为推选“劳动关系和谐企业”“模范职工之家”等荣誉称号的重要参考。

（4）各级工会集体协商工作部门牵头，制订周密工作计划，推动集体协商建制企业、行业普遍开展质效评估工作。最后通过三年的努力，切实推进集体协商工作提质增效，力争 2021 年达到 60% 以上建立集体协商制度的企业、行业质效评估得分超过 80 分，从而通过有效开展集体协商，切实提升职工的获得感、幸福感和安全感，增强工会组织对职工的吸引力和凝聚力。

# 第四章

# 关于新冠肺炎疫情期间协调劳动关系相关政策文件解读

## 一、关于企业用工和技能培训

### 1. 企业招不到人怎么办?

疫情防控期间，招聘活动由线下全面转到了线上。有用人需求的企业，可联系当地公共就业和人才服务机构或登录机构网站、微信公众号、手机客户端等渠道，按照提示注册单位基本信息，发布招聘岗位信息。企业也可直接联系人社部门提出需求。

### 2. 政府对于保障重点企业用工有什么政策?

重点企业是指生产应对疫情使用的医用防护服、隔离服、医用及具有防护作用的民用口罩等重要医用物资企业，生产上述物资所需的重要原辅材料生产企业、重要设备制造企业和相关配套企业，生产重要生活必需品的骨干企业，重要医用物资收储企业，为应对疫情提供相关信息通信设备和服务系统的企业以及承担上述物资运输、销售任务的企业。

2020 年，人力资源和社会保障部印发《关于建立 24 小时重点企业用工调度保障机制的通知》（人社部明电〔2020〕3 号），部署各地建立 24 小时重点企业用工调度保障机制。各级人社部门指定专人对接，在国家政务服务平台、中国公共招聘网设立重点企业招聘专区，优先发布用工信息，通过本地挖潜、余缺调剂、组织见习、协调实习生等，满足重点企业阶段性用工需求。对当地难以满足的，在符合疫情防控要求的前提下，协助企业定向跨区域招聘。对具有一定规模的，通过联防联控机制协调交通运输部门制定运送方案，有条件地组织集中运送直达目的地。

### 3. 农民工返岗复工“点对点”服务保障包括哪些内容?

人力资源和社会保障部、公安部、交通运输部、国家卫生健康委、国家铁路集团联合印发《关于做好农民工返岗复工“点对点”服务保障工作的通知》（人社部明电〔2020〕4 号），明确了五个方面具体举措。

一是摸清出行需求。通过多种渠道宣传农民工返岗复工“点对点”服务保障的信息，开通线上线下报名渠道。全面摸排有意愿外出农民工的情况，鼓励已确定工作岗位的农民工积极报名，动员时间段相近、务工目的地相近的农民工集中时间出行，加强信息分类汇总。

二是开展行前服务。根据农民工集中返岗需求，制定专门运输方案。做好农民工防疫健康教育和行前体温检测，利用国家政务服务平台同行密接自查服务等系统加强排查识别，阻断风险人员外出。对于跨省外出农民工，加强出行人数、到达时间和地点、用人单位等信息的对接。

三是组织返岗运输。提前集中登记信息，按照“一车一方案”的原则，开展“点对点”包车直达运输。开行火车专列或安排外出农民工包车厢运输，做好道路客运班线和城市公交等与铁路班次运力的衔接，加强道路通行保障和交通安全管理，打通农民工返岗“最先和最后一公里”。

四是做好抵达地交接。及时对接有关企业组织接收农民工入厂。企业要为返岗复工农民工建立个人健康档案，确保达到防疫要求、体温测量正常后方可上岗。对于行前 14 天内和在途没有相关症状的，要尽快复工。对于出现发热、乏力、咳嗽等不适症状的，应立即进行隔离观察，及时送诊排查。

五是加强上岗防护保障。指导企业落实疫情防控主体责任，完善相应设施设备，提供卫生和隔离观察场所，开展环境卫生整治和重点场所消毒，开展职工健康状况监测，为职工配发口罩等防护用品，确保疫情防控措施落实落地，坚决防止因复工造成聚集感染。

### 4. 企业可否暂时拒绝从重点疫情地区或途经重点疫情地区返回的职工复工？

根据《传染病防治法》第三十九条规定，企业可以暂时拒绝从重点疫情地区或途经重点疫情地区返回的职工复工，要求其在指定场所进行医学隔离观察和采取其他必要的预防措施，职工应依法予以配合。但是在医学隔离观察期满经确诊无风险的，企业应当接受其复工。

### 5. 复工企业对不愿复工的职工应该怎么办？

根据人力资源和社会保障部、全国总工会、中国企业联合会 / 中国企业家协会、全国工商联《关于做好新型冠状病毒感染肺炎疫情防控期间稳定劳动关系支持企业复工复产的意见》（人社部发〔2020〕8 号）有关规定，符合规定的复工企业要提供必要的防疫保护和劳动保护措施，积极动员职工返岗。对不愿复工的职工，企业和企业工会要积极宣讲疫情防控政策要求和企业复工的重要性，劝导其消除顾虑及时返岗；对经劝导无效或以其他非正当理由拒绝返岗的，企业可依据《劳动合同法》等法律法规或者依法制定的企业规章制度予以处理。

### 6. 受疫情影响的企业可否裁员？

根据人力资源和社会保障部办公厅《关于妥善处理新型冠状病毒感染的肺炎疫情防控期间劳动关系问题的通知》（人社厅明电〔2020〕5号）和《关于做好新型冠状病毒感染肺炎疫情防控期间稳定劳动关系支持企业复工复产的意见》有关规定，企业因受疫情影响导致生产经营困难的，可以通过与职工协商一致采取调整薪酬、轮岗轮休、缩短工时等方式稳定工作岗位，尽量不裁员或者少裁员。

### 7. 如果裁员需要履行什么程序？

对采取相应措施后，仍需裁员20人以上或裁员不足20人但占企业职工总数10%以上的，企业要根据《劳动合同法》的规定，提前30日向本企业工会或全体职工说明情况，听取本企业工会或者职工意见后，裁员方案向人力资源和社会保障部门报告，方可实施裁员。但对新冠肺炎患者、疑似病人、密切接触者在其隔离治疗期间或医学观察期间以及因政府实施隔离措施或采取其他紧急措施导致不能提供正常劳动的企业职工，企业不得依据上述规定将其作为裁员对象解除劳动合同。

### 8. 对于受疫情影响导致生产经营困难，但采取相应稳岗措施不裁员或者少裁员的参保企业，有什么政策支持？

符合规定的，可按照人力资源和社会保障部、财政部、国家发展改革委、工业和信息化部《关于失业保险支持企业稳定就业岗位的通知》（人社部发〔2019〕23号）要求，返还其上年度实际缴纳失业保险费的50%；对面临暂时性生产经营困难且恢复有望、坚持不裁员少裁员的参保企业，返还标准可按6个月的当地月人均失业保险金和参保职工人数确定，且政策执行延长至2020年12月31日。

根据国务院办公厅《关于应对新冠肺炎疫情影响强化稳就业举措的实施意

见》（国办发〔2020〕6号）有关规定，要加快实施阶段性、有针对性的减税降费政策。加大失业保险稳岗返还，对不裁员或少裁员的中小微企业，返还标准最高可提至企业及其职工上年度缴纳失业保险费的100%，湖北省可放宽到所有企业；对暂时生产经营困难且恢复有望、坚持不裁员或少裁员的参保企业，适当放宽其稳岗返还政策认定标准，重点向受疫情影响企业倾斜，返还标准可按不超过6个月的当地月人均失业保险金和参保职工人数确定，或按不超过3个月的企业及其职工应缴纳社会保险费确定。

### 9.“共享员工”劳动关系如何界定?

疫情期间不少企业和员工选择了“共享员工”模式，即员工与用人单位的劳动关系保持不变，通过企业间借用员工的合作方式，员工为缺工企业提供临时性劳务输出并获得劳务报酬。根据全国人大宪法法律委、全国人大常委会法工委的研究分析，当前“共享员工”主要有两种：一是原单位将劳动者“出租”给新单位，由新单位将工资等费用支付给原单位，原单位悉数转付给员工，不赚取差价；二是劳动者直接与新单位签订临时劳务协议、领取劳务报酬，但与原单位仍保持劳动关系，由原单位继续为其缴纳社会保险费和公积金。

“共享员工”模式有助于提高人力资源配置效率，稳定就业市场，为劳动力市场增添了新元素，注入了新活力，应鼓励探索特殊时期“共享员工”模式，引导单位规范用工，依法保障劳动者权益；同时，适时修改相关劳动法律制度，为“共享员工”模式发展完善提供制度条件。

### 10.失业保险稳岗返还政策主要内容是什么?

依照人力资源社会保障部、财政部、国家发展改革委、工业和信息化部共同印发的《关于失业保险支持企业稳定就业岗位的通知》（人社部发〔2019〕23号），对参保缴费1年以上、不裁员或少裁员的参保企业，可返还其上年度实际缴纳失业保险费的50%。2019年1月1日至2020年12月31日，对面临暂时性生产经营困难且恢复有望、坚持不裁员少裁员的参保企业，返还标准可按6个月的当地月人均失业保险金和参保职工人数确定，或按6个月的企业及其职工应缴纳社会保险费50%的标准确定。同一企业同一年度只能享受一次返还。

11. 针对疫情防控工作需要，国家对企业享受失业保险稳岗返还政策有什么新规定？

人力资源和社会保障部办公厅、财政部办公厅联合下发《关于进一步落实失业保险稳岗返还政策支持疫情防控工作的通知》（人社厅发〔2020〕12号），扩大中小微企业稳岗返还政策受益面。疫情防控期间，对中小微企业降低了政策门槛，放宽了申领条件，规定裁员率不高于上年度全国城镇调查失业率控制目标，即5.5%；30人以下的企业不超过参保职工总数的20%，可以申请稳岗返还。同时，允许湖北等受疫情影响较大的重点地区，可根据实际将所有受疫情影响的企业裁员率标准确定为上年度城镇调查失业率控制目标。精准实施困难企业稳岗返还政策，支持符合产业发展方向、吸纳就业人数较多的企业；允许湖北等重点地区在确保各项失业保险待遇按时足额发放的基础上，根据基金结余情况，参照困难企业稳岗返还标准，对由于保障供应而造成损失的企业给予倾斜支持。2020年3月20日国务院办公厅印发《关于应对新冠肺炎疫情影响强化稳就业举措的实施意见》（国办发〔2020〕6号），加大失业保险稳岗返还，对不裁员或少裁员的中小微企业，返还标准最高可提至企业及其职工上年度缴纳失业保险费的100%，湖北省可放宽到所有企业；对暂时生产经营困难且恢复有望、坚持不裁员或少裁员的参保企业，适当放宽其稳岗返还政策认定标准，重点向受疫情影响企业倾斜，返还标准可按不超过6个月的当地月人均失业保险金和参保职工人数确定，或按不超过3个月的企业及其职工应缴纳社会保险费确定。

12. 国家对中小微企业和个体工商户的纾困政策有哪些？

2020年3月17日召开的国务院常务会议，要求各项助企纾困政策落实要简化手续，政府涉企事项尽可能网上办理，尽快让企业特别是小微企业和个体工商户普遍受益。扩大创业担保贷款对象范围，对优质项目免除反担保要求，缓解小微企业和个体工商户融资难的问题。抓紧出台公有用房对中小微企业租金减免的指导标准。鼓励地方对让利小微企业和个体工商户的私有用房业主、平台企业给予补贴。国有供电供水企业对疫情期间欠电费、水费的中小微企业不断供、不收取滞纳金。2020年3月20日国务院办公厅印发《关于应对新冠肺炎疫情影响强化稳就业举措的实施意见》（国办发〔2020〕6号），加大减负稳岗力度，加快实施阶段性、有针对性的减税降费政策。加大失业保险稳岗返还，对不裁员或少裁员的中小微企业，返还标准最高可提至企业及其职工上年度缴纳失业保险费的100%，湖北省可放宽到所有企业；对暂时生产经营困难且恢复有望、坚持不裁员或少裁员的参保企业，适当放宽其稳岗返还政策认定标准，重点向受疫情影响企业倾斜，返还标准可按不超过6个月的当地月人均失业保险金和参保职工人数确定，或按不超过3个月的企业及其职工应缴纳社会保险费确定。对中小微企业招用毕业年度高校毕业生并签订1年以上劳动合同的，给予一次性吸纳就业补贴。

### 13. 企业开复工，要做好哪些疫情防控措施？

2020年2月21日人力资源和社会保障部微信公众号针对企业复工复产中普遍关心的有关问题，组织有关方面进行了解答。其中提出，企业要按照当地政府要求，根据生产经营特点，结合新冠肺炎疫情防控情况，认真做好复工复产前以及生产过程中防护、疫情应对、个体防护等疫情防控措施。生产过程中加强工作场所通风换气，提供口罩等防护用品以及洗手等设施，做好工作场所、宿舍、食堂等区域清洁与消毒，尽量避免或减少员工聚餐和集体活动。

### 14. 受疫情影响的企业，组织职工参加线上职业技能培训的，是否可以领取补贴？

2020年3月20日国务院办公厅印发《关于应对新冠肺炎疫情影响强化稳就业举措的实施意见》，鼓励大规模开展职业技能培训。受疫情影响的企业在确保防疫安全情况下，在停工期、恢复期组织职工参加线下或线上职业培训的，可按规定纳入补贴类培训范围。

### 15. 人力资源社会保障部“百日千万网络招聘专项行动”具体内容和形式是什么？

“百日千万网络招聘专项行动”是人力资源社会保障部会同有关方面联合举办的主题为“职等你来就业同行”的大型就业专项行动。行动为期百日，通过搭建全国统一、多方联动的网络招聘平台，集中开展线上招聘活动，提供超过千万个就业岗位，是近年来规模最大、覆盖范围最广的网络招聘活动。本次活动岗位资源丰富。主招聘会场将组织专场招聘 160 余场，31 个省份还将设立分招聘会场。行动设立了群体招聘专区、重点区域专区和特色行业专区。常设高校毕业生、农民工、城镇失业人员、贫困劳动力，以及京津冀、长三角和湖北等招聘专场。每周滚动推出行业招聘专场。此外，同步推出职业指导“云课堂”、线上职业技能培训课程、在线政策宣传等服务。此次行动主招聘会场设在中国公共招聘网、中国国家人才网，并开设就业导引地图，链接各省份招聘分会场和相关社会参与方。2020 年 3 月 20 日专项行动启动以后，第一周已有 102 万家用人单位提供 804 万个就业岗位。本次专项行动将持续到 7 月底。

### 16. 国家在职工技能培训方面出台了哪些政策?

国家发展改革委、人力资源社会保障部、工业和信息化部、全国总工会联合印发的《关于应对新型冠状病毒感染肺炎疫情 支持鼓励劳动者参与线上职业技能培训的通知》(发改办就业〔2020〕100 号)，提出要免费开放线上职业技能培训资源，依托“工业和信息化技术技能人才网上学习平台”(www.tech-skills.org.cn)、“技能强国—全国产业工人技能学习平台”(skills.kjcxchina.com)、“学习强国”技能频道、“中国职业培训在线”(px.class.com.cn)、“中国国家人事人才培训网”(www.chinanet.gov.cn)等线上职业技能培训平台，对劳动者实行重点课程免费开放。针对线上职业技能培训优化用户界面、完善课程内容、增强师资力量。完善线上职业技能培训配套服务，做好风采展示、资费优惠、就业需求信息对接、培训后评估等配套工作。加大线上职业技能培训扶持力度，加强线上线下融合，支持参加线上职业技能培训的劳动者优先在公共实训基地参加技能实训，鼓励平台间共享培训资源。

人力资源社会保障部、财政部联合下发《关于实施职业技能提升行动“互联网 + 职业技能培训计划”的通知》(人社部发〔2020〕10 号)，提出针对新型冠状病毒感染肺炎疫情防控工作要求，立足经济社会发展和就业创业需要，实施“互联网 + 职业技能培训计划”，大力推进职业技能提升行动。2020 年，实现“511”线上培训目标：征集遴选 50 家以上面向全国的优质线上职业技能培训平台，推出覆盖 100 个以上职业(工种)的数字培训资源，全年开展 100 万人次以上的线上职业技能培训；到 2021 年，健全“互联网 + 职业技能培训”管理服务工作模式，构建线上培训资源充足、线上线下融合衔接、政策支持保障有力、监管有序到位的工作格局，进一步扩大线上培训规模，提高线上培训质量。

此外，人力资源社会保障部制定《百日免费线上技能培训行动方案》，在全国组织实施百日免费线上技能培训行动。该行动是人力资源社会保障部牵头组织，各地人力资源社会保障部门具体实施的一次专项行动。目标是在 2020 年 3 月下旬至 6 月底，集中实施线上培训行动，大规模开展免费线上职业技能培训。实现“百日 515”目标：遴选 50 家以上线上技能培训平台，推出覆盖 100 个以上职业（工种）的数字培训资源，实现线上培训实名注册 500 万人次以上。培训对象包括企业返岗、待岗职工，农村转移就业劳动者、失业人员、高校毕业生、“两后生”、贫困劳动力等城乡各类劳动者。

### 17. 关于湖北籍劳动者就业受歧视问题，国家立法机关的意见是什么？

全国人大常委会法工委社会法室负责人表示，在疫情防控战中，湖北人民特别是武汉人民不畏艰险、顽强不屈，自觉服从疫情防控大局，主动投身疫情防控斗争，付出极大努力。随着疫情防控形势持续好转，各地企事业单位陆续复工复产，广大劳动者逐步返岗工作。当前在复工复产过程中，出现了个别单位拒绝招录、无故辞退湖北籍劳动者的现象。不分情况的地域恐避和歧视，损害了劳动者公平就业的权利，既不符合党中央精神，也不合法，更不利于巩固疫情防控成果和促进经济社会发展。

该负责人还表示，劳动权是宪法赋予公民的一项基本权利。我国劳动法律从不同角度，对保障劳动者公平就业、禁止就业歧视作了明确规定，主要包括以下几个方面：一是《就业促进法》规定，国家把扩大就业放在经济社会发展的突出位置，各级人民政府应当创造公平就业环境，多渠道扩大就业。二是根据《劳动法》《就业促进法》，国家保障劳动者公平就业，反对任何形式的就业歧视。用人单位以劳动者地域不同为由解除劳动合同，也违反劳动合同法相关规定，应承担相应法律责任。三是各级人力资源社会保障部门依法对用人单位执行劳动法律、法规的情况进行监督检查，对违法行为予以制止，并责令改正。

该负责人认为，在复工复产过程中，很多地方发扬一方有难、八方支援的精神，积极帮助湖北籍劳动者返岗就业，这些做法值得肯定。针对个别用人单位拒绝招录、无故辞退湖北籍劳动者的现象，各地方要及时采取有效应对措施。按照党中央要求，畅通劳动者就业渠道，切实消除劳动者返岗就业中存在的工作机制障碍，创造良好的公平就业环境。严格执行劳动法律法规，针对拒绝招录疫情严重地区劳动者、以来自疫情严重地区为由解除劳动关系等行为，要依法查处和纠正。同时，要加大法律宣传力度，引导用人单位依法招工用工，切实维护劳动者公平就业的权利。

### 18. 国家在劳动者就业、技术技能评价等方面有哪些激励举措？

中共中央、国务院印发的《关于构建更加完善的要素市场化配置体制机制的意见》（以下简称《意见》）指出，要畅通劳动力和人才社会性流动渠道。健全统一规范的人力资源市场体系，加快建立协调衔接的劳动力、人才流动政策体系和交流合作机制。营造公平就业环境，依法纠正身份、性别等就业歧视现象，保障城乡劳动者享有平等就业权利。进一步畅通企业、社会组织人员进入党政机关、国有企事业单位渠道。优化国有企事业单位面向社会选人用人机制，深入推行国有企业分级分类公开招聘。加强就业援助，实施优先扶持和重点帮助。完善人事档案管理服务，加快提升人事档案信息化水平。

《意见》指出，要完善技术技能评价制度。创新评价标准，以职业能力为核心制定职业标准，进一步打破户籍、地域、身份、档案、人事关系等制约，畅通非公有制经济组织、社会组织、自由职业专业技术人员职称申报渠道。加快建立劳动者终身职业技能培训制度。推进社会化职称评审。完善技术工人评价选拔制度。探索实现职业技能等级证书和学历证书互通衔接。加强公共卫生队伍建设，健全执业人员培养、准入、使用、待遇保障、考核评价和激励机制。

《意见》提出，健全生产要素由市场评价贡献、按贡献决定报酬的机制。着重保护劳动所得，增加劳动者特别是一线劳动者劳动报酬，提高劳动报酬在初次分配中的比重。全面贯彻落实以增加知识价值为导向的收入分配政策，充分尊重科研、技术、管理人才，充分体现技术、知识、管理、数据等要素的价值。

《意见》提出，将深化户籍制度改革。推动超大、特大城市调整完善积分落户政策，探索推动在长三角、珠三角等城市群率先实现户籍准入年限同城化累计互认。放开放宽除个别超大城市外的城市落户限制，试行以经常居住地登记户口制度。建立城镇教育、就业创业、医疗卫生等基本公共服务与常住人口挂钩机制，推动公共资源按常住人口规模配置。

## 二、关于劳动合同

### 19. 对新冠肺炎患者、疑似病人、密切接触者在其隔离治疗期间或医学观察期间，以及因政府实施隔离措施或采取其他紧急措施导致不能提供正常劳动的企业职工，企业是否能单方解除劳动合同?

依照《关于妥善处理新型冠状病毒感染的肺炎疫情防控期间劳动关系问题的通知》，对新型冠状病毒感染的肺炎患者、疑似病人、密切接触者在其隔离治疗期间或医学观察期间，以及因政府实施隔离措施或采取其他紧急措施导致不能提供正常劳动的企业职工，企业不得依据《劳动合同法》第四十条、第四十一条与职工解除劳动合同。

需要指出的是，若职工编造与突发传染病疫情有关的恐怖信息，可能构成编造、故意传播虚假恐怖信息罪；或故意传播“新型肺炎”等传染病病原体，拒绝接受检疫、强制隔离或治疗等，可能构成以危险方法危害公共安全罪。职工因犯罪而被追究刑事责任的，用人单位有权依据《劳动合同法》第三十九条规定立即解除劳动合同。因此，职工被隔离期间，并非完全不能解除劳动合同。

### 20. 在职工隔离治疗期间或医学观察、政府实施隔离措施或采取其他紧急措施期间劳动合同到期的，企业是否可以终止劳动合同?

依照《关于妥善处理新型冠状病毒感染的肺炎疫情防控期间劳动关系问题的通知》，在职工隔离治疗期间或医学观察、政府实施隔离措施或采取其他紧急措施期间劳动合同到期的，分别顺延至职工医疗期期满、医学观察期期满、隔离期期满或者政府采取的紧急措施结束。

### 21. 如果职工因疫情未能及时复工，企业应如何处理?

对于因疫情未及时复工的职工，经与职工协商一致，企业可以优先考虑安排职工带薪年休假。按照《职工带薪年休假条例》规定，职工累计工作已满 1 年不满 10 年的，年休假 5 天；已满 10 年不满 20 年的，年休假 10 天；已满 20 年的，年休假 15 天。职工在带薪年休假期间享受与正常工作期间相同的工资收入。同时，企业应尽量为职工“在家上班”提供条件，当阻碍复工的因素消除后，应及时通知职工返岗。因疫情未能及时复工不应认定为旷工行为，企业也不应以旷工构成严重违反规章制度为由解除劳动合同。

### 22. 新建立的劳动关系在疫情防控期内如何处理?

如果求职者与企业仅在疫情防控期前达成了录用意向，但未实际用工，根据《劳动合同法》第七条的规定，双方还没有真正建立劳动关系。在这种情况下，企业可以暂缓录用，不必负担工资支付义务。企业如果决定不再录用，应当及时告知求职者。

如果劳动者在疫情防控期前已经入职开始工作，则不论双方是否签订了书面劳动合同，用人单位都应当依法承担在疫情防控期内的用人单位责任。劳动者尚处于试用期的，可以按照试用期中止处理。

### 23. 因疫情防控影响不能及时签订或者续签劳动合同，用人单位是否需要支付双倍工资?

《劳动合同法》第八十二条有关未签订书面劳动合同需支付双倍工资的规定，旨在惩罚用人单位应当签订而故意不签劳动合同的违法行为。用人单位如果确因疫情防控影响，客观上无法与劳动者协商签订或者续签劳动合同，没有不签订劳动合同的主观故意，则不符合承担该赔偿责任的条件。有条件的用人单位，可以签订电子化的劳动合同，或者以电子化方式先行协商合同条款，待复工后补签书面劳动合同。劳动者经用人单位通知后不愿签订或者续订劳动合同，又不提出辞职的，用人单位可以依照《劳动合同法实施条例》第五条、第六条的规定终止劳动关系。

### 24. 用人单位可以拒绝录用曾经患有新冠肺炎但已被治愈的劳动者吗?

不可以。《就业促进法》第三十条规定：“用人单位招用人员，不得以是传染病病原携带者为由拒绝录用。”第六十二条规定：“违反本法规定，实施就业歧视的，劳动者可以向人民法院提起诉讼。”《传染病防治法》第十六条规定：“任何单位和个人不得歧视传染病病人、病原携带者和疑似传染病病人。”因此，感染新冠肺炎治愈的，用人单位不得以其曾患此病为由拒绝录用，也不能对其实施任何就业歧视行为。

### 25. 各地政府就复工时间及要求规定不一致，涉及多地用工的用人单位，复工时间和要求该以哪个规定为准?

原则上以劳动合同履行地的规定为准。《劳动合同法实施条例》第十四条规定："劳动合同履行地与用人单位注册地不一致的，有关劳动者的最低工资标准、劳动保护、劳动条件、职业危害防护和本地区上年度职工月平均工资标准等事项，按照劳动合同履行地的有关规定执行；用人单位注册地的有关标准高于劳动合同履行地的有关标准，且用人单位与劳动者约定按照用人单位注册地的有关规定执行的，从其约定。"一般情况下，用人单位应当按照劳动合同履行地的政策要求安排复工。

### 26. 职工在2020年春节前已提出离职申请，现因疫情防控延长假期导致离职手续无法办理的，离职是否有效?

应为有效。《劳动合同法》第三十七条规定："劳动者提前三十日以书面形式通知用人单位，可以解除劳动合同。"职工提出解除劳动合同的通知到达用人单位即可产生效力。因此，在职工提出离职申请符合其真实意愿的情况下，因疫情防控延长假期导致离职手续无法办理，不影响其已提出离职的法律效力。

### 27. 在疫情防控期间企业和职工是否可以采用电子形式订立书面劳动合同?

根据人力资源社会保障部办公厅《关于订立电子劳动合同有关问题的函》（人社厅函〔2020〕33号），用人单位与劳动者协商一致，可以采用电子形式订立书面劳动合同。采用电子形式订立劳动合同，应当使用符合电子签名法等法律法规规定的可视为书面形式的数据电文和可靠的电子签名。用人单位应保证电子劳动合同的生成、传递、储存等满足电子签名法等法律法规规定的要求，确保其完整、准确、不被篡改。符合《劳动合同法》规定和上述要求的电子劳动合同一经订立即具有法律效力，用人单位与劳动者应当按照电子劳动合同的约定，全面履行各自的义务。

## 28. 疫情期间公司因生产经营困难裁员或者倒闭，对员工应如何补偿？

裁员就是解除用人单位和劳动者之间的劳动合同关系。根据《劳动合同法》，企业遇到生产经营发生严重困难的或者被法院依照《企业破产法》规定进行重整的，可以裁员。关于“生产经营发生严重困难”，国家有关法律法规均没有作出明确规定。根据现行有效的原劳动部办公厅印发的《关于〈劳动法〉若干条文的说明》（劳办发〔1994〕289 号）第 27 条，“生产经营状况发生严重困难”可以根据地方政府规定的困难企业标准来界定。因此，“生产经营发生严重困难”的认定，需要结合各地政府关于企业经济性裁减人员的规定进行。企业的经营是否发生严重困难，并不以企业主观判断为准，其认定以企业财务资料为主要依据，一般应符合以下条件：1. 企业经营发生严重困难并已出现亏损，长期停产或半停产；2. 确因企业困难已经连续多月降低或欠发职工工资（一般为 6 个月）；3. 采取停止招工、停止加班加点等补救性措施且生产经营状况无明显好转等。即使企业符合生产经营严重困难标准，裁员过程也必须符合《劳动合同法》规定的法定程序。

由疫情导致生产经营困难而出现企业裁员或者企业被依法宣告破产，应由企业对被解除劳动合同的劳动者进行补偿。根据《劳动合同法》第四十七条，经济补偿按劳动者在本单位工作的年限，每满一年支付一个月工资的标准向劳动者支付。六个月以上不满一年的，按一年计算；不满六个月的，向劳动者支付半个月工资的经济补偿。劳动者月工资高于用人单位所在直辖市、社区的市级人民政府公布的本地区上年度职工月平均工资三倍的，向其支付经济补偿的标准按职工月平均工资三倍的数额支付，向其支付经济补偿的年限最高不超过十二年。前述所称月工资是指劳动者在劳动合同解除或者终止前十二个月的平均工资。

## 29. 对不愿复工的职工，企业依法解除劳动合同要付经济补偿金吗？

人力资源社会保障部、全国总工会、中国企业联合会 / 中国企业家协会、全国工商联《关于做好新型冠状病毒感染肺炎疫情防控期间稳定劳动关系支持企业复工复产的意见》要求，对不愿复工的职工，要指导企业工会及时宣讲疫情防控政策要求和企业复工的重要性，主动劝导职工及时返岗。对经劝导无效或以其他非正当理由拒绝返岗的，指导企业依法予以处理。在这种情况下，按照《劳动合同法》，企业依法解除劳动合同，是可以不用支付经济补偿金的。解除劳动合同的程序要合法合规，企业应当有充分证据证明已通知职工复工复产，而职工不愿意来公司上班，如企业与员工沟通的电话录音，即时聊天软件记录，向职工用 EMS 形式寄送的催告函等。同时需要明确，职工自己不愿意复工复产，并非由于政府的疫情管控措施而不能上班，否则企业可能承担经济补偿金甚至赔偿金。

## 三、关于休息休假

### 30. 春节延长假期是什么性质?

国务院办公厅《关于延长 2020 年春节假期的通知》（国办发明电〔2020〕1 号）要求，因疫情防控不能休假的职工，应根据《中华人民共和国劳动法》规定安排补休，未休假期的工资报酬应按照有关政策保障落实。根据此前发布的《国务院办公厅关于 2020 年部分节假日安排的通知》（国办发明电〔2019〕16 号），1 月 24 日至 30 日放假调休，共 7 天。1 月 19 日（星期日）、2 月 1 日（星期六）上班。本次春节假期延长的 3 天中，1 月 31 日和 2 月 1 日两天不属于国家法定节假日，按照原安排应当上班，2 月 2 日（星期日）为休息日。本次延长假期的法律依据为《突发事件应对法》第八条的规定，属为应对疫情采取的防控措施，是国家基于疫情临时安排的特殊假期，用人单位应当遵守。延长的假期性质应为休息日。根据《劳动法》第四十四条的规定，休息日安排劳动者工作又不能安排补休的相关规定，在此期间安排劳动者上班的，应当支付加班工资。

### 31. 非因疫情防控需要，企业要求职工在春节延长假期期间到办公经营场所工作，有什么法律责任?

国务院作出延长假期规定，是为加强新型冠状病毒肺炎疫情防控工作，有效减少人员聚集，阻断疫情传播，更好保障人民群众生命安全和身体健康。如果企业不遵守延期规定，强制职工提前复工，导致疫情传播或职工感染的，根据《传染病防治法》第七十七条规定：“单位和个人违反本法规定，导致传染病传播、流行，给他人人身、财产造成损害的，应当依法承担民事责任。”除民事责任外，还可能承担行政处罚责任，造成严重后果的，还可能承担刑事责任。

32. 劳动者年休假与2020年春节延长假期期间重叠的，是否顺延？

此次春节延长假期是国务院因疫情防控特殊情形而临时增加的对全体公民的特殊假期，属于休息日，按照《职工带薪年休假条例》第三条规定，“国家法定休假日、休息日不计入年休假的假期”。因此，劳动者年休假与延长假期重叠部分，应当相应顺延。

33. 婚丧假与延长假期期间重叠的，是否顺延？

是否顺延以用人单位的规章制度为准。婚丧假期间遇到法定休假日或者双休日是否必须顺延，我国没有明确的法律、法规规定，是否顺延应视用人单位的合法制定的规章制度规定执行。

34. 探亲假与延长假期期间重叠的，是否顺延？

探亲假与延长假期期间重叠的，不应顺延。《国务院关于职工探亲待遇的规定》（国发〔1981〕36号）第三条：“探亲假期是指职工与配偶、父、母团聚的时间，另外，根据实际需要给予路程假。上述假期均包括公休假日和法定节日在内。”因此，探亲假与延长3天假期期间重叠的，不再顺延。

## 四、关于工作时间

35. 承担疫情防控保障紧急任务的企业，是否可以适当延长工作时间？

根据《关于做好新型冠状病毒感染肺炎疫情防控期间稳定劳动关系支持企业复工复产的意见》有关规定，对承担政府疫情防控保障任务需要紧急加班的企业，在保障职工身体健康和劳动安全的前提下，经与工会和职工协商，可适当延长工作时间来应对紧急生产任务，不受《劳动法》关于“延长工作时间每日不得超过三小时，但是每月不得超过三十六小时”的限制。

36. 用人单位因疫情防控需要安排职工加班的，职工是否有权拒绝？

职工不可以拒绝。《劳动法》第四十二条规定，有下列情形之一的，用人单位延长工作时间不受本法第四十一条规定的限制:(一)发生自然灾害、事故或者因其他原因，威胁劳动者生命健康和财产安全，需要紧急处理的;(二)生产设备、交通运输线路、公共设施发生故障，影响生产和公众利益，必须及时抢修的;(三)法律、行政法规规定的其他情形。此次新型冠状病毒肺炎疫情，严重威胁人民的生命健康和财产安全，属于法律规定的特殊情况，若因为抗击疫情需要，用人单位安排职工加班，可突破加班时长的限制，职工应当服从。

37. 受疫情影响的企业可否申请特殊工时?

根据《关于妥善处理新型冠状病毒感染的肺炎疫情防控期间劳动关系问题的通知》有关规定，用人单位因受疫情影响导致生产经营困难的，可以通过与职工协商一致采取调整薪酬、轮岗轮休、缩短工时等方式稳定工作岗位。受疫情影响的用人单位，可以申请特殊工时，也可以采用灵活工时(如缩短工时、弹性上下班等)，确保正常运营。

企业实行特殊工时的批复时效在疫情防控期间到期的，原批复有效期可顺延至疫情防控措施结束。企业应当在当地疫情防控结束后 10 个工作日内提交有关办理申请。

## 五、关于劳动报酬

38. 春节假期延长期间(1 月 31 日至 2 月 2 日)，企业未安排职工工作，是否可在支付当月工资时扣减相应工资?

由于国家统一延长春节假期，如无其他缺勤，2020 年 1 月和 2 月工资应正常发放，不得作相应的扣减。对于月中入职或离职的员工，应按照劳动关系存续期间实际出勤日(含法定节假日、1 月 31 日、2 月 1 日)结算。

39. 当地政府发布的延迟复工期间，企业没有安排职工工作是否要支付工资待遇?

根据《关于妥善处理新型冠状病毒感染的肺炎疫情防控期间劳动关系问题的通知》，受政府发布的延迟复工命令限制，企业在延迟复工期间(2020 年 2 月 3 日到复工前一天)的工资支付，参照国家关于停工、停产期间工资支付相关规定，即企业在一个工资支付周期内的，按照劳动合同规定的标准支付劳动者工资。超过一个工资支付周期的，企业应发放生活费。

### 40. 不受延迟复工限制的企业安排职工工作的，职工工资待遇如何确定？

企业应当依法按照劳动合同的标准支付劳动者工资。其中，企业在休息日安排劳动者工作又不能安排补休的，按照不低于劳动者本人日或小时工资的200% 支付工资报酬。

### 41. 在政府采取紧急措施延迟复工期间居家办公、年休假的职工，企业应如何支付工资？

因各省区市对延迟复工具体时间的要求不尽一致，或早或晚，也有不延迟的省区市，所以工资的具体发放标准也是不一样的。延长假期或延迟复工期间已申请的年休假，因为春节延长假期属于特殊法定假期，所以企业应该允许员工撤回已经申请的年休假。虽然各地的延迟复工时间不一样，但是如果当地有明确延期复工的通知，员工也可以向企业撤回此前申请的该期间的年休假。如果地方没有明确延迟复工通知，员工已申请的年假正常行使。企业可以优先考虑安排不能按期返岗的职工的年休假，职工在年休假期间享受与正常工作期间相同的工资收入。

### 42. 因疫情导致企业停工停产的，职工的工资待遇如何确定？

《关于妥善处理新型冠状病毒感染的肺炎疫情防控期间劳动关系问题的通知》中明确：企业停工停产在一个工资支付周期内的，企业应按劳动合同规定的标准支付职工工资。超过一个工资支付周期的，若职工提供了正常劳动，企业支付给职工的工资不得低于当地最低工资标准。职工没有提供正常劳动的，企业应当发放生活费，生活费标准按各省、自治区、直辖市规定的办法执行。

部分地区生活费标准：

不低于当地的最低工资标准：上海、天津、海南；

不低于最低工资标准的 80%：甘肃、内蒙古、山西、广东、广西、江苏、浙江、河南、河北；

不低于最低工资标准的 75%：陕西；

不低于最低工资标准的70%：北京、安徽、山东、四川、青海、重庆、吉林、新疆；

不低于当地失业保险标准支付：湖南；

按照当地已有的停工期间生活费标准执行：江西、辽宁、福建。

### 43. 受疫情影响生产经营困难的，企业可否与职工协商调整薪酬？

《关于妥善处理新型冠状病毒感染的肺炎疫情防控期间劳动关系问题的通知》中明确：企业因受疫情影响导致生产经营困难的，可以通过与职工协商一致采取调整薪酬、轮岗轮休、缩短工时等方式稳定工作岗位，尽量不裁员或者少裁员。符合条件的企业，可按规定享受稳岗补贴。

### 44. 新冠肺炎患者、疑似病人、密切接触者被采取隔离措施期间及隔离措施结束后工资待遇如何确定？

《传染病防治法》第四十一条规定：被隔离人员有工作单位的，所在单位不得停止支付其隔离期间的工作报酬。对新冠肺炎患者、疑似病人、密切接触者因被采取隔离治疗、隔离观察等隔离措施导致不能提供正常劳动的，企业应当视同提供正常劳动并支付职工正常工作时间工资。隔离期结束后，对仍需停止工作进行治疗的患者，企业按照职工患病的医疗期有关规定支付其病假工资。

### 45. 企业因疫情防控需要安排职工加班的，加班工资如何计算？

职工因疫情防控需要加班的，企业应当依法支付加班工资。根据《劳动法》第四十四条规定，有下列情形之一的，企业应当按照下列标准支付高于职工正常工作时间工资的工资报酬：（1）安排职工延长工作时间的，支付不低于工资的150%的工资报酬；（2）休息日安排职工工作又不能安排补休的，支付不低于工资的200%的工资报酬；（3）法定休假日安排职工工作的，支付不低于工资的300%的工资报酬。

## 六、关于工伤与医疗期

### 46. 医护人员因工作原因感染新型冠状病毒肺炎是否属于工伤?

应属于工伤。根据《工伤保险条例》的规定，其符合工伤的认定条件，即“在工作时间和工作场所内，因工作原因”受到伤害。同时，根据人力资源社会保障部、财政部、国家卫生健康委《关于因履行工作职责感染新型冠状病毒肺炎的医护及相关工作人员有关保障问题的通知》(人社部函〔2020〕11 号)，在新型冠状病毒肺炎预防和救治工作中，医护及相关工作人员因履行工作职责，感染新型冠状病毒肺炎或因感染新型冠状病毒肺炎死亡的，应认定为工伤，依法享受工伤保险待遇。

### 47. 职工在抗击疫情过程中感染新冠肺炎或发生意外事故，是否属于工伤?

职工在抗击疫情过程中感染新冠肺炎或发生其他意外事故，应当视同工伤。根据《工伤保险条例》第十五条第一款第（二）项规定，职工在抢险救灾等维护国家利益、公共利益活动中受到伤害的，视同工伤，按照《工伤保险条例》的有关规定享受工伤保险待遇。

### 48. 劳动者被确诊患新冠肺炎，用人单位是否需要支付医疗费用?

具体根据缴纳社保情况确认，如用人单位已经依法为劳动者缴纳基本医疗保险的，用人单位无须支付医疗费用。未依法参保的应当由用人单位按法定标准支付。国家医疗保障局、财政部《关于做好新型冠状病毒感染的肺炎疫情医疗保障的通知》要求，各地医保及财政部门要确保确诊新型冠状病毒感染肺炎患者不因费用问题影响就医，确保收治医院不因支付政策影响救治。一是对于患者发生的医疗费用，在基本医保、大病保险、医疗救助等按规定支付后，个人负担部分由财政给予补助。二是对于其中的异地就医患者，先救治后备案，报销不执行异地转外就医支付比例调减规定。三是患者使用的符合卫生健康部门制定的新型冠状病毒感染肺炎诊疗方案的药品和医疗服务项目，可临时性纳入医保基金支付范围。

### 49. 企业职工因患新冠肺炎停止工作治疗休息的，能否享有医疗期和病假工资？

根据相关法律法规规定，企业职工因患病停止工作治疗休息的，应当享有医疗期。职工医疗期中，企业应当支付病假工资，病假工资不能低于最低工资标准的80%。原劳动保障部印发的《企业职工患病或非因工负伤医疗期规定》（劳部发〔1994〕479号）第三条规定，企业职工因患病或非因工负伤，需要停止工作医疗时，根据本人实际参加工作年限和在本单位工作年限，给予3个月到24个月的医疗期。

### 50. 职工上下班途中感染新冠肺炎，可否认定为工伤？

上下班途中感染新冠肺炎的，因《工伤保险条例》第十四条第（六）项规定，在上下班途中，仅有受到非本人主要责任的道路交通事故所致的伤害，才属于工伤。若职工在上下班途中感染该肺炎，不属于因上述原因受到的伤害，不能认定为工伤。

## 七、关于社会保险和公积金

### 51. 为抗击疫情，国家对企业社会保险费缴纳出台了哪些政策？

为应对新冠肺炎疫情，人社部、财政部、税务总局印发《关于阶段性减免企业社会保险费的通知》（人社部发〔2020〕11号），明确免、减、缓三项措施，各省份可以对中小微企业的养老、失业、工伤保险的三项社保单位缴费实行免征，免征政策执行到2020年6月。初步测算，这次阶段性的减免共可减少三项社保单位缴费5000亿元以上。

免，就是从2020年2月起，各省份可以对中小微企业的养老、失业、工伤保险的三项社保的单位缴费实行免征，免征的期限不超过5个月，即免征的政策可以执行到6月份。湖北省可以将免征的范围扩大到各类参保企业。

减，就是湖北以外的全国其他省份对大型企业等其他参保单位的三项社保单位缴费可减半征收，减征的期限不超过3个月。由于机关事业单位不涉及经营问题，受疫情影响较小，因此不纳入此次减免政策的范围。

缓，就是受疫情影响，生产经营出现严重困难的企业可申请缓缴，缓缴的期限原则上不超过6个月，缓缴期间免收滞纳金。

### 52. 如何保障退休职工养老金按时足额发放?

《关于阶段性减免企业社会保险费的通知》提出，2020年企业职工基本养老保险基金中央调剂比例提高到4%，加大对困难地区的支持力度。同时，要求各省级政府要切实承担主体责任，确保各项社会保险待遇按时足额支付。

近日，人社部办公厅专门下发《关于切实做好新型冠状病毒感染的肺炎疫情防控期间社会保险经办工作的通知》(人社厅明电〔2020〕7号)，明确要求社保经办机构要及时做好养老、工伤等待遇的核定，确保各类社会保险待遇按时足额发放。

### 53. 职工基本医疗保险费征收有什么新的规定?

国家医保局、财政部、税务总局联合印发《关于阶段性减征职工基本医疗保险费的指导意见》(医保发〔2020〕6号)，就阶段性减征职工基本医疗保险单位缴费有关工作明确基本思路，不对各地减征提统一的具体要求，由各省指导统筹地区根据实际，在确保基金收支中长期平衡的前提下，制定具体政策。

一是明确阶段性减征的幅度和时限，从2020年2月起，对职工医保单位缴费部分可实行减半征收，减征期限最长不超过5个月。

二是地方分类施策，原则上统筹基金累计结存可支付月数大于6个月的统筹地区可实施减征；小于6个月但确有必要减征的，由各省统筹考虑安排。缓缴政策可继续执行，缓缴期限原则上不超过6个月，缓缴期间免收滞纳金。

三是同步加强有关管理，做好政策衔接。各省要指导统筹地区持续完善经办管理服务，确保待遇支付，实施减征和缓缴不能影响参保人享受当期待遇。各省要管控制度运行风险，确保基金收支中长期平衡，减征产生的统筹基金收支缺口由统筹地区自行解决。已实施阶段性降低职工医保单位费率的统筹地区，不得同时执行减半征收措施。

### 54. 失业人员基本生活方面，国家有哪些保障政策?

2月19日，国务院应对新冠肺炎疫情联防联控机制新闻发布会上，人力资源和社会保障部失业保险司负责人表示，疫情防控期间，在加强失业人员生活保障方面，主要有三项措施。

一是延长保障期限。对距离法定退休年龄不足 1 年的失业人员，领金期限可延长至法定退休年龄，强化对大龄失业人员的生活保障。

二是扩大保障范围。允许湖北等疫情严重地区，对符合领金条件的失业人员发放失业保险金，对其他参保缴费的失业人员发放失业补助金，具体期限由各省确定，确保参保缴费的失业人员在疫情防控期间都能得到基本生活保障。

三是优化领金方式，畅通领金渠道。近日，在人社部官网、国家社会保险公共服务平台、微信公众号上公布了直辖市、省会城市、计划单列市失业保险金网上申领平台；对尚不能实现网上经办的地市，要公布办公电话或邮寄地址，尽可能实现不见面服务，既确保失业保险待遇应发尽发，又有效避免因经办接触可能带来的疫情风险。

### 55. 住房公积金方面有哪些支持政策？

住房和城乡建设部、财政部、人民银行于 2 月 21 日印发《关于妥善应对新冠肺炎疫情实施住房公积金阶段性支持政策的通知》（建金〔2020〕23 号），推出三项住房公积金阶段性支持政策。

一是受新冠肺炎疫情影响的企业，可按规定申请在 2020 年 6 月 30 日前缓缴住房公积金，缓缴期间缴存时间连续计算，不影响职工正常提取和申请住房公积金贷款。

二是受新冠肺炎疫情影响的职工，2020 年 6 月 30 日前住房公积金贷款不能正常还款的，不作逾期处理，不作为逾期记录报送征信部门，已报送的予以调整。对支付房租压力较大的职工，可合理提高租房提取额度、灵活安排提取时间。

三是经认定的新冠肺炎疫情严重和较严重地区，企业在与职工充分协商的前提下，可在 2020 年 6 月 30 日前自愿缴存住房公积金。继续缴存的，自主确定缴存比例；停缴的，停缴期间缴存时间连续计算，不影响职工正常提取住房公积金和申请住房公积金贷款。

### 56. 企业社会保险费减免之后，个人的社保会受到影响吗？个人的社保缴费记录会不会因此中断？

根据人力资源社会保障部、财政部、国家税务总局印发的《关于阶段性减免企业社会保险费的通知》(人社部发〔2020〕11号)有关规定，本次阶段性减免的是企业基本养老保险、失业保险、工伤保险单位缴费部分，不涉及个人缴费部分。根据国家医保局、财政部、税务总局联合印发的《关于阶段性减征职工基本医疗保险费的指导意见》(医保发〔2020〕6号)，对职工医保单位缴费部分实行减征。因此，个人缴费不在本次减免优惠之中，个人发放的工资中仍然将扣除基本养老保险、失业保险、医疗保险个人缴费部分。参保人员社会保险权益不受影响，企业要依法履行好代扣代缴职工个人缴费的义务，社保经办机构要做好个人权益记录工作。

### 57. 有的参保单位已经通过自动扣缴缴纳了2月份的社会保险费，但是所在地区同时实施了社保的减免政策，是否可以退还2月份应减免的单位社保费款呢?

2020年2月20日，人力资源和社会保障部、财政部、国家税务总局联合印发《关于阶段性减免企业社会保险费的通知》(人社部发〔2020〕11号)。2月28日，人社部、国家医保局、财政部、税务总局等相关负责人就阶段性减免企业社保费的具体贯彻实施工作作出部署。人社部指出，对于已征收2020年2月份社会保险费的地区，要重新核定参保单位应缴额，准确确定减免金额。对于减免部分的金额，优先选择直接退费。对于中小微企业，各地可按程序批量退费，参保单位无须提交申请或报送相关资料；对于大型企业等其他参保单位，会充分尊重单位的意愿和选择，可冲抵以后月份的缴费，也可退回。人社部强调，各地要加强部门协作，简化办理流程，提高办理效率，缩短办理时间，确保减征部分的费款及时退还到账，并第一时间将办理结果以适当方式告知参保单位。参保单位在办理减免时，应如实申报缴费基数、适用费率，并对企业划型结果进行确认。各地人社、税务部门将优化申报项目，提前做好信息系统准备，方便企业依据企业划型精准享受减免政策，严格按照核定的应缴费额扣除减免费款后进行缴费。

国家医保局指出，在实施阶段性减征职工基本医疗保险费的地区，对于2020年2月已经征缴的职工基本医疗保险费，相关部门将重新核定参保单位应缴费额，准确确定减征部分的金额。减征部分的金额，优先选择直接退费。相关部门按程序依职权批量发起退费，无须缴费人提交申请及报送相关资料。如参保单位愿意，也可冲抵以后月份的单位缴费。

### 58. 灵活就业人员和城乡居民2月份以及之后的社保如何缴纳?

人力资源和社会保障部办公厅《关于切实做好新型冠状病毒感染的肺炎疫情防控期间社会保险经办工作的通知》（人社厅明电〔2020〕7号）对灵活就业人员和城乡居民2020年一次性补缴或定期缴纳社会保险费放宽时限要求，未能及时办理参保缴费的，允许疫情结束后补办，并在系统内标识。逾期办理缴费不影响参保人员个人权益记录，但需要提醒的是，补办手续应在疫情解除后三个月内完成。

### 59. 国家在推进“互联网+”社保服务方面有哪些政策措施?

国家医保局、国家卫生健康委联合印发《关于推进新冠肺炎疫情防控期间开展“互联网+”医保服务的指导意见》，积极打通互联网医疗的医保支付通道，减少群众就医购药时的交叉感染风险，保障群众享受在线医保结算的便捷服务。《意见》明确，对符合要求的互联网医疗机构为参保人提供的常见病、慢性病线上复诊服务，各地可依规纳入医保基金支付范围。互联网医疗机构为参保人在线开具电子处方，线下采取多种方式灵活配药，参保人可享受医保支付待遇。医保部门加强与互联网医疗机构等的协作，诊疗费和药费医保负担部分在线直接结算，参保人如同在实体医院刷卡购药一样，仅需负担自付部分。为防止出现虚构医疗服务等违规行为，《意见》还要求落实线上实名制就医和处方审核等措施，确保医保基金安全。

国务院办公厅电子政务办公室、人力资源社会保障部办公厅联合印发《关于依托全国一体化在线政务服务平台做好社会保障卡应用推广工作的通知》，提出要按照一体化平台建设要求，以国家政务服务平台为总枢纽，通过推动社保卡在各地区和国务院有关部门政务服务平台的应用，实现人力资源社会保障信息的共享复用，便利群众办事，提高服务效能。目标是在2020年底前，各地区和国务院有关部门梳理社保卡在政务服务领域的应用目录，推进社保卡在一体化平台中的电子证照共享应用，融合社保卡线上线下应用，实现社保卡支撑相关业务在本省（区、市）内和跨省份“一网通办”。

### 60. 国家在推进线上办理失业保险金方面，有哪些具体举措?

2020 年 4 月 10 日，国务院应对新冠肺炎疫情联防联控机制新闻发布会上，人力资源社会保障部失业保险司负责人表示，在线上申领失业保险金方面，人力资源社会保障部积极推进失业保险金“畅通领、安全办”，主要有五项举措。

第一，放宽申领期限。各地经办机构不得以失业人员超过 60 日的申领期限为由拒发失业保险金。

第二，减少证明材料。失业人员可以凭身份证或者社会保障卡到当地就业服务机构或者社会保险经办机构申领，无须提供解除劳动关系证明或者失业登记证明。

第三，优化经办流程。失业人员办理失业金申领时，可以和失业登记同时办理，避免“进多个门、跑多次腿”。

第四，取消各种附加条件。各地经办服务机构不得增加失业人员的领金义务，不得附加和捆绑非法定领金条件，同时也不得要求失业人员转移档案，更不能将失业人员的领金情况计入职工档案。

第五，加速推进线上申领失业保险金。目前，人力资源社会保障部已经向社会公布了 297 个城市的网上申领平台，力争 4 月底之前所有地级市都实现网上申领。

### 61. 国家在失业人员生活保障方面制定了哪些政策?

人力资源社会保障部、教育部、财政部、交通运输部、国家卫生健康委印发《关于做好疫情防控期间有关就业工作的通知》（人社部明电〔2020〕2 号）规定，疫情防控期间，湖北等疫情严重地区受疫情影响失业的参保人员，可通过失业保险基金，按照不高于当地失业保险金标准发放失业补助金，具体办法报请省级人民政府确定。失业保险金和失业补助金不得同时发放。生活确实困难的，可按规定申请临时救助。

国务院办公厅《关于应对新冠肺炎疫情影响强化稳就业举措的实施意见》第十四条规定，要保障失业人员基本生活。畅通失业保险金申领渠道，放宽失业保险申领期限，2020 年 4 月底前实现线上申领失业保险金。对领取失业保险金期满仍未就业的失业人员、不符合领取失业保险金条件的参保失业人员，发放 6 个月的失业补助金，标准不高于当地失业保险金的 80%。对生活困难的失业人员及家庭，按规定及时纳入最低生活保障、临时救助等社会救助范围。

2020 年 3 月 31 日国务院常务会议确定，从 3 月到 6 月，将社会救助和保障标准与物价上涨挂钩联动机制的每月价格临时补贴标准提高 1 倍，并将孤儿、事实无人抚养儿童和符合条件的参保失业人员纳入政策范围。增加的补贴资金由中央财政按比例补助和在失业保险基金列支。

4 月 8 日，国家发展改革委、民政部、财政部、人力资源社会保障部、退役军人事务部、国家统计局联合印发《关于进一步做好阶段性价格临时补贴工作的通知》（发改电〔2020〕876 号）明确，在现行社会救助和保障标准与物价上涨挂钩联动机制保障范围基础上，将孤儿、事实无人抚养儿童、领取失业保险金人员纳入保障范围，并将价格临时补贴按现行标准提高 1 倍发放。相关政策自 2020 年 3 月至 6 月实施。

4 月 10 日，国务院应对新冠肺炎疫情联防联控机制新闻发布会上，人力资源社会保障部失业保险司负责人表示，为应对疫情影响，保障失业人员基本生活，国务院实施了三项新举措。第一，延长大龄失业人员领金期限。对领取失业保险金期满仍未就业且距法定退休年龄不足一年的，可以将失业保险金发放至法定退休年龄。第二，阶段性实施失业补助金政策。2020 年，对领取失业保险金期满仍旧没有就业以及不符合法定领取失业保险金条件的参保失业人员发放 6 个月的失业补助金。第三，阶段性提高价格临时补贴。2020 年 3 月到 6 月，对领取失业保险金的人员和领取失业补助金的人员双倍发放价格临时补贴。

### 62. 外籍新冠肺炎患者医疗费用如何支付?

根据国家医保局、外交部、财政部、国家卫生健康委《关于外籍新冠肺炎患者医疗费用支付有关问题的通知》（医保发〔2020〕14 号）要求，各地有关部门要在当地应对疫情工作领导小组（指挥部）的领导下，密切配合，实时掌握外籍新冠肺炎患者有关信息，按规定做好救治工作和医疗费用结算。外籍新冠肺炎确诊和疑似病人未参加我国基本医保的，医疗机构应当先救治后收费，确保应收尽收；医疗费用由患者个人负担。参加商业健康保险的，由商业保险公司按合同及时支付。外籍新冠肺炎确诊和疑似患者参加我国基本医保的，基本医保、大病保险应按规定支付，其余费用由患者个人负担。参加我国基本医保的外籍人员，留院观察期间发生的医疗费用，基本医保按规定支付。未参加我国基本医保的，由个人负担。外籍人员集中隔离产生的费用，原则上由个人负担。各地有关部门要妥善做好外籍新冠肺炎患者的救治和费用结算、监测等工作。遇有重大问题和情况，及时向国家医保局、外交部、财政部和国家卫生健康委等部门报告。

## 八、关于其他社会保障

### 63. 国家在保障困难群众基本生活方面有哪些具体举措?

根据中央应对新型冠状病毒感染肺炎疫情工作领导小组《关于进一步做好疫情防控期间困难群众兜底保障工作的通知》（国发明电〔2020〕9号）规定，在保障困难群众基本生活方面，有以下具体举措：一是坚持应保尽保、保障到位。各地要统筹使用中央财政困难群众救助等补助资金和地方各级财政安排资金，及时足额发放低保金、特困供养金、孤儿基本生活费，以及困难残疾人生活补贴和重度残疾人护理补贴，切实保障好困难群众基本生活。疫情比较严重的地区，可适当增加困难群众生活补助，所需资金由地方财政负担。对于受疫情影响无法外出务工、经营、就业，收入下降导致基本生活困难的城乡居民，符合条件的要及时纳入最低生活保障范围。对外出务工、返岗复工的低保对象，在计算家庭收入时适当扣减务工成本。二是及时足额发放价格临时补贴。密切关注物价变动情况，物价涨幅达到规定条件时，及时启动实施社会救助和保障标准与物价上涨挂钩联动机制，按时足额向低保对象、特困人员等困难群众发放价格临时补贴，有条件的地方可以适当提高补贴标准。三是做好贫困人口救助帮扶。对符合条件的建档立卡贫困人口，要及时纳入低保、特困供养、临时救助范围。对受疫情影响致贫的其他人员和返贫的建档立卡贫困人口，要及时落实临时救助等社会救助政策，确保其基本生活不受影响。四是加大新冠肺炎患者及受影响家庭救助力度。对确诊病例中的低保对象、特困人员、低收入家庭成员以及建档立卡贫困人口，按规定及时给予临时救助，可一事一议加大救助力度。对因家庭成员被隔离收治导致基本生活出现暂时困难的家庭，由当地街道（乡镇）或县级民政部门实施临时救助。对生活困难的患者及其家庭，按规定及时纳入低保、特困供养或临时救助范围；对其中的病亡人员家庭，加大临时救助力度。各地对基本生活受疫情影响，其他社会救助制度暂时无法覆盖的困难群众，要通过临时救助做到凡困必帮、有难必救。湖北省和武汉市以及其他疫情严重地区，可委托社区（村）实施“先行救助”，根据急难情形提供物质帮助或服务，发现困难立即救助。

4月10日，国务院应对新冠肺炎疫情联防联控机制新闻发布会上，财政部社会保障司负责人表示，各级财政不断加大投入力度，完善补助政策措施，主要从三个方面来加强困难群众的基本生活保障。第一，对困难群众给予社会救助。对城乡困难家庭及时纳入低保制度，通过发放低保金，使其家庭收入能够达到维持基本生活的水平。对没有劳动能力也没有供养扶养人的老年人，也就是过去所说的“五保户”，还有孤儿、残疾人等，相应地给予特困救助供养、孤儿基本生活保障、残疾人两项补贴等救助保障待遇，帮助他们解决生活上遇到的特殊困难。今年财政部进一步加大了社会救助资金的投入力度，目前共安排了1560亿元。第二，向优抚对象发放抚恤和生活补助等。为了体现对优抚对象的关爱关心，2005年以来，中央财政连续15年按照10%以上的幅度提高优抚对象等人员的抚恤和生活补助标准。根据相关工作安排，今年还将进一步研究提高优抚对象等人员的抚恤和生活补助标准，这将直接惠及全国860万名优抚对象。目前，中央财政已经提前下达了优抚对象补助资金474亿元。第三，向符合条件的参保失业人员发放失业保险金或者失业补助金。对于符合条件的参保失业人员和参保失业农民工，及时足额发放失业保险金和一次性生活补助金。同时，按规定对领金期满但仍然没有就业的失业人员等发放失业补助金。

### 64. 什么是价格补贴联动机制?

价格补贴联动机制是2011年经国务院同意，国家发改委等部门建立的社会救助和保障标准与物价上涨挂钩联动机制。各地贯彻落实相关文件精神，根据本地实际，制定了具体的实施办法。作为一项兜住民生底线的重要制度设计，运行这些年来，取得了很好的成效，主要有以下几个特点：

第一，保障范围覆盖了主要困难群体，主要包括城乡低保对象、特困人员、优抚对象、领取失业保险金人员等四类群体。根据《关于进一步做好阶段性价格临时补贴工作的通知》要求，这次阶段性的扩围，将孤儿、事实无人抚养的儿童、领取失业补助金人员都纳入保障范围。第二，启动条件灵敏度高，针对性较强。当地单月居民消费价格指数（CPI）同比涨幅达到3.5%或者食品价格同比涨幅达到 6% 就会及时启动机制，发放价格临时补贴。第三，价格临时补贴随物价上涨而增加。补贴金额的测算方法是，以城乡低保标准为基数乘以物价的涨幅，物价涨幅用城镇低收入居民基本生活费用价格指数即 SCPI 来计算，这样能够更加准确地反映物价上涨对困难群众生活的影响，保障力度也更大。

2020 年 4 月 10 日，国务院应对新冠肺炎疫情联防联控机制新闻发布会上，国家发展改革委价格司负责人表示，价格补贴联动机制是在向困难群众正常发放最低生活保障、失业保险金等救助金的基础上，当物价出现明显上涨的时候额外发放的价格临时补贴。从字面上看，有三个关键词：价格、补贴、联动。具体看，本质上是因物价上涨而发放补贴。联动体现在三个方面：一是补贴与价格联动，当物价出现短期明显上涨的时候启动机制，当价格平稳了或者回落了，补贴也就停发了，这就是补贴和价格联动。同时还说明这项补贴是临时性的，所以就称为价格临时补贴。二是补贴与城乡低保联动，困难群众只要按规定相应地进入了社会救助和保障范围，能够正常领取低保、失业保险等救助金，就能够领取价格临时补贴，并且低保额度越大，价格补贴金额也就越多。三是救助金与价格联动，当物价上涨保持在一段时间持续不降的情况下，就要通过提高城乡低保、失业保险金等标准，把这部分价格临时补贴纳入救助金中固定下来。总结起来，这项政策的核心或者说目的就是要缓解物价上涨对于困难群众基本生活的影响。

### 65. 哪些人可以申请临时救助？

国务院《关于全面建立临时救助制度的通知》（国发〔2014〕47 号）和民政部、财政部《关于进一步加强和改进临时救助工作的意见》（民发〔2018〕23 号）规定，根据困难情形，临时救助对象可分为急难型救助对象和支出型救助对象。急难型救助对象主要包括因火灾、交通事故等意外事件，家庭成员突发重大疾病及遭遇其他特殊困难等原因，导致基本生活暂时出现严重困难、需要立即采取救助措施的家庭和个人。支出型救助对象主要包括因教育、医疗等生活必需支出突然增加超出家庭承受能力，导致基本生活一定时期内出现严重困难的家庭。

中央应对新型冠状病毒感染肺炎疫情工作领导小组《关于进一步做好疫情

防控期间困难群众兜底保障工作的通知》规定，确诊病例中的低保对象、特困人员、低收入家庭成员以及建档立卡贫困人口，因家庭成员被隔离收治导致基本生活出现暂时困难的家庭，都可以纳入临时救助范围。

### 66. 如何申请临时救助?

2020 年 4 月 10 日，国务院应对新冠肺炎疫情联防联控机制新闻发布会上，民政部社会救助司负责人表示，针对疫情期间出现的外出务工人员因找不到工作而生活陷入困境的情况，民政部要求各地进一步放宽户籍地申请临时救助的限制，如果受疫情影响找不到工作，又得不到家庭支持，基本生活出现暂时困难的外来务工人员，可在临时居住地申请临时救助。为确保疫情期间困难群众求助有门、受助及时，各地县级以上民政部门都开通了社会救助服务热线，需要了解临时救助政策的困难群众，可以通过当地的电话查询，或者在民政部的门户网站上找到当地社会救助服务热线电话，在工作时间拨打咨询即可。也可以找当地社区干部询问申请救助的办法，或者直接向乡镇、街道或者县级民政部门提交临时救助申请。

### 67. 国家在新冠肺炎患者、隔离人员及家属心理疏导和社会工作服务方面，有什么具体政策?

新冠肺炎疫情发生后，为指导各地做好不同人群心理危机干预工作，2020 年 1 月 26 日联防联控工作机制印发《新型冠状病毒感染的肺炎疫情紧急心理危机干预指导原则》（肺炎机制发〔2020〕8 号），提出要将心理危机干预纳入疫情防控整体部署，针对不同人群实施分类干预，以减轻疫情所致的心理伤害、促进社会稳定。3 月 18 日联防联控工作机制印发《新冠肺炎疫情心理疏导工作方案》（联防联控机制发〔2020〕34 号），提出针对患者及其家属、病亡者家属、一线工作人员等重点人群，开展心理疏导、心理干预等心理服务，维护公众心理健康，促进社会和谐稳定。4 月 7 日联防联控工作机制印发《新冠肺炎患者、隔离人员及家属心理疏导和社会工作服务方案》（联防联控机制发〔2020〕39 号），提出要开展新冠肺炎防控宣传和健康教育，提升群众防控知识水平，增强防护技能，减轻因认知不足所致的恐惧，减少、消除对患者、隔离人员及家属的歧视与排斥等行为。以互联网平台为基础，推进“互联网 + 社会心理服务”，为患者、隔离人员及家属提供线上心理支持和服务，增强自我心理调适能力，帮助有需求的服务对象渡过困难期，恢复社会功能。以社区为主要阵地，建立心理疏导和社会工作服务网络，提供情绪引导、心理辅导、资源链接、困难疏解、社会支持网络修复等服务，改善社区环境，恢复社区秩序，推动基层社区治理，营造健康向上的社区氛围，促进社会稳定。

## 九、关于劳动人事争议仲裁与诉讼

### 68. 因受疫情影响造成当事人不能在劳动人事争议仲裁时效内申请劳动人事争议仲裁的，仲裁时效如何计算?

可以按仲裁时效中止处理。《关于妥善处理新型冠状病毒感染的肺炎疫情防控期间劳动关系问题的通知》规定，因受疫情影响造成当事人不能在法定仲裁时效期间申请劳动人事争议仲裁的，仲裁时效中止。从中止时效的原因消除之日起，仲裁时效期间继续计算。因受疫情影响导致劳动人事争议仲裁机构难以按法定时限审理案件的，可相应顺延审理期限。

### 69. 推迟复工期间，上诉期限、举证期限等诉讼期限是否停止计算?

不停止计算。《民事诉讼法》第八十二条规定，期间届满的最后一日是节假日的，以节假日后的第一日为期间届满的日期。因此，2020 年春节假期延长至 2020 年 2 月 2 日，如上诉期间、举证期限等期限的最后一日在延长后的春节假期期间届满的，则应顺延至 2 月 3 日。所以，除另有规定外，相关诉讼当事人、诉讼代理人均应在法定期限内及时进行相关诉讼活动，如：在限期内提起上诉、申请延期举证等，否则，不利后果应当自行承担。各地政府部门规定的推迟复工日期，并非国家规定的法定假日或者休息日，是对于疫情防控采取的应急措施，并不能当然适用相关法律规定停止计算相关诉讼期限。但是，当地仲裁机构、法院发布具体规定可以延长有关期限的除外。

### 70. 因疫情影响导致当事人诉讼时效期限马上届满，但无法及时主张诉讼权利怎么办？

对于诉讼时效期限面临届满，当事人可能因被隔离、交通管制等疫情原因暂时无法提出诉讼的，可以适用《民法总则》第一百九十四条关于诉讼时效中止的规定。在诉讼时效期间最后六个月内，因不可抗力的障碍，不能行使请求权的，此时诉讼时效中止，在中止时效原因消除之日起六个月内，及时主张权利。（根据《民法总则》的规定，一般诉讼时效为三年）

71. 疫情期间当事人对急需解决的纠纷如何进行诉讼？

最高人民法院《关于新冠肺炎疫情防控期间加强和规范在线诉讼工作的通知》（法〔2020〕49号）规定，人民法院依托中国移动微法院、诉讼服务网、12368诉讼服务热线等在线诉讼平台，全面开展网上立案、调解、证据交换、庭审、宣判、送达等在线诉讼活动，有效满足疫情防控期间人民群众司法需求，确保人民法院审判工作平稳有序运行。

当事人在疫情期间确有紧急诉讼事由需要提起诉讼的，可以通过在线方式提交立案申请。在线提交立案材料确有困难的，可以就近选择一家法院提交立案材料。相关人民法院应当按照跨域立案的工作机制和程序，及时办理立案手续。

## 十、关于国家机关和事业单位人员

72. 国家机关工作人员工作中伤亡有哪些待遇？下沉到一线参与疫情防控工作的国家机关工作人员在疫情防控期间发生事故伤害或患病，符合法定条件的，有哪些待遇？

为确保国家机关工作人员伤亡抚恤工作依法进行，民政部发布《关于国家机关工作人员伤亡抚恤工作有关问题的通知》（民函〔2014〕343号）。按照该文件，国家机关工作人员因战因公负伤致残，按照《伤残抚恤管理办法》的有关规定予以评残和抚恤；其评残条件、伤残性质的认定、伤残等级评定标准、伤残抚恤金标准等参照《军人抚恤优待条例》《军人残疾等级评定标准》等有关规定办理。国家机关工作人员牺牲，拟评定为烈士的，按照《烈士褒扬条例》规定的条件和程序办理。国家机关工作人员因公牺牲和病故的确认，由其所在单位或地区参照《军人抚恤优待条例》的有关规定办理。国家机关工作人员死亡一次性抚恤金标准、发放办法按照民政部、财政部《关于调整一次性抚恤金发放办法的通知》（民发〔2001〕317 号），民政部、人事部、财政部《关于国家机关工作人员及离退休人员死亡一次性抚恤发放办法的通知》（民发〔2007〕64 号）和民政部、人力资源和社会保障部、财政部《关于国家机关工作人员及离退休人员死亡一次性抚恤金发放有关问题的通知》（民发〔2011〕192 号）等有关规定执行。人民警察的伤亡抚恤工作按照民政部等 9 部门《关于印发〈人民警察抚恤优待办法〉的通知》（民发〔2014〕101 号）的有关规定执行。

修改后的《伤残抚恤管理办法》自 2020 年 2 月 1 日起施行。按照此办法，为维护社会治安同违法犯罪分子进行斗争致残的人员与为抢救和保护国家财产、人民生命财产致残的人员，根据《工伤保险条例》应当认定视同工伤的，不再办理因战、因公伤残抚恤。

按照现行的公务员抚恤政策，保障内容存在缺失，公务员权益未得到全面保障。工伤保险对工伤职工全额报销工伤治疗费，而工伤抚恤制度只对达到伤残等级和因公牺牲的人员发放抚恤待遇，不包括工伤医疗待遇。特别是公务员参加了医保制度后，这一问题更加突出。另外，公务员工伤抚恤制度中没有工伤预防、工伤康复的内容，也不包括职业病治疗费用，因而难以对公务员实施全面的保障。

《工伤保险条例》第六十二条规定，国家机关和依照或者参照国家公务员制度进行人事管理的事业单位、社会团体的工作人员因工作遭受事故伤害或者患职业病的，由所在单位支付费用。依照修改后的《公务员法》第八十三条，公务员依法参加社会保险，按照国家规定享受保险待遇。公务员因公牺牲或者病故的，其亲属享受国家规定的抚恤和优待。

人社部积极探索将公务员纳入工伤保险覆盖范围，以更好地保障公务员的工伤保险合法权益，实现工伤保险职业人群的全覆盖。按照《人社部对十三届全国人大一次会议第 3001 号建议的答复》（人社建字〔2018〕108 号），人社部在抓紧研究制定全国公务员工伤保障政策的同时，积极支持鼓励各地将公务员纳入工伤保险范围。截至 2018 年，全国已有 18 个省份出台了文件，将公务员整体纳入了工伤保险制度，另有 12 个省份的部分地市也开展了公务员参加工伤保险试点工作。公务员和参照《公务员法》管理的事业单位、社会团体的工作人员参加工伤保险，按照工伤保险有关法律法规及国家和省的有关规定执行。将公务员和参照《公务员法》管理的事业单位、社会团体人员纳入工伤保险的覆盖范围，实现了所有职业人群工伤的统一保障制度、统一筹资标准、统一待遇水平，实现了各类劳动者工伤后享有公平、公正的工伤保险待遇。

下沉到一线参与疫情防控工作的国家机关工作人员在疫情防控期间发生事故伤害或患病，符合法定条件的，应及时认定工伤或者按照有关规定给予抚恤。在已经将公务员和参照《公务员法》管理的事业单位、社会团体人员纳入了工伤保险覆盖范围的省市，有关人员因公伤亡按照工伤保险办理。在其他省份，按照民政部发布的《关于国家机关工作人员伤亡抚恤工作有关问题的通知》（民函〔2014〕343号）办理。

### 73. 国家在疫情防控工作中对事业单位工作人员有什么要求？有哪些鼓励措施？

人力资源社会保障部办公厅《关于切实做好新型冠状病毒感染的肺炎疫情防控期间事业单位人事管理工作有关问题的通知》（人社厅发〔2020〕8号）要求激励医疗卫生机构医护人员等事业单位工作人员在疫情防控工作中履职尽责，担当作为。事业单位及其主管部门、事业单位人事综合管理部门对于在疫情防控中作出贡献的事业单位工作人员和集体特别是奋战在疫情防控一线、贡献突出的事业单位工作人员和集体，可根据《事业单位工作人员奖励规定》有关规定开展及时奖励。对于获得嘉奖、记功、记大功的事业单位工作人员给予一次性奖金，获奖人员所在地区或者单位经批准可以追加其他物质奖励，所需经费按规定渠道解决。对于在疫情防控中不服从指挥、调遣或者消极对抗的事业单位工作人员，可根据《事业单位工作人员处分暂行规定》有关规定，给予警告、记过、降低岗位等级或者撤职处分，情节严重的给予开除处分。要及时总结宣传疫情防控工作中的先进事迹，树典型，立标杆，激励引导广大事业单位工作人员在疫情防控工作中主动履职，担当作为。

### 74. 疫情防控期间事业单位人员工资待遇有哪些规定？

人力资源社会保障部、财政部《关于新型冠状病毒肺炎疫情防控期间事业单位人员有关工资待遇问题的通知》（人社部发〔2020〕9号）规定：

增加工作人员绩效工资。在疫情防控期间，各级人力资源社会保障、财政部门要在当地党委、政府领导下，根据承担新型冠状病毒肺炎疫情防治工作任务情况，因地制宜向承担防控任务重、风险程度高的医疗卫生机构核增一次性绩效工资总量，不作为绩效工资总量基数，所需经费通过现行渠道安排，疫情结束后不再执行。要及时指导有关单位在内部分配时，向敢于担当、勇挑重担、加班加点参加疫情防控的一线工作人员特别是作出突出成绩的人员倾斜。

保障被隔离人员工资福利。为促进有效实施隔离和医学观察等预防控制措施，根据《传染病防治法》有关规定，对新型冠状病毒肺炎患者、疑似病人、密切接触者在其隔离治疗期间或医学观察期间以及因政府实施隔离措施或采取其他紧急措施导致不能提供正常劳动的事业单位工作人员，在此期间的工资、福利待遇由其所属单位按出勤对待。

## 十一、关于医务人员

### 75. 国家对疫情防控人员特别是医务人员评先有哪些鼓励措施？

人力资源社会保障部发出《关于进一步做好新型冠状病毒感染的肺炎疫情防控工作的通知》（人社部明电〔2020〕1号）要求切实关心激励表彰疫情防控人员，各级人力资源社会保障部门要会同相关部门，及时发现先进典型，及时挖掘先进事迹，对在医疗救治、疫苗研发、基础预防、物资援助、抢建设施等方面作出突出贡献的个人和集体，尤其是广大医务工作者和医务团队给予及时性表彰，进一步鼓舞士气、坚定信心、凝聚力量。对在疫情防控中作出贡献的事业单位工作人员和集体特别是奋战在疫情防控一线的事业单位工作人员和集体，根据《事业单位工作人员奖励规定》有关规定执行。

### 76. 国家对新冠肺炎疫情防控一线专业技术人员职称工作有哪些政策规定？

中央应对疫情工作领导小组印发《关于全面落实进一步保护关心爱护医务人员若干措施的通知》，人力资源和社会保障部印发《关于做好新冠肺炎疫情防控一线专业技术人员职称工作的通知》，对参加疫情防控的一线专业技术人员主要包括卫生专业技术人员，以及参加新型检测试剂、抗体药物、疫苗、诊疗方案、病毒病原学和流行病学研究等疫情防控科研攻关一线人员等，从职称申报、评审、岗位聘用和服务等环节，提出了以下政策措施。

在申报评审方面，开辟绿色通道。参加疫情防控的一线专业技术人员参加职称评审时，用人单位不受本单位岗位结构比例限制，优先推荐申报，优先评审。具体来讲，分两个层面向参加疫情防控的一线专业技术人员开辟职称申报绿色通道。一是凡参加疫情防控的一线专业技术人员，均可提前一年申报评审高一级职称或参加专业技术资格考试；二是对于作出突出贡献，获得省部级以上表彰奖励的，可直接申报参加高一级职称评审或考试。以上针对一线专业技术人员的政策优惠措施，原则上每人享受一次。

在评价标准方面，将抗疫表现作为职称评审的重要内容。习近平总书记指出，要将抗疫表现列入职称评定指标之中。落实总书记要求，进一步突出品德、能力、业绩导向，将参加疫情防控的工作成果和贡献列入年度职称评价指标。破除“唯论文”倾向，对论文不作硬性要求，疫情防控中的临床救治情况、病案病例、诊疗方案、关键核心技术研发成果、流行病学报告、病理报告、药物疫苗研发情况、试剂检测设备产品研发应用情况、工作总结、心理治疗和疏导案例等均可作为成果申报参评，免于参加专业实践能力考核。参加疫情防控经历可视为一年基层工作经历，视同完成当年继续教育学时学分。目的是通过职称评审，鼓励广大专业技术人员紧紧围绕疫情防控，维护人民群众生命健康，突破关键核心技术，加强疫病防控和公共卫生攻关体系建设，把论文写在临床一线，把研究成果应用到疫情防控一线。

在岗位聘用上优先，在评审服务上优化。参加疫情防控的一线专业技术人员晋升岗位等级不受本单位岗位结构比例限制。评审通过的，用人单位将其直接聘任到相应专业技术岗位。要视疫情防控工作情况合理安排职称评审，给一线专业技术人员适当休整时间，不搞突击性申报、评审，简化材料、优化程序，不给一线专业技术人员增加额外负担。

### 77. 党中央、国务院有哪些保护关心爱护一线医务人员政策措施?

根据中央应对新型冠状病毒感染肺炎疫情工作领导小组印发的《关于全面落实进一步保护关心爱护医务人员若干措施的通知》（国发明电〔2020〕5号）以及国务院应对新型冠状病毒感染肺炎疫情联防联控机制印发的《关于聚焦一线贯彻落实保护关心爱护医务人员措施的通知》（国发明电〔2020〕10号），这些政策措施包括：

保护关心爱护措施向一线医务人员倾斜。一线医务人员是指疫情防控期间按照政府统一部署、卫生健康部门调派或医疗卫生机构要求，直接参与新冠肺炎防疫和救治一线工作，且与确诊或疑似病例直接接触的接诊、筛查、检查、检测、转运、治疗、护理、流行病学调查、医学观察，以及直接进行病例标本采集、病原检测、病理检查、病理解剖的医疗卫生专业技术人员。一线医务人员以实际参加现场调查处置、患者救治等工作情况为准，不受编制、身份等限制。临时性工作补助、一次性慰问补助、卫生防疫津贴等要及时发放，要向一线医务人员特别是救治重症患者的医务人员倾斜，不得按行政级别确定发放标准。

临时性工作补助的计算和发放。按照人力资源社会保障部、财政部《关于建立传染病疫情防治人员临时性工作补助的通知》（人社部规〔2016〕4号）规定，一线医务人员领取临时性工作补助的天数，按其直接接触确诊或疑似病例、标本（含尸体解剖）的天数计算。对在重症危重症患者病区工作的一线医务人员，按实际工作天数的1.5倍计算应发工作天数。对在集中隔离观察点工作的一线医务人员，按发现确诊病例的当日计算工作天数。执行一档标准的一线医务人员，包括在卫生健康部门确定的定点医院、方舱医院的隔离区或其他收治确诊病例的医疗卫生机构的隔离区直接参与患者救治的医务人员，直接进行病例标本采集、病原检测和病理检查的医疗卫生专业技术人员，以及在湖北省内发热门诊工作的一线医务人员。其他一线医务人员执行二档标准。

及时发放卫生防疫津贴。卫生防疫津贴执行标准和发放办法，按照人力资源社会保障部、财政部《关于调整卫生防疫津贴标准的通知》（人社部发〔2020〕13号）规定执行。卫生防疫津贴执行范围，在疫情防控期间扩大到全体一线医务人员，在疫情结束后恢复至文件规定范围。

轮休、隔离不影响正常工资福利待遇。严格落实人力资源社会保障部、财政部《关于新型冠状病毒肺炎疫情防控期间事业单位人员有关工资待遇问题的通知》（人社部发〔2020〕9号）规定，一线医务人员在轮休、隔离期间，工资福利待遇按出勤对待，原正常发放的基本工资、岗位津贴（含卫生防疫津贴）、绩效工资继续执行。不得将一线医务人员轮休、隔离天数计入本人带薪年休假假期，不得向轮休的一线医务人员安排工作任务。

做好饮食营养等保障。对轮休、隔离的一线医务人员，各地卫生健康部门要牵头做好生活保障，为其配送必要的饮食、营养品和生活必需品。对过于劳累导致患病的一线医务人员，要开通就医绿色通道，保证其及时就医。加强对一线医务人员的人文关怀，尽量不安排双职工的医务人员同时到一线工作。做好援鄂医疗队及其他一线医务人员家属关心慰问工作，及时帮助解决生活、就医、照料等方面实际困难，切实解决他们的后顾之忧。

压实贯彻落实责任和强化监督检查。各地医疗卫生机构是贯彻落实保护关心爱护一线医务人员措施的责任主体，主要负责人是抓好落实的第一责任人，要健全规章制度，认真建立工作台账，据实按日记录、按月汇总上报应当领取临时性工作补助人员的名单、档次和天数，同时要纠正不必要的填表报数，减轻一线医务人员负担。各地卫生健康、人力资源社会保障、财政部门要按照职责分工，加强协同配合和工作指导，强化资金监管和督促落实。各地要坚持问题导向和结果导向，及时回应群众关切，协调解决政策措施贯彻落实中的苗头性、倾向性问题，坚决杜绝形式主义、官僚主义；发放临时性工作补助、卫生防疫津贴要严格进行登记、审核、报批，及时公示公开，主动接受监督，确保发放工作公平公正有序开展；要加大监督检查力度，不得扩大泛化一线医务人员范围，对有章不循、巧立名目、截留侵占、虚报冒领、违规发放、挤占挪用的，依纪依法严肃追究相关人员责任。

### 78. 医务人员补助和津贴能否按行政级别确定发放标准?

2020 年 3 月 5 日，中央应对新冠肺炎疫情工作领导小组召开会议。会议指出，要认真贯彻习近平总书记重要讲话和中央政治局常委会会议精神，按照中央应对疫情工作领导小组要求，落实关心关爱一线医务人员的措施，相关补助和津贴要及时发放，向与患者直接接触的一线医务人员特别是救治重症的医务人员倾斜，不得按行政级别确定发放标准。医务人员轮休不影响奖金、休假等待遇。

### 79. 一线医务人员轮休和隔离期是否按出勤对待?

2020 年 3 月 8 日国务院联防联控机制召开新闻发布会，国家卫生健康委有关工作人员表示，一线医务人员在轮休和隔离期间，依照人社部《关于新型冠状病毒肺炎疫情防控期间事业单位人员有关工资待遇的通知》，都按照出勤对待，原来正常发放的基本工资、岗位津贴（卫生防疫津贴）、绩效工资，都继续正常发放。

## 十二、关于社区工作者

### 80. 国家对疫情防控一线城乡社区工作者有哪些关爱措施?

根据中央应对新型冠状病毒感染肺炎疫情工作领导小组印发的《关于全面落实疫情防控一线城乡社区工作者关心关爱措施的通知》（国发明电〔2020〕8号）的规定，对疫情防控一线城乡社区工作者的关爱措施包括：

对城乡社区工作者适当发放工作补助。各地要采取措施，关心关爱参加疫情防控的社区（村）“两委”成员、社区（村）专职工作人员等一线城乡社区工作者。在落实好城乡社区工作者现有报酬保障政策基础上，在疫情防控期间地方可对一线城乡社区工作者给予适当工作补助，补助标准由省级人民政府根据疫情防控任务指导市县制定，所需资金由地方财政承担。

改善城乡社区工作者防护条件。各地要按规定落实社区防控工作经费，改善一线城乡社区工作者防护条件，落实属地原则强化社区防控工作物资保障，根据当地疫情防控需要，合理配发口罩、防护服、消毒水、非接触式体温计等卫生防护器材和防控器具。组织开展面向城乡社区工作者的医疗卫生知识、疫情防控知识培训，提高其做好社区防控工作的能力。

切实为城乡社区工作者减负减压。严肃查处疫情防控中的形式主义、官僚主义问题，坚决制止多头重复向基层派任务、要表格，除党中央、国务院已有明确要求的外，原则上不得向社区摊派工作任务，确因疫情防控工作特殊需要的，须经省级人民政府批准。除因社区疫情防控需要出具的居住证明和居家医学观察期满证明外，不得以疫情防控为由要求城乡社区组织出具其他证明。进一步充实城乡社区疫情防控力量，抽调机关和企事业单位党员干部下沉支援社区疫情防控一线，组织和发挥好社区服务机构、志愿者作用。加快构建社区防控工作信息化支撑体系，运用现代信息技术提高社区防控工作效能，减轻城乡社区工作者工作压力。

保障城乡社区工作者身心健康。各地要协调安排好疫情防控期间一线城乡社区工作者就餐、休息场所等生活保障。在保证社区防控人员力量的前提下，合理调度疫情防控一线城乡社区工作者，采取轮休、补休等方式，保证城乡社区工作者及时得到必要休整。对长时间高负荷工作人员安排强制休息，防止带病上岗。疫情结束后，要及时安排健康体检和心理减压；有条件的地方，可安排休假疗养。

加强城乡社区工作者关爱慰问。做好疫情防控一线城乡社区工作者特别是感染新冠肺炎、因公受伤、突发疾病城乡社区工作者和因公死亡城乡社区工作者的家属的走访慰问工作，最大限度帮助其解决实际困难。对奋战一线、无法照顾家庭的城乡社区工作者，要组织社区服务机构和志愿者对其家属给予更多帮助关爱。

开展城乡社区工作者表彰褒扬。注重在疫情防控一线考察识别城乡社区工作者，对表现突出的要大力褒奖、大胆使用，在招录（聘）公务员或事业单位工作人员、选拔街道（乡镇）干部时在同等条件下优先考虑。根据国家有关规定，对涌现出的先进典型进行表彰。对疫情防控期间因公殉职的城乡社区工作者追授“全国优秀城乡社区工作者”。依照有关法规做好因疫情防控牺牲殉职城乡社区工作者的烈士评定和褒扬工作，全面做好抚恤优待。获得表彰以及被认定为烈士的城乡社区工作者的子女，在入学升学方面按规定享受相关待遇。

加大城乡社区工作者先进典型宣传力度。充分发挥报刊、广播、电视等新闻媒体和网络新媒体作用，大力宣传报道在社区防控工作中表现突出的城乡社区工作者的感人事迹，营造全社会关心、支持、参与城乡社区疫情防控的正确舆论导向和良好社会氛围。疫情结束后，依托“最美城乡社区工作者”宣传推选活动，发现、选树和宣传一批城乡社区工作者先进典型。

### 81. 疫情防控一线城乡社区工作者在疫情防控期间发生事故伤害或患病，能否认定为工伤?

中央应对新型冠状病毒感染肺炎疫情工作领导小组印发了《关于全面落实疫情防控一线城乡社区工作者关心关爱措施的通知》（国发明电〔2020〕8号），要求切实做好城乡社区工作者职业伤害保障。城乡社区工作者在疫情防控期间发生事故伤害或患病，符合《工伤保险条例》认定情形的，应依法认定为工伤，已经参加工伤保险的，发生的相关费用按照《工伤保险条例》相关规定支付；未参加工伤保险的，由用人单位按照法定标准支付，财政补助单位因此发生的费用，由同级财政予以补助。对于因履行职责感染新冠肺炎或病亡的城乡社区工作者，符合人力资源社会保障部、财政部、国家卫生健康委《关于因履行工作职责感染新型冠状病毒肺炎的医护及相关工作人员有关保障问题的通知》（人社部函〔2020〕11号）规定的，可按规定享受相关待遇。

## 十三、关于女职工

### 82. 企业如何灵活合理安排孕期、哺乳期女职工工作时间?

根据国务院应对新型冠状病毒感染的肺炎疫情联防联控机制印发的《关于做好儿童和孕产妇新型冠状病毒感染的肺炎疫情防控工作的通知》（肺炎机制发〔2020〕17号）和人力资源社会保障部、全国总工会、中国企业联合会/中国企业家协会、全国工商联联合印发的《关于做好新型冠状病毒感染肺炎疫情防控期间稳定劳动关系支持企业复工复产的意见》（人社部发〔2020〕8号），各地要指导企业与职工协商一致，通过采取错时上下班、弹性上下班等方式灵活安排工作时间，特别是要结合实际协商安排孕期、哺乳期女职工居家远程办公、灵活安排工作时间和休息休假，做好孕期、哺乳期女职工特殊劳动保护，减少人员聚集，确保劳动者身体健康。

## 十四、支持企业复工复产方面

### 83. 国家在支持小微企业和“三农”主体融资，帮助企业复工复产、渡过难关方面，有哪些政策措施?

近日，财政部印发《关于充分发挥政府性融资担保作用为小微企业和“三农”主体融资增信的通知》（财金〔2020〕19号），要求充分发挥政府性融资担保作用，积极为小微企业和“三农”主体融资增信。

一是聚焦主业。各级政府性融资担保再担保机构不得偏离主业盲目扩大经营范围，不得向非融资担保机构进行股权投资，不得新开展政府融资平台融资担保业务，确保2020年新增小微企业和“三农”融资担保金额和户数占比不低于80%，其中500万元以下占比不低于50%。

二是龙头引领。2020年，国家融资担保基金力争实现新增再担保业务规模4000亿元，力争投资10家支小支农成效明显的地市级政府性融资担保机构。对合作机构单户100万元及以下担保业务免收再担保费，对合作机构单户100

万元以上担保业务减半收取再担保费。

三是减半收费。2020 年，地方各级政府性融资担保再担保机构全年对小微企业减半收费，力争将综合融资担保费率降至 1% 以下。

四是政策衔接。各地要加强相关财税政策衔接，加大代偿补偿力度，切实保障降费效果。

五是优化考核。调整对政府性融资担保再担保机构的盈利考核要求，重点考核在实现保本微利的前提下支农支小成效，落实尽职免责要求。

六是强化约束。对严重偏离支小支农主业、擅自扩大业务范围等政府性融资担保再担保机构，要予以公开通报，不得享受各级财税支持政策，不得纳入国家融资担保基金合作范围。

### 84. 国家在推动产业链协同复工复产方面有哪些举措?

根据工业和信息化部办公厅《关于开展产业链固链行动 推动产业链协同复工复产的通知》(工信厅政法函〔2020〕54 号)，要按照国务院常务会议关于推动产业链协同复工复产工作要求，在分区分级精准防控的同时，有序推动全产业链加快复工复产。

一是梳理解决企业实际困难。围绕防疫物资、民生保障、春耕备耕、国际供应链产品、劳动密集型产业等重点领域，梳理龙头企业及其产业链上下游未复工达产的核心配套企业名单。建立“一对一”联系机制，建立监测会商制度，发挥行业协会作用，分类梳理企业困难，积极协调推动解决。

二是落实援企稳企惠企政策。加强政策宣传，指导企业用好用足已出台政策。推动落实支农支小再贷款再贴现政策，阶段性减免企业社会保险费和企业缓缴住房公积金政策，失业保险稳岗返还政策，对中小微企业贷款实施临时性还本付息等各类支持政策。加大清理拖欠民营企业中小企业账款力度。加强企业防疫物资保障。

三是激发市场活力，拉动产业链协同复工复产。发挥“互联网 +”作用，拉动轻纺、家电、汽车等传统消费，培育智慧健康养老、绿色产品等消费热点。支持发展远程医疗、在线教育、数字科普、在线办公、协同作业等新业态新模式，拓展数字网络等信息消费。实施中小企业数字化赋能专项行动。加快 5G 网络、物联网、大数据、人工智能、工业互联网、智慧城市等新基础设施建设，加快制造业智能化改造。加快工业和通信业重点项目开工建设，跟踪抓好重大外资项目落地，推动在建项目尽快投产达产。

四是开展国际疫情研判，做好政策储备。加强全球疫情对重点产业链影响的分析研判，提出应对预案和政策储备。梳理产业链关键领域和薄弱环节，研究出台支持政策，引导企业稳固供应链，提升产业链水平。保障在全球产业链中有重要影响的龙头企业和关键环节平稳生产，维护国际供应链稳定。

### 85. 国家在加大金融服务实体经济力度，推动产业链协同复工复产方面，有哪些举措？

根据中国银保监会办公厅《关于加强产业链协同复工复产金融服务的通知》（银保监办发〔2020〕28 号）精神，在进一步加大金融服务实体经济力度，推动产业链协同复工复产方面，有以下措施。

一是加大产业链核心企业金融支持力度。银行业金融机构要加大流动资金贷款等经营周转类信贷支持，给予合理信用额度。提高核心企业信贷资金向上游企业的支付效率。支持核心企业为下游企业提供延期付款便利。强化核心企业信用约束。

二是优化产业链上下游企业金融服务。加强对核心企业上游企业的信贷支持。强化对核心企业下游企业的信贷支持。优化供应链融资业务办理流程。加大疫情防控期间对相关企业的金融支持力度。

三是加强金融支持全球产业链协同发展。鼓励银行业金融机构完善跨境服务网络，与境外同业机构合作，共同为全球产业链提供信用支持和融资服务。落实好中小微企业贷款临时性延期还本付息等政策。鼓励保险机构进一步拓宽短期出口信用保险覆盖面，在风险可控的前提下，适当降低费率。

四是提升产业链金融服务科技水平。鼓励银行业金融机构开发供应链业务系统，通过线上线下相结合的方式，为企业提供方便快捷的供应链融资服务。在依法合规、风险可控的前提下，有条件的银行业金融机构可探索创新产业链金融服务产品，研究开发服务电商平台、物流等领域大型核心企业的金融产品。

五是完善银行业金融机构考核激励和风险控制。完善供应链融资业务的考核激励。加强产业链金融服务的风险控制。银行业金融机构应明确核心企业准入标准，认真审核核心企业融资需求和贷款用途，加强对信贷资金流向的有效监督。

六是加大保险和担保服务支持力度。鼓励保险机构和政策性担保机构在风险可控的前提下为产业链上下游中小微企业获取融资提供增信服务。人身保险公司在风险可控的前提下可适度延长保单质押贷款期限，提升贷款额度，帮助客户缓解短期资金压力，支持小微企业复工复产。针对疫情发生以来物流受阻情况，保险机构可适当顺延疫情期间停运的营运车辆、船舶、飞机的保险期限。

## 十五、其他

### 86.职工有疑似新冠肺炎症状但不配合进行检查或隔离的，用人单位应该怎么办？

用人单位可以要求职工自行前往医院进行检查，如果其不配合，单位应当向医疗机构或公安机关进行报告，由相关机构进行协助采取措施。

根据《中华人民共和国国家卫生健康委员会公告》（2020 年第 1 号），将新型冠状病毒感染的肺炎纳入《中华人民共和国传染病防治法》规定的乙类传染病，并采取甲类传染病的预防、控制措施。根据《传染病防治法》第三十九条规定，医疗机构发现甲类传染病时，应当及时采取下列措施：（一）对病人、病原携带者，予以隔离治疗，隔离期限根据医学检查结果确定；（二）对疑似病人，确诊前在指定场所单独隔离治疗；（三）对医疗机构内的病人、病原携带者、疑似病人的密切接触者，在指定场所进行医学观察和采取其他必要的预防措施。拒绝隔离治疗或者隔离期未满擅自脱离隔离治疗的，可以由公安机关协助医疗机构采取强制隔离治疗措施。医疗机构发现乙类或者丙类传染病病人，应当根据病情采取必要的治疗和控制传播措施。医疗机构对本单位内被传染病病原体污染的场所、物品以及医疗废物，必须依照法律、法规的规定实施消毒和无害化处置。

### 87.职工有疑似新冠肺炎症状但不配合进行检查或隔离的，可能承担什么法律责任？

职工发现自己有疑似新冠肺炎症状，应进行相应的医学检查和采取相应的措施。

根据最高人民法院、最高人民检察院《关于办理妨害预防、控制突发传染病疫情等灾害的刑事案件具体应用法律若干问题的解释》（法释〔2003〕8号）第一条规定，故意传播突发传染病病原体，危害公共安全的，依照刑法第一百一十四条、第一百一十五条第一款的规定，按照以危险方法危害公共安全罪定罪处罚。患有突发传染病或者疑似突发传染病而拒绝接受检疫、强制隔离或者治疗，过失造成传染病传播，情节严重，危害公共安全的，依照刑法第一百一十五条第二款的规定，按照过失以危险方法危害公共安全罪定罪处罚。

根据最高人民法院、最高人民检察院、公安部、司法部印发的《关于依法惩治妨害新型冠状病毒感染肺炎疫情防控违法犯罪的意见》（法发〔2020〕7号）规定，故意传播新型冠状病毒感染肺炎病原体，具有下列情形之一，危害公共安全的，依照刑法第一百一十四条、第一百一十五条第一款的规定，以以危险方法危害公共安全罪定罪处罚：

（一）已经确诊的新型冠状病毒感染肺炎病人、病原携带者，拒绝隔离治疗或者隔离期未满擅自脱离隔离治疗，并进入公共场所或者公共交通工具的；

（二）新型冠状病毒感染肺炎疑似病人拒绝隔离治疗或者隔离期未满擅自脱离隔离治疗，并进入公共场所或者公共交通工具，造成新型冠状病毒传播的。

其他拒绝执行卫生防疫机构依照传染病防治法提出的防控措施，引起新型冠状病毒传播或者有传播严重危险的，依照刑法第三百三十条的规定，以妨害传染病防治罪定罪处罚。

### 88. 疑似新冠肺炎隔离期满排除患病和治愈出院的患者在回到用人单位上班后，用人单位存在歧视情形与职工解除劳动合同的，相关职工该怎么办？

如果用人单位因歧视原因与职工解除劳动合同，职工可以通过法律途径进行维权，主张因用人单位违法解除劳动合同情况下的相应权利。根据《劳动合同法》第四十八条规定，用人单位违反《劳动合同法》规定解除劳动合同，劳动者要求继续履行劳动合同的，用人单位应当继续履行；劳动者不要求继续履行劳动合同或者劳动合同已经不能继续履行的，用人单位应当依照《劳动合同法》第八十七条规定支付赔偿金。

### 89. 在防控新冠肺炎疫情工作中，单位和个人有哪些义务？

依据《传染病防治法》第十二条、第三十一条和《突发事件应对法》第五十四条、第五十六条、第五十七条等规定，一切单位和个人，必须接受疾病预防控制机构、医疗机构有关传染病的调查、检验、采集样本、隔离治疗等预防、控制措施，如实提供有关情况。发现确诊病人或者疑似病人时，应当及时向附近的疾病预防控制机构或者医疗机构报告，不得违法传播个人信息，不得编造、传播有关突发事件事态发展或者应急处置工作的虚假信息，同时采取防止危害扩大的必要措施，并及时报告。应当服从人民政府发布的决定、命令，配合人民政府采取的应急处置措施，做好应急救援工作，并积极组织人员参加所在地的应急救援和处置工作，协助维护社会秩序。

### 90. 新冠肺炎患者、疑似病人和密切接触者的工作范围是否应当受到限制？

依据《传染病防治法》第十六条第二款规定，“传染病病人、病原携带者和疑似传染病病人，在治愈前或者在排除传染病嫌疑前，不得从事法律、行政法规和国务院卫生行政部门规定禁止从事的易使该传染病扩散的工作。”由于新冠肺炎具有高度的传染性，因此新冠肺炎患者、疑似病人和密切接触者在治愈或排除新冠肺炎诊断以前，应当接受隔离治疗或观察。

### 91. 国家在事业单位公开招聘高校毕业生方面有哪些重要举措？

中共中央组织部办公厅、人力资源社会保障部办公厅《关于应对新冠肺炎疫情影响做好事业单位公开招聘高校毕业生工作的通知》（人社厅发〔2020〕27号）规定，各地各部门要落实分区分级精准防控要求，在切实做好疫情防控工作的同时，安全有序开展事业单位公开招聘工作。要加大事业单位面向高校毕业生的公开招聘力度，今明两年事业单位空缺岗位主要用于专项招聘高校毕业生（含择业期内未落实工作单位的高校毕业生）。其中，湖北省事业单位可以面向湖北省高校的毕业生或湖北籍高校毕业生开展专项招聘。要组织指导事业单位及早发布招聘公告，公布岗位数量和岗位条件，及时为高校毕业生应聘提供岗位信息，增加就业机会。招聘公告须在事业单位人事综合管理部门公开招聘服务平台、主管部门网站上发布；有条件的地区，可在省级事业单位人事综合管理部门公开招聘服务平台上集中发布；要有针对性地通过报纸、电视、广播、网络等媒介广泛推介招聘信息，扩大信息发布范围和社会知晓度。艰苦边远地区乡镇事业单位招聘本科以上高校毕业生、县级事业单位招聘硕士以上高校毕业生，以及招聘行业、岗位、脱贫攻坚急需紧缺专业高校毕业生，可以结合实际情况，采取面试、直接考察的方式公开招聘；可以根据应聘人员报名、专业分布等情况适当降低开考比例，或不设开考比例，划定成绩合格线。要积极鼓励和引导高校毕业生参加“三支一扶”基层服务项目计划。对高校毕业生参加“三支一扶”计划服务期满且考核合格的，可以按照有关规定进行专项招聘，并增加工作实绩在组织考察中的权重。对今明两年经省级人力资源社会保障部门统一组织招募参加“三支一扶”计划，服务期满且考核合格的人员，所在基层事业单位有岗位空缺的可以直接聘用，并不再约定试用期。

第三部分

# 集体协商典型案例

# 推行职工技术创新专项集体合同<br>推动职工创新和技能要素参与民营企业分配

## ——江苏省常州市开展集体协商健全产业工人薪酬机制案例

“十三五”期间，为贯彻落实党中央、国务院《新时期产业工人队伍建设改革方案》和中办、国办《关于提高技术工人待遇的意见》，江苏常州等地工会积极探索，创新推行职工技术创新专项集体合同，开展“能级工资”集体协商试点工作，推动职工创新和技能要素参与民营企业内部的初次分配，在健全企业薪酬制度、提高技术工人待遇、推动职工技术创新、促进企业健康发展等方面发挥了积极作用。

**一、协商背景**

2017 年 4 月 14 日，中共中央、国务院印发了《新时期产业工人队伍建设改革方案》。为推动“方案”精神落地见效，常州市总工会围绕“职工技术创新和职工经济待遇提高”这一课题深入企业开展调研工作。通过调研，发现企业工会组织职工开展“小发明、小制造、小革新、小设计、小建议”的活动丰富，活动成果也不少，但很多成果产生后就束之高阁，推广应用的程度不高。企业想推广却缺少办法，职工有办法却没有推广的积极性。通过走访分析，发现原因如下：一是企业对职工“五小”成果的奖励是一次性的，没有建立长期的、全面的激励政策；二是成果如果应用，企业的效益是提高了，但是参与应用的职工收益却不明显。如何解决“职工通过技术创新，既给企业带来经济效益，又能带动职工经济收入持续提高”的问题，常州市总工会想到了集体合同制度。集体合同是企业行政和职工通过集体协商签订的，是双方意志的统一，对双方都有约束力。

2018 年 3 月中共中央办公厅、国务院办公厅印发《关于提高技术工人待遇的意见》后，常州市总工会按照文件精神，明确了合同五方面的重点内容：一是一线职工培训经费保障；二是一线职工经济收入提高；三是一线职工技术职称提升；四是一线职工职务晋升；五是一线职工社会地位提升（主要指评优评先、政治上进步等）。然后选取若干集体协商工作基础好、企业家支持的民营企业开展试点工作。

**二、协商过程**

（一）签订技术创新专项集体合同，对于技术工人创新成果按净利润的一定比例提取奖金。

为充分调动广大员工质量、技术创新和持续改进的积极性和创造性，XD科技公司经集体协商签订了《职工技术创新专项集体合同》，明确对一线技术工人技术创新的奖励措施。针对质量、安全、环保、生产、管理、服务等不同部门和岗位人员，设“现场型”“管理型”“服务型”“攻关型”“创新型”五种类型创新小组，对于降低能耗，提高经济效益和人员素质的创新活动成果予以奖励。创新小组遵循“自愿参加，上下结合”与“实事求是，灵活多样”的基本原则，可在班组、部门、公司建立，也可以根据课题的内容跨地区、跨部门建立。小组人数以3—10人为宜，组长一般由组员选举或自荐。创新小组成果物质奖励根据创造效益高低设定不同的奖励标准：

对于“现场型”“管理型”“服务型”“攻关型”四种传统的创新小组，现有产品生产工艺或工程改进带来利润增长，奖励金额为该产品或项目（净）利润的5%，计算周期为一年；重大工艺改进带来安全、环保效益的，奖励金额由总经理办公会议讨论确定。发放时间为财务部门对工艺改进后的产品进行成本核算后的次月，一次性发放，参与活动小组奖励金额不足1000元的，按照1000元补足发放。

对于“创新型”视同研发非个人原创项目给予奖励。奖励金额和比例从该创新项目产生利润开始计算，连续五年内，分别提取本项目核算利润的12%、10%、8%、6%、2%；发放时间为项目的小试至移交生产稳定，每季度发放一次，连续发放五年。提奖比例设计为递减趋势，主要考虑项目小试到投产到大规模投产，虽然提取比例下降，但产量和利润总量逐步扩大，技术工人创新劳动获取的回报是增加的，同时也有利于引导员工继续挖掘创新潜力，提供更好的创新项目。

除按利润提取奖励外，公司每年另行对技术创新小组开展评优，设卓越小组一名，奖励5000元；优秀小组三名，奖励3000元；卓越个人一名，奖励3000元；优秀个人三名，奖励1000元。

2018年，公司共有14个项目按利润提取了技术创新奖励，共计发放奖金超过28万元，奖励员工50人。按照技术创新项目净利润提取奖励的办法，将员工创新性劳动与效益贡献大小直接挂钩，持续激发技术工人创新积极性。

（二）协商建立技术工人技能定级或职位晋升体系，设置体现技能因素的工资单元。

为引导操作工人重视提升技能，试点企业均协商建立了技能人才的职位晋升体系或技能定级管理办法，针对操作、技术、管理等不同人员设计不同的等级，报名条件、评选标准和程序，区分技能、技术或能力水平高低，并在不同程度上将技术工人工资待遇与技能等级挂钩。其中：

QH公司设立针对技术工人的技能职务序列，设计初级技师、技师、中级技师、高级技师四个较高级别的技能职务。公司制定内部评价标准和评聘管理办法，每两年复评一次，按评定结果确定技能系数，作为确定技术工人月度工资标准的因素之一。2018年包括检验工、设备管理员、制剂操作工在内的5名技术工人被评为初级技师或技师，月基本工资标准比评聘前平均提高了36%。

SH公司制定差异化的技能等级晋升或评定办法。对一线操作岗位每季度进行一次操作测算，每年进行一次理论考试，在基本的计件工资外，依技能人才评价结果按月另外发放技能津贴。对设备保全维护人员则每年组织岗位练兵，根据理论考试、实际操作、工作业绩等6个模块的综合考核结果核定技术工人岗位技能等级，综合岗位和技能等级评定结果确定月度基本工资标准。

QL公司对主要工种的技术工人设计七个岗位技能工资等级，其中四级的工资标准接近班组长，五级接近车间主任，员工转正3个月后可申请评定为一级，半年后可申请评定为二级。

同时，为鼓励员工进一步深造，提高学历水平，QH公司、SH公司、ZT公司等企业还设置了学历津贴，对于进入公司后取得大学本科、硕士研究生学历的员工报销部分或全部交通费、学费。

（三）针对不同技术工人特点，协商设计多样化的基本工资制度。

SH公司对挡车工等一线操作岗位人员实行以计件工资为主体的工资制度，根据每个岗位的技术含量、劳动强度等因素，协商确定计件工资单价，将操作人员的工资与本人工作量紧密挂钩；对设备保全维护人员等不能直接计算产量或效益贡献的岗位，实行岗位技能工资制，设立了5个大级10个小级，综合岗位和技能因素确定基本工资标准。

QH 公司技术工人岗位月度基本工资由薪点值与薪点系数的乘积决定。其中，薪点系数由岗位系数、技能系数和管理系数合计计算。岗位系数根据工种岗位确定，技能系数根据职务晋升通道评聘结果确定，管理系数根据工人实际承担的管理责任（如班组长、副班组长等）确定。这样基本工资全面体现技术工人的岗位、技能和实际承担的职责。

（四）协商设计绩效奖金单元，将技术工人工资与企业效益、个人贡献挂钩。

QH 公司对一线生产操作人员和二线辅助生产部门（如质量、仓储等）的绩效奖金设计不同的挂钩考核分配办法：一线生产操作人员的月度绩效奖金根据每月实际出勤及所在部门投产批次考核，直接与产量和工作量挂钩，年终奖金按照入库量提取部门总量并进行二次分配；二线辅助生产部门根据目标责任考核合同书进行考核确定，与部门工作目标和个人表现挂钩，年终奖按照企业销售量提取总量并考核发放。ZL 公司对制造部门超额完成生产任务的，按照超额完成利润的 5% 提取奖金，用来奖励制造部门技术工人。

（五）协商对优秀高技能人才实行项目工资、股权激励和科技成果转化奖励等特殊激励手段。

SH 公司除工资分配外，还对少数优秀高技能人才实行配股（分红）制度。除公司法定股东外，对其他中高级管理人员、技术技能骨干配置干股，没有决策权，但可参与利润分红。共分为 6 万元、8.5 万元、10 万元、15 万元和 20 万元五个档次的股份数，每年享受分红。2018 年企业三名“金牌工人”获得了 6 万元档次的干股分红奖励，各获得 6000 元分红。

QH 公司 2017 年使用企业自有资金回购 627.88 万股，主要用于对公司销售、研发、管理等 43 名骨干人才实施股权激励。2018 年在《职工技术创新专项集体合同》中约定，将继续使用自有资金回购股份，实施更大规模的员工持股计划，激励对象扩大到基层班组长、技术骨干和千红工匠。

**三、协商启示**

试点证明，技术工人参与收入分配的主体是企业，技术工人经济待遇提升必须以技术工人的岗位价值、技能水平或创新贡献得到企业认可为前提。民营企业的内部机制较为灵活，在运用集体协商平台，实现职工创新和技能要素参与企业内部的分配方面有很大的操作空间，可以进一步发挥作用。

2019年，江苏省总工会在省协调劳动关系三方委员会支持下，通过对常州试点工作情况的调查研究、总结提炼，在全省广泛开展试点工作。同年，推行职工技术创新专项集体合同、开展“能绩工资”集体协商工作被纳入《新时代江苏产业工人队伍建设改革实施方案》和《江苏产业工人队伍建设改革试点工作方案》。

2020年，为进一步发挥集体协商在健全产业工人薪酬激励机制、推动产业工人队伍建设改革方面的积极作用，江苏省协调劳动关系三方委员会制定了全国首个《关于开展集体协商健全产业工人薪酬激励机制的指导意见》（以下简称《意见》）。《意见》要求通过集体协商，推动建立促进企业创新发展、保障职工权益等方面的制度机制。通过设立荣誉津贴，弘扬通过诚实劳动实现人生价值的理念，引导产业工人爱岗敬业、积极奉献；通过落实产业工人参与技术革新、发明创造、科技创新的奖励措施，激发他们立足岗位创新创优的积极性和主动性；通过建立完善产业工人成长的激励机制，鼓励他们提升职业技能水平，提高学历层次；通过优化奖励方式，激发产业工人参与经济建设的工作热情和创新创造，如视情采取工资升档晋级、增加岗位津贴、实施专项奖励、进行股权激励、报销或补贴相关费用、授予或向上级推荐授予荣誉称号、组织参观考察等奖励措施，激发产业工人的创造性；通过协商工龄工资，增强职工对企业的归属感；通过协商企业增加利润的二次分配，构建职工与企业的利益共同体等。

# 织起网约送餐“骑手”的保障网
## ——安徽省蚌埠市网约送餐行业集体协商案例

### 一、协商背景

近年来，随着“互联网+服务创新”等新经济组织蓬勃兴起，网络点餐外卖家喻户晓，外卖送餐小哥快捷便利的服务受到人们点赞，其权益维护问题也引起了各级工会组织的关注。2018年以来，安徽省蚌埠市总工会积极落实全国总工会关于“探索快递、外卖等新业态领域行业集体协商模式”的工作部署，重点推进网约送餐行业集体协商工作，取得了明显成效。

### 二、协商过程

（一）勇于创新探索，统筹谋划服务先导

为了创新探索如何维护好、服务好新业态从业劳动者的各项权益，蚌埠市总工会对相关工作进行了统筹谋划和认真部署，着重抓好“三新”企业集体协商工作典型培育，把“三新”企业的建会入会、集体协商建制和相关普惠特惠服务工作相结合，协同推进各项工作深入开展。

通过前期开展的“三新”企业建会入会工作，市总积极跟进，做好包括网约送餐员在内的“三新”企业会员日常帮扶、夏送清凉、金秋助学、工伤慰问等帮扶服务工作，让新建会企业和“八大群体”员工充分认识到建立工会和加入工会所能享受到的服务和实惠，有效避免和化解了一些企业行政方对职工权益保障与集体协商工作的偏见和误解，为推动集体协商在“三新”企业的建制打开了工作通路。

（二）选定重点突破，签订首份企业合同

蚌埠WJ配送公司现有网约送餐“骑手”500余人，设有5个站点，人员主要来自下岗员工、近郊失地农民和社会闲散劳动者，城乡未继续升学的初高中毕业生，同时，还有部分工作时间自由的兼职人员。工资以计单结算为主，即每单根据时间节点、路途远近有不同的价位，多劳多得。由于户外劳动时间长，受气候影响大，工作条件相对艰苦，从业人员流失率高，流动性大。

为做好三新业态从业人员权益保障工作，蚌埠市总工会在2018年专门召开推进会议，下发文件、作出安排部署：一是调查摸底、了解架构。安排集体协商指导员对网约送餐人员构成、隶属关系、业务范围进行调查走访，做到心中有数。二是宣传到位、明确意义。市总安排人员专门走访食药监工商部门，对全市网约送餐行业分布掌握第一手资料，先后三次召开配送公司负责人业务协调会，确定召集人，共同学习《工会法》《劳动法》《安徽省集体合同条例》等法律法规，使大家明确组建工会、开展集体协商的意义。三是建商结合、共同发展。市总将工会组建和集体协商工作有机结合起来，在工会组织员（社会化工作者）的基础上增加集体协商等工作职能，制定奖励政策，从而调动专兼职集体协商指导员的积极性，WJ 配送公司集体合同的签订就是一个典型的范例。在 WJ 公司集体合同建制工作中，市总安排了 1 名工作热情高、业务能力强的集体协商指导员承担此项工作，多次上门动员宣讲政策，做好协调服务，取得了企业行政和工会的支持配合，为蚌埠市首份网约送餐企业集体合同的顺利签订打下了坚实基础。

前期筹备阶段，在 WJ 公司建立起职代会制度的基础上，蚌埠市总指导企业工会发出协商要约，得到了行政方的积极复约。双方按照法定程序各确定三名协商代表，行政方首席代表由总经理担任，人事主管和运营主管担任协商代表；工会方首席代表由工会主席担任，女工委员和组织委员担任协商代表。具体协商过程中，在涉及企业工资最低标准条款时，公司行政方从控制人工成本支出角度出发，提出本企业最低工资标准为 1500 元 / 月，为了更好地维护职工的收入权益，公司工会方积极争取进一步提高标准。在多次协商后，综合考虑到一线骑手按接单计件取酬，实际收入往往远高于蚌埠市最低工资标准，但公司运营、后勤保洁等岗位也有收入较低的职工，经双方协商一致，本企业最低工资不得低于本市最低工资标准的 120%（1620 元 / 月），并确定建立企业内部工资正常增长机制和工资支付保障机制等。

2018 年 10 月 12 日，蚌埠市总组织 WJ 配送公司工会、行政双方，经过多次协商，专门召开了集体协商会议。在 20 位职工代表的见证下，行政方和工会方现场签订蚌埠市第一份网约送餐企业集体合同。按照确保建制，逐步规范的工作思路，WJ 配送公司首次签订的集体合同共有 15 条，内容涵盖“骑手”们的工资待遇、劳保福利、休息休假、文体活动、教育培训等方面，以劳动法律法规为依据，通过开展集体协商、签订集体合同的形式织起“骑手”保障网。

（三）点面结合推进，签订行业集体合同

WJ 配送公司开展集体协商工作，实现了蚌埠市“三新”行业企业集体协商建制的零突破，具有较强的指导意义。在 WJ 公司开展协商的成功基础上，蚌埠市总继续深入推进，多次与美团 RX 配送公司协调沟通，加大指导力度，争取行政方支持，于 2019 年初开展了美团 RX 配送公司集体协商工作。RX 配送公司进一步提升规范了集体协商程序，集体合同文本草案拟订过程中，充分征求了广大骑手的意见建议；在协商内容上，RX 配送公司也进一步丰富了条款，提升了协商质量和保障水平，具体有三个亮点：一是明确骑手计件工资标准，明确每月送餐 800 单以内的，每单不低于 4 元；当月送餐 801 单以上的部分，每单不低于 5 元。二是提升骑手福利保障标准，明确设立骑手高温补贴、暖冬补贴和女骑手专项津贴，同时定期发放防暑降温物品等。三是做好员工后勤保障工作，为外地骑手统一安排集体宿舍；办好员工食堂，确保工作餐每顿一荤两素一汤等。

在成功推进网约送餐企业开展集体协商的基础上，蚌埠市总积极推动网约送餐行业工会联合会的成立和开展行业集体协商工作。2019 年二、三季度，蚌埠市总安排专人多次与市区三家已建立工会的网约送餐企业对接协调，筹备组建蚌埠市网约送餐行业工会联合会，同时为进一步开展行业协商工作打下了基础。2019 年 8 月，蚌埠市网约送餐行业工会联合会正式成立，覆盖市区三家网约送餐配送公司的 800 余名员工，三家公司共有 9 个配送站点，承担着市区 85% 以上的网约送餐市场业务，是典型的依托“互联网 + 服务创新”的新业态行业。

在行业工会联合会成立前后，市总安排集体协商指导员密切跟进，同步指导筹备开展行业协商工作。在网约送餐行业暂无行业协会的情况下，积极对接三家公司经营方，明确了由网约送餐行业工会联合会为职工方协商主体，三家公司的行政方为企业方协商主体，探索开展行业协商工作。在具体准备过程中，职工方与行政方就集体合同协议文本进行了反复磋商，达成了共识，并按照法律法规的规定履行相关程序，确保行业集体协商工作顺利推进。

2019 年 9 月 5 日，蚌埠市网约送餐行业集体合同签订仪式在市总工会举行。蚌埠市网约送餐行业工会联合会代表职工方，与 WJ、RX、RY 三家网约送餐配送公司负责人现场签订了网约送餐行业集体合同，来自三家公司的 50 名员工代表现场见证了签字仪式。经双方多次协商、共同努力，本次签订的蚌埠市网约送餐行业集体合同共有 18 条，内容涵盖网约送餐“骑手”们的工资待遇、劳保福利、休息休假、文体活动、教育培训等方面，旨在以劳动法律法规为依据，通过开展协商签订集体合同的形式，从而更好地实现维护员工权益、织起网约送餐“骑手”保障网的目的，这份行业集体合同的签订同时也实现了全国网约送餐行业性集体协商的零突破。

（四）结合疫情防控，助力行业复工复产

2020 年初以来，面对突如其来的疫情，针对外卖订餐量的大幅增长，而一线骑手对安全防护方面的需求提升、春节后返工率较低的现状，为了保障疫情防控时期市民的正常生活，蚌埠市网约送餐行业工会联合会于 3 月上旬，根据安徽省三方四家《关于做好疫情防控、支持企业复工复产，开展集体协商“春季要约”行动的通知》精神，在蚌埠市总的推动指导下，向三家网约送餐配送企业发出了协商要约，希望企业方在疫情防控期间对一线骑手的劳动保护和福利待遇给予有效保障和提升，得到了三家公司的积极回应。

3 月 17 日，蚌埠市网约送餐行业工会联合会与企业方经过协商一致，达成了《蚌埠市网约送餐行业集体合同关于 2020 年新冠病毒疫情防控期间的补充协议》。补充协议共有 9 条，主要围绕在疫情防控期间，进一步提升网约送餐行业一线骑手的收入福利、劳动保护和生活待遇，更好地激励一线骑手返岗复工。

补充协议的具体内容为在疫情防控期间，对开工出勤的骑手，给予经济奖励；根据出勤情况，企业方在正常送餐报酬的基础上每单送餐报酬增加 4—6 元，对疫情期间正常出勤和接单的骑手，确保保底收入不低于 200 元 / 天；疫情期间，企业方通过各种渠道及方式购买口罩、酒精、消毒水等防疫物资发放给骑手，安排专人每天两次对站点、车辆、外卖箱进行消毒，有效提升骑手的劳动保护条件；对外地返岗员工，企业方安排车辆接回；对家在市区未安排集体宿舍但回家不方便或晚点送餐超过 23:00 的骑手，企业方安排宾馆免费住宿。此外，网约送餐行业工会联合会鼓励并组织员工参加志愿者等防疫期间公益活动等，对在疫情防控期间表现突出，有重大贡献的员工适时给予奖励和表彰。协议的签订，对推动蚌埠市一线骑手复工、送餐企业复产起到了积极明显的作用。

该补充协议发出要约和协商签订的过程均是通过网络或微信视频先行确认

的方式，后续再通过书面签字方式形成正式文本。本次协商通过运用互联网信息技术的方式，充分体现了集体协商形式的灵活性与创新性，大大提高了疫情防控期间的集体协商工作效率。

# 协商妥善安置职工 化解劳动关系风险
## ——河北省唐山市 NKK 公司企业关闭过程中集体协商案例

**一、协商背景**

1996 年，世界 500 强企业之一的日本某株式会社在唐山高新区成立了外商独资企业 NKK 唐山公司，注册资金 6000 万美元，年生产能力 2 万吨，产品大部分出口。2010 年以来，由于企业自身原因，国际市场订单严重丢失，除 2013 年和 2017 年盈利外，公司一直处于亏损状态，因此日本总部董事会决定关闭唐山工厂，进行解体清算，解除与 569 名职工的劳动合同。

这 569 名职工中，男职工 533 人，女职工 36 人，其中双职工 8 对，年龄都在 40 岁左右，其中 325 人在公司工作超过 15 年。这些职工正处于上有老、下有小、有房贷的情况，企业突然解体清算将给 500 多个家庭、近 2000 多人带来生活上的巨大压力，也给职工队伍和社会稳定带来风险。

**二、协商过程**

出于稳定考虑，企业解体消息不能贸然公开。从 3 月 14 日接到公司关于解体清算的报告，到 3 月 25 日公司向职工宣布企业解体，10 天里高新区工会和企业工会与资方进行了一场艰苦卓绝、惊心动魄的“暗战”，通过坚持集体协商将事件主动权掌握在自己手中。

（一）高新区工会与资方的协商。3 月 14 日，资方向高新区总工会提交了《工厂关闭及合法安置职工的应对方案》。这一方案是由资方高薪聘请的律师团队拟定经董事会通过的，这个团队是处理在华日资企业劳务危机事件的专业团队，大部分在华日资企业的清产结算、解体安置都是由这支团队来操作。高新区总工会当即向当地党工委汇报了此事，高新区党工委指示工会要“争得职工合法利益的最大化”。高新区总工会在认真研究方案时发现，上述方案适用法律不全面、依据法规不充足，并以此为突破口，与资方展开激烈的较量。经过三次沟通，高新区总工会与资方就职工安置问题达成三条一致意见：一是否决了资方企图绕过与工会集体协商环节、而由企业与职工一对一进行单独协商的方式，明确由 NKK 唐山公司工会代表职工依法与资方进行集体协商。二是明确了工会组织依法维护职工合法权益的地位，高新区总工会依法按照“上代下”的原则代表企业工会参与协商职工安置方案的框架。三是在企业解体清算过程中，依法保护工会资产。

（二）企业工会与资方的协商。按照高新区总工会与资方的约定，资方将企业解体清算信息通报了企业工会，并希望得到工会组织的支持。但在3月18日企业工会与资方的沟通中，资方只通知了企业工会主席一人，而资方却是近20人的律师团队。在明显协商力量不对等、不公平的情况下，企业工会主席当即拒绝与律师团谈判。直到3月19日双方调整协商力量后，就采取集体协商的方式解决职工安置问题达成一致。

（三）初步确定协商内容。通过协商，高新区总工会、企业工会不仅将事件的解决引向集体协商的平稳轨道，为稳妥解决事件奠定了基础，还初步与资方达成框架性意见。一是“代通知金”是职工的合法补偿，且依法应为一个月的平均工资。二是资方应将职工福利延续到解除劳动合同后的6个月，对职工本人或直系亲属死亡、重病、生日等特殊情形提供慰问。三是平均工资计算标准从个体的平均工资，调整为全员有效平均工资，个体平均工资低于全员平均工资的以全员有效平均工资计算，个体平均工资高于全员有效平均工资的以个体平均工资计算。四是把原速签协助奖3000元调高至4500元。

（四）3次协商确定补偿方案。3月25日起，资方按照计划向企业职工公布了公司解体清算及职工安置方案，企业工会代表职工依法合理地表达诉求，与资方进行了3次协商，实现了职工权益最大化。

1. 针对整体补偿方案的协商。3月25日当天，资方先后组织了4场说明会宣布补偿方案。企业工会立即组织召开工会委员会会议进行讨论，通过微信工作群分小组征求职工意见，将职工意见梳理后再与资方进行协商，达成了最终补偿方案。一是增加长期工作贡献奖，工龄满15周年的会员一次性发放补偿金1万元 / 人。二是一次性发放旅游费1500元 / 人。三是本年度未体检员工，公司统一组织体检一次。四是2019年3月非节假日公司安排的休假按出勤计算，以上日期出勤人员按加班计算。五是协商前月平均工资计算方式：前一年度工资总收入 + 年终奖除以12个月；协商后月平均工资计算方式：前一年度工资总收入 + 年终奖 +500元福利费（春节、中秋、建厂纪念日购物卡金额）除以12个月。六是由企业工会和资方共同出资向全体会员发放价值300元纪念品。

2. 针对工龄不足15年职工补偿的协商。3月27日，230多名工龄不足15年的职工，因未能拿到长期工作贡献奖，聚集在工会会议室，向工会提出诉求，情绪激动。区工会及时介入，做好这部分职工疏导工作，引领企业工会与资方进行再次协商，最终为工龄不足15年的职工争取了1000元的购物卡，获得了这些职工的认可。

3. 针对工伤职工补偿的协商。因工伤职工身体原因，企业解体清算后再就业非常困难，部分工伤职工的签约显得尤为棘手。区工会和企业工会共同努力，在区人社局的支持下，经过集体协商，最终为5—6级工伤职工争得3万元特殊补偿金，为7—9级工伤职工争得1万元特殊补偿金。

**三、协商成效**

（一）最大限度为职工争取补偿，实现职工利益最大化。通过10天沟通协调和3次协商，唐山市总工会、高新区党政工上下联通、协调联动，最终达成了职企双方认可的补偿方案，工会为职工在法定标准之上多争取经济补偿2千多万元。

（二）引导职工按期平稳解约。这些补偿在合法的基础上，更体现了合情合理，是对职工的感情补偿，保证了劳动合同解除签约的顺利进行。3月26日，126名职工平稳选择解除劳动关系；3月27日，193名职工签约；3月28日，179名职工签约；3月29日，最后9名因工伤残职工顺利签约。从3月25日公布方案到3月29日，仅用5天时间，除62名留用人员外，507名职工全部签约，没有发生一起争议纠纷。

（三）确保了解散期间厂区秩序和职工队伍稳定。企业关闭清算涉及职工就业和家庭生活，然而在各级工会的积极引导下，职工始终遵守公司各项规定，认真了解政策，理性表达诉求，一切工作仍然井然有序，自觉在指定场所吸烟、就餐、休息。公司工会委员和一些员工自发组成工作组，自觉组成维护秩序小组，负责厂区内清洁、餐厅秩序，厂区内洁净得无一纸片，让日方管理和律师团队深受感动，树立了中国工人良好形象。

（四）合力做好职工再就业工作。职工解除劳动关系后，高新区党工委及工会将做好职工再就业工作提上重要日程，积极与业务相近的31家市区企业联系，召开3场职业推介会，工会还和资方联合邀请了全市15家日资企业参加推介会，现场提供就业岗位近400个。市总工会对该公司自主创业的下岗职工在借款、贷款、无偿扶持等方面提供政策支持，区工会与区内相关企业合作建立“双创帮扶互联网＋基地”，为该公司下岗职工及子女提供创业支撑。通过各方努力，在不到一个月时间内，420人实现再就业，稳定了人心，也给整个园区企业和职工吃了“定心丸”。

**四、协商启示**

此次NKK唐山公司关闭清算，涉及500多名职工的利益和500多个家庭的生活，然而在整个过程中没有一条不良信息上网、没有发生一起过激行为，充分彰显了以集体协商机制有效化解劳动关系矛盾的积极效果，为经济下行中有效处理劳动关系矛盾提供了可借鉴、可复制的经验。

（一）党的集中统一领导是做好维权维稳可靠的保障。NKK唐山公司关闭清算时间点非常敏感，正处于中美贸易摩擦日益加剧的敏感时期，一旦处理不好，就可能将经济问题演变为政治问题，造成难以估量的影响。唐山高新区党工委高度重视、切身加强组织领导，统一部署，协调工会、人社、公安等部门积极应对，做好预案正确处置，是事件得以顺利解决的重要保障。高新区党工委一贯重视企业党建和工建工作，着力加强外商投资企业党和工会组织的建设，党组织和工会在凝聚职工、维护合法权益、助推企业发展等方面发挥“主心骨”作用。

（二）工会发挥作用是做好维权维稳的关键。工会组织勇于担当作为是化解劳动关系矛盾的关键。唐山市总工会高度重视，专门派出人员全程跟进指导；高新区总工会靠前指挥，事前介入、事中跟进、事后服务，为企业工会撑腰把舵，引导协商沿着正确方向前进；企业工会不辱使命，始终战斗在化解劳动关系矛盾的第一线，真实表达职工合理诉求，积极化解各种矛盾，引领职工有序进行解约签字、情绪安抚、秩序维持、安排再就业，既维护职工权益，又充分考虑企业承受能力和社会稳定，发挥了很好的作用，展现了中国工会的风采，得到日方高管的充分肯定和高度赞许。

（三）集体协商机制是化解劳动关系矛盾的有效方法。十几年来，NKK唐山公司集体协商能够做到有事真商量、遇事真协商，推动企业和谐劳动关系建设。此次事件中，没有简单按照法定标准解除合同，而是在法定标准之上进行集体协商，以园区工会为主与日方就职工整体合法权益进行沟通，以公司工会与日方就职工安置方案中的具体问题进行协商，根据职工诉求变化进行再沟通再协商，不断修改完善补偿内容。这次有效运用协商方式有效消除分歧、达成共识，是化解劳动关系矛盾、保障社会稳定的重要方法。

（四）工会主席担当履职是重要条件。职工信任工会，工会干部敢于担当是事件得以妥善处理的重要原因。企业工会主席面对压力不退缩，坚决与高新区党工委保持高度一致，坚决将维护职工合法权益大旗扛在肩上，面对日方高管和 20 名律师团队，积极应对，敢于碰硬，有理有据有节与资方一轮又一轮地协商，为职工争取合理利益，为最终形成被全体员工认可的补偿方案作出了重要贡献。

（五）企业和谐文化是运用协商机制化解劳动关系矛盾的重要土壤。NKK 唐山公司工会始终坚持“促进企业发展、维护职工权益”的工作原则，与企业和职工共同营造“公司是我家”的企业文化，把“职企双赢”贯穿于企业始终，公司工会建立了职代会、厂务公开民主管理“阳光工程”“职工代表提案制度”，开展送温暖、心理健康疏导等关爱员工活动，每年开展工资集体协商与和谐劳动关系创建活动，建立了工会与日方管理团队相互信任、协商共事、同促企业发展的良好氛围。此次事件的顺利解决，既有公司多年来成功开展集体协商而积累的“协商基因”，也是公司长期构建和谐劳动关系结出的“和谐之果”。

# 服务职工　助力防疫　彰显国企担当

## ——北京 BYF 烤鸭集团有限公司集体协商案例

### 一、协商背景

北京 BYF 烤鸭集团有限公司是国有控股餐饮集团，现有职工 1505 人，旗下汇聚了众多老字号品牌，最早是建于明永乐十四年（公元 1416 年），以焖炉烤鸭技艺独树一帜的“BYF 烤鸭店”。2008 年 6 月，BYF 集团旗下的 BYF 焖炉烤鸭制作技艺、都一处烧麦制作技艺，被列为国家非物质文化遗产。BYF 集团将周总理释义的“便利人民，宜室宜家”确定为经营理念，以“振兴中华老字号，创造精品便宜坊”为共同愿景，让每一位宾客在享受美食的同时，享受文化、享受时尚、享受健康、享受幸福。

2020 年初，一场突如其来的新冠肺炎疫情，打乱了集团正常工作节奏，集团下属各企业的生产经营遇到了前所未有的困难，出现了餐饮业态损失惨重、租赁业态退租率高、资金周转困难等问题，疫情特殊时期灵活用工问题更是困扰集团的一大难题。在集团《2019 年度工资专项协议》即将到期之际，集团行政方与职工方克服疫情带来的重重困难，针对受疫情的影响职工的薪酬待遇、用工形式、休息休假、防疫措施等涉及企业劳动关系领域的突出问题积极开展集体协商，解决疫情防控特殊时期的劳动关系问题，达到保岗稳产的目的。

### 二、协商过程

（一）开展调研和培训，收集确定协商议题

为开展好疫情期间工资专项集体协商工作，集团工会通过职工方代表群，下发有关协商的相关文件、普及疫情期间相关政策法规和业务知识等，积极开展网上学习交流，进一步提升协商代表专业水平。还利用工会职工代表群、各分会职工代表群、业务沟通群等开展个别访谈等形式的征集协商议题，了解职工对集团生产经营、工资分配方案、薪酬满意度及工会工作情况等方面的意见和建议。同时集团工会就职工关心的热点问题，加强与行政的沟通，与行政方在调查摸底的基础上，根据《劳动法》《集体合同规定》《关于做好新型冠状病毒感染肺炎疫情防控期间稳定劳动关系支持企业复工复产的意见》（人社部发

〔2020〕8号）等法律法规政策的规定，共同拟定了《2020年度工资专项协议》（草案初稿），同时梳理完善了《劳动合同管理制度》《直营店、连锁店职工综合计算工时工作制及考勤管理制度》《不定时工作制的管理制度》《奖惩管理程序实施细则》等相关制度。

（二）深入沟通，开展要约

2020年2月27日，职工方向行政方正式发出集体协商要约，为便于协商顺利开展，职工方要求行政方提供公司上年度和当年的销售收入、资产负债表、损益表等相关资料。行政方自收到要约书后，立即组成了工资集体协商领导小组、制定了疫情期间工资集体协商方案，与工会方商定于2020年3月5日进行正式协商，双方各派7名协商代表参加。其间，经集团工会多次与集团人力培训部、上级崇远工会沟通，与集团工会委员和职工代表对《工资专项协议》文本充分研讨、相关细节反复推敲、斟酌，最终形成2020年度BYF集团《工资专项协议》（草案），并按照《集团公司职工代表大会管理程序》的规定，提报集团党委会审批。

（三）召开协商会议，达成共识

考虑到疫情原因，协商会议通过建立微信沟通群的方式进行，在集体协商会议上，根据北京市政府公布的工资指导线及本企业劳动生产率和经济效益等因素，在保证资产保值增值的前提下，双方充分交换意见，达成如下协商成果：

1. 协商确定职工工资的增长标准。按照企业岗位薪资标准等级及各岗位薪资标准系数调整，集团整体平均增长不低于5%，职工的月最低工资为2550元；加班工资的支付标准按照国家有关规定执行。

2. 协商确定疫情期间劳动报酬发放标准。（1）正常上班（含补休、调休、借休、灵活办公符合出勤条件等），按照工资标准正常支付工资。（2）经与职工协商一致，采取上一休一或安排待岗等方式的：在一个工资支付周期内，按照基本工资（含各项补贴等）标准支付工资。超过一个工资支付周期：提供劳动的，按照考勤支付职工工资，标准不得低于集团最低工资标准；未提供劳动的，支付生活费即北京市最低工资标准2200元/月的70%，即1540元/月。（3）受疫情影响未返岗员工。优先考虑安排职工年休假、各种存休倒休等，按照可休天数抵补未出勤天数。在一个工资支付周期内无法返岗：按照基本工资（含各项补贴等）标准支付工资。超过一个工资支付周期无法返岗：发放生活费

（即北京市最低工资标准 2200 元 / 月的 70%，1540 元 / 月）。（4）受疫情影响被隔离员工。因疫情原因被隔离的员工（有相关证明），根据《中华人民共和国传染病防治法》相关规定执行。（5）对新冠肺炎患者、疑似病人、密切接触者在其隔离治疗期间或医学观察期间以及因政府实施隔离措施或采取其他紧急措施导致不能提供正常劳动的企业职工，企业不得依据劳动合同法第四十条、第四十一条与职工解除劳动合同。 在此期间，劳动合同到期的，劳动合同期限分别顺延至职工医疗期期满、医学观察期期满、隔离期期满或者政府采取的紧急措施结束。

3. 协商确定相关防疫措施。结合新冠肺炎疫情这一突发的国家公共安全新情况，《工资专项协议》中注明为做好新冠肺炎疫情防控工作，企业应做好工作场所防控，如加强进出人员登记管理、保持工作场所通风换气、做好清洁消毒、配备防护用品、加强用餐管理等。

4. 协商确定“四必谈”相关内容。为落实北京市总工会于 2017 年出台的《关于加强职工福利费及教育经费使用、劳动保护标准、高技能人才待遇、带薪休假等集体协商工作的指导意见》（简称“四必谈”）要求，企业根据实际情况，协商约定在法律规定休假的基础上，增加 2 天职工子女高考假。每年为职工进行一次健康体检（含女职工妇科检查），健康体检费用不低于 80 元 / 人。工会会员或其直系亲属去世时，可以给予 500 元的慰问金，列支工会经费；非工会会员参照执行，列支福利费。工会会员结婚或符合政策生育、会员或会员直系亲属大病住院时可以给予不超 300 元的慰问品，列支工会经费；非工会会员参照执行，列支福利费。企业每年定期为职工发放或更换劳动保护用品。每年 6—8 月为职工发放防暑降温用品或防暑降温补贴。为符合条件室外作业的职工发放高温补贴。标准：120 元 / 人 / 月［在 33℃（含 33℃）以上室内工作场所作业的人员］，其他岗位 90 元 / 人 / 月。企业每年按照职工工资总额的 1.5% 提取教育经费，用于职工职业技能教育培训比例不得低于 60%。对已取得专业等级证书的职工分别给予一定的补贴，具体补贴标准按集团《职称津贴发放办法》执行，有条件的企业可建立职工书屋。

（四）创新职代会形式，共谋审议通过之举

为做好疫情期间集体协商续签工作，集团工会充分运用现代化信息技术，采用线上线下相结合的方式，于 2020 年 3 月 12 日如期组织召开了集团第二届十次职工代表大会，集团21个分会91名职工代表，19名列席代表参加了此次微信交流方式的职代会。会议当天，通过主席团成员交流群、集团分会主席交流群、分会职工代表交流群等各领域各层级的沟通渠道，环环相扣，紧密衔接，层层传达，层层收集，层层反馈，顺利召开了集团第二届十次职工代表大会，职工代表参会率达98.9%，出席会议职工代表超过2/3，会议审议通过了《北京BYF烤鸭集团有限公司2020年度工资专项协议》及集团相关制度。会后通过微信截图的方式，留存整理文档，最后形成收集议题、沟通协商、审议通过、备案存档的协商过程。

**三、协商成效**

（一）促进了企业劳动关系稳定和谐，增强了凝聚力和向心力。职工参与到集团收入分配的协商过程中，通过多种形式的参与和诉求表达，分享到了集团发展的成果，打造了企业与职工沟通交流和议事共决的平台；企业集体协商形式的不断丰富和协商内容的不断充实，使集体协商切实发挥了稳定职工队伍、增强企业的凝聚力的作用。截至2020年5月，集团累计离职333人（其中外埠的316人），平均离职率4.28%。

（二）创新了协商形式，提高了协商实效。2020年2月份，《北京市总工会关于新冠肺炎疫情防控期间做好集体协商的工作指引》中明确：双方协商代表可以通过网络平台、视频会议等方式开展协商，达成共识后形成会议纪要草案或相关制度草案等。疫情防控期间，集团劳资双方运用“互联网+协商”模式，充分借助微信群、视频会议等形式广泛征集协商议题，听取企业和职工的意见建议，通过线上线下相结合的方式开展协商；同时就职工关心的问题、企业经营生产中遇见的瓶颈等工资专项协议外的事项，双方还协商制定了《集团公司总部中层及店经理年度奖励兑现办法》《BYF集团奖励实施细则》等文件，上职代会审议通过后执行。这些探索丰富了协商内容、扩大了协商影响、提高了协商的实效。

（三）调动了职工的积极性和创造性，实现服务居民和疫情防控两不误。面对突如其来的疫情，通过集体协商，实实在在增强了职工的获得感，也充分调动了职工的积极性和创造性，上下团结一心、奋勇担当，不关店、不停业，坚持做到服务防疫两不误。一线职工积极为集团发展建言践行，先后推出便民售卖点，坚持每日出摊销售主食、半成品等方便居民餐桌；加大店内营养餐外卖、微信点餐、三公里免费送餐等服务。元宵节期间，集团旗下所有门店均销售锦芳元宵，同时 21 家门店增加出摊点，积极开展线上销售，加大线下销售，增开售卖柜台，增加人力支持，落实间隔一米排队，在防控疫情的基础上，满足顾客购买节令产品的需求。结合线上平台资源，通过外卖增加产品及品牌宣传度，持续开展“无接触外卖”，便利周边商企公司，提供盒饭送餐业务，从坐商到行商，进一步提高自主品牌营销宣传力度及品牌影响力。在疫情防控的紧急时刻，还积极推动与物美集团的合作，坚持“互帮互助，共抗疫情”的理念，鼓励门店合理安排职工上岗，支持零售企业的保供工作，集团共派出 10 人支援崇远万家，派出 187 人与物美集团实施共享用工计划，发挥老字号国企在疫情期间的担当作用。

# 应对疫情签集体合同助推企业复工复产
## ——广西LD电气股份有限公司疫情期集体协商案例

**一、协商背景**

广西LD电气股份有限公司创建于1966年，是国家高新技术企业。公司专业从事35kV及以下电气成套设备的开发和生产、销售和服务，是施耐德电气战略合作伙伴。2019年产值1.3亿元，与去年同期相比增长62.7%。公司注重技术创新，荣获十九项专利（其中3项发明专利），多项技术和产品荣获国家和自治区级成果应用推广和科技进步奖。

广西LD电气股份有限公司现有职工128人。此前，公司劳资双方已签订了集体合同，合同尚在有效期。2020年受新型冠状病毒肺炎疫情影响，企业出现市场需求下降、资金周转困难、员工复工率低等问题，疫情特殊时期灵活用工问题更是困扰企业的一大难题。为此，公司行政方主动向公司工会提出要约，希望通过集体协商解决疫情防控特殊时期劳动关系问题，达到“保岗稳产”目的。鱼峰区总工会在开展复工指导服务过程中，了解到企业情况，第一时间取得柳州市总工会相关部门和集体协商指导站的支持帮助，会同专业律师共同指导企业按照广西壮族自治区总工会2月28日发布的《关于应对疫情影响共促和谐发展切实做好集体协商工作的通知》精神，采用“集体协商”的规范程序，通过民主协商解决用工矛盾。

**二、协商准备**

（一）调整工资集体协商领导小组。2020年3月12日，行政方向工会方正式发出集体协商要约，工会方收到要约书后立即调整广西LD电气股份有限公司工资集体协商领导小组，制定了疫情期间工资集体协商方案。

（二）做好宣传发动工作。为开展好疫情期间工资集体协商工作，公司工会在钉钉群（网上）召开了工资集体协商专题培训会，通过网上学习交流，普及疫情期间相关政策法规和业务知识。

（三）拟订合同草案。领导小组通过微信（钉钉）开展个别访谈、公开问卷等形式的“云调查”，了解大家对公司生产经营、工资分配方案、工会工作情况、薪酬满意度等方面的意见和建议。在调查摸底的基础上，根据《劳动法》《集体合同规定》《广西企业工资集体协商条例》《自治区总工会关于应对疫情影响共促和谐发展切实做好集体协商工作的通知》《自治区人力资源和社会保障厅关于妥善处理新型冠状病毒感染的肺炎疫情防控期间劳动关系问题的通知》等法律法规，针对疫情防控特殊时期劳动关系问题，拟定了集体协商合同文本草案。

**三、协商过程**

（一）接受要约，推选代表。2020 年 3 月 12 日，LD 电气工会接到行政方要约书后，通过钉钉召开职工代表大会，通过民主推荐产生了 4 名集体协商的职工方代表，并进行了公示。2020 年 3 月 13 日，职工方向行政方作出了应约的回复。

（二）确定议题，准备依据。行政方提出本次协商的主要内容：1. 职工在政府延迟复工期间劳动报酬问题；2. 公司在疫情期间灵活安排职工工作涉及的调休和劳动报酬问题；3. 公司认为有必要居家隔离 14 天职工的劳动报酬问题；4. 因个人主观原因未能及时返柳待岗员工的劳动报酬问题；5. 总装计件人员人均工资低于最低工资标准的解决办法。针对以上议题职工方在钉钉群（网上）上征求职工意见，查找相关法律法规，并咨询柳州市总工会相关部门、集体协商指导站、专业律师，收集了充分的法律依据及职工意见。

（三）规范程序，依法协商。公司两轮工资集体协商会议分别于 2020 年 3 月 18 日下午和 2020 年 3 月 23 日下午在公司会议室召开。工会方首席协商代表为工会主席，公司方首席代表为公司总经理。两轮协商会议中，双方围绕疫情期间员工工资支付标准等主要议题，根据《广西企业工资集体协商条例》《自治区总工会关于应对疫情影响共促和谐发展切实做好集体协商工作的通知》《自治区人力资源和社会保障厅关于妥善处理新型冠状病毒感染的肺炎疫情防控期间劳动关系问题的通知》等政策法规展开协商。

1. 政府延迟复工的 2 月 3—9 日，职工劳动报酬问题。

行政方提出处理意见“3 日至 9 日期间，使用带薪年休假、剩余调休假、‘壮族三月三’假期冲抵延期复工时间”。由于协商前做了充分准备，职工方知道调休符合文件《自治区人力资源和社会保障厅关于妥善处理新型冠状病毒感染的肺炎疫情防控期间劳动关系问题的通知》的规定，同意行政方意见。但是提出“8 日至 9 日（周末）上班人员应该算加班”的意见，行政方讨论后认为新增意见合情合理，最后达成协议：员工可以使用带薪年休假、剩余调休假、“壮族三月三”假期冲抵 2 月 3—7 日延期复工时间；2 月 8—9 日（周末双休）上班人员按加班处理。

2. 2 月 10 日至 2 月 14 日延期复工期间，公司灵活安排职工工作涉及的调休和劳动报酬问题。

行政方提出处理意见“使用带薪年休假、员工剩余调休假、广西‘壮族三月三’假冲抵延期复工时间，超出部分按事假处理。居家办公人员算出勤”，职工方认为“带薪假用完后，休超时间（延期复工时间减去带薪假时间）按事假不符合政策法规，若公司当月扣减工资，员工的生活将受影响，员工会有抵触情绪”，经过双方反复讨论协商，职工方理解到企业的经营困难，企业方也考虑到职工的生活保障，一致同意采取应急举措共渡难关，最后达成协议：使用带薪年休假、员工剩余调休假、广西“壮族三月三”假等假期冲抵延期复工时间，年末无法冲抵的时间按事假处理，离职人员休超时间（延期复工时间减去带薪假时间）按事假扣工资。

3. 2 月 10 日后疫情期间，公司认为有必要居家隔离 14 天职工的劳动报酬问题。

第一轮协商情况：公司方提出处理意见“使用带薪年休假、员工剩余调休假、广西‘壮族三月三’假冲抵隔离时间，用完带薪假期后，用当年加班时间冲抵，无法冲抵的时间按事假结算”。职工方提出反对意见“带薪假用完后，休超时间（隔离时间减去带薪假时间）应按个人劳动合同标准支付工资，因为隔离是公司强制安排并非员工意愿。没有年休假冲抵的新职工工资低，不同意按事假结算，公司应加以重视”。经反复讨论，双方相持不下，行政方建议休会核算之后再协商，最后双方同意择日进行二次协商。

第二轮协商情况：公司方经过充分准备后提出处理意见“使用带薪年休假、员工剩余调休假、广西‘壮族三月三’假冲抵隔离时间，用完带薪假期后，发放生活费（当月柳州市最低工资标准的 80% 计算）。居家办公时间，按正常上班支付工资”。职工方提出反对意见“同意带薪假冲抵隔离时间，坚持休超时间（隔离时间减去带薪假时间）按个人劳动合同标准支付工资，同时提出新员工不冲抵年休假，财务部、供应部等行政班人员销假后实行节假日轮休制度”。公司方回复“疫情期间公司受到很大的影响，2月份没有资金收入，资金压力较大，希望职工能从企业角度考虑问题，双方各退一步找一个平衡点”，并提出折中意见：“带薪假冲抵隔离时间，休超时间（隔离时间减去带薪假时间）不扣减假期，休超时间按个人劳动合同标准支付工资，新员工不作特殊处理”。基于“保岗稳产”这样的形势需要，最后职工方作出让步，达成协议：使用带薪年休假、员工剩余调休假、广西“壮族三月三”假冲抵隔离时间，用带薪假期无法冲抵的隔离时间，公司按劳动合同标准支付工资。

4. 2月10日后疫情期间，因个人主观原因未能及时返柳待岗员工的劳动报酬问题。因为协商前已经在网上广泛征求职工意见，双方较快形成协议：使用带薪年休假、员工剩余调休假冲抵延期返岗时间，超出时间按事假处理。

5. 2月份总装计件人员人均工资低于最低工资标准的解决办法。因有法律法规遵循，加上有传统参照，双方讨论后形成协议：2月份人均工资低于最低工资标准的总装计件人员，按公司往年的方式发放年休假工资（高于柳州市最低工资标准）。

协商达成共识后，二次合同草案再次上传钉钉群，最后经职工代表网上审议并表决通过，双方正式签订了《广西LD电气股份有限公司疫情期集体合同》，鱼峰区总工会将合同文本报人力资源和社会保障局审查备案。

**四、协商效果**

（一）达到了“保岗稳产”预期。通过工资集体协商，行政方和职工方达到了共赢，员工理解公司决策，公司保障职工基本生活条件，公司的复工复产进展顺利。疫情期间，职工克服各种困难加班加点生产，公司以成本价及时向广西龙潭医院临时全负压病房（方舱病房）项目供应配电柜，得到柳州市政府肯定表扬。

（二）开创了“线上＋面议”模式。“互联网＋”贯穿整个工资集体协商过程，钉钉培训会、微信群意见征集、合同草案网上审议、职工代表网上表决等模式，让协商形式、程序操作、协商内容都有了新突破，通过“线上＋面议”模式达成了高效协商。

（三）彰显了工会组织作用。工会组织在疫情期集体协商中，成功化解用工矛盾，赢得了员工们的信任，增强了工会组织的凝聚力。

（四）构建了和谐劳动关系。通过集体协商，劳资双方有了平等对话的机会，工资分配、休息休假等特殊时期问题得到较好解决，切实提高了职工的工作积极性，促进了和谐劳动关系的构建。

**五、协商启示**

（一）提前宣传动员，汇聚各方力量。协商之前，要得到企业和职工的充分理解，法律法规宣传必须到位，业务学习培训必须做实，走访收集意见要充分。在企业和职工支持配合的前提下，通过工会组织整合各方意见，协商之前拟订合同草案，在充分筹备的基础上开展协商就能够事半功倍。

（二）注重工作方法，循序推进协商。采取先易后难、由浅入深、逐步规范的方法，先协商“总装人员最低工资标准”“个人主观原因未能及时返柳待岗人员工资标准”等内容，再协商“灵活用工人员工资标准”“居家隔离人员工资标准”等内容，结合疫情实际，把职工最低生活保障作为突破口来抓，逐步拓展协商层面，使协商得以顺利进行并达成共识。

（三）引入线上平台，打破时空限制。新模式的最大好处，就是打破了时空限制，大大提高协商效率和参与率。开展一轮集体协商一般要开六七场会议，每次会议要等代表集齐才能开会，召集工作量较大，如今即便在外地隔离或者出差的职工也能使用微信多人视频功能召开远程会议，减少了组织会议的工作量，提高了协商效率和参与率。

# 发挥行业工会作用助力企业复工复产
## ——江苏省南通市DT镇化纤行业集体协商案例

### 一、协商背景

2020年初，江苏南通海安市DT镇化纤行业工会面对疫情严峻挑战，积极运用集体协商机制，统一行业用工标准，缓解了疫情带来的停工停产对小微企业生存和职工收入影响的冲击，维护了企业和职工的利益，实现了职企携手、合力抗疫、共渡难关。海安市DT镇化纤行业下辖50家化纤企业，现有职工3249人。海安市DT镇化纤行业年产锦纶总产量13万吨以上，2019年实现工业应税销售38.12亿元，占全镇工业应税销售的57.2%。镇化纤行业工会自2013年9月建会以来，每年定期开展行业集体协商。2020年初，受疫情的影响，行业内企业不得不按下生产“暂停键”，企业和职工陷入两难境地，企业面临要复产但物流不畅通，原料价格暴跌，职工返岗难等问题；若不复产又将导致客户流失、熟练工流失、企业品牌信誉受损。职工面临要复工但订单不多，收入受影响，还存在病毒感染危险等问题；若不复工不仅没收入，还将面临失业的风险。

针对这些急需解决的难题，行业工会2020年春节假期没结束就通知行业内企业工会通过电子邮件、微信、电话收集本企业的职工对因疫情放假期间的工资收入保障方面的诉求和企业因疫情影响带来的新情况新问题，同时行业工会还对原来效益就不好的企业及小微企业进行了个访。然后召开行业内企业工会主席会议进行汇报交流、汇总整理。经归结：一是由于新冠肺炎疫情影响，部分外省职工无法及时返岗或返岗后隔离期间的工资支付标准及隔离费用的承担问题；二是国际石油暴跌，江苏涤纶长丝市场引爆原材料价格深幅下跌，库存一夜间跌价几十万元，企业面临严重亏本，疫情越来越严重，下游企业同样复工困难，如订单锐减，劳动力需求减少将带来职工就业困难的问题。既要解决企业生存问题，又要解决职工就业和生活问题，大家讨论后，一致认为：行业工会在关键时刻必须履行维护职工合法权益基本职责，主动作为，情况特殊，应该即时开展行业集体协商，解决疫情期间企业和职工面临的难题。会上讨论制定了《2020年DT镇化纤行业第一次集体协商方案》。于2月上旬向行业代表企业发出要约。

**二、协商过程**

2020年2月20日行业工会职工方代表与行业内企业推选的行政方代表在会前线上多次交流沟通的基础上，召开了协商短会。职工方代表提出关于疫情期间保障职工工资收入的问题，行政方代表表示理解员工实际困难及因疫情返岗复工滞后，影响职工工资收入，以至于影响职工家庭生活的现实问题，同意行业工会提出的职工工资收入的保障性意见。行业的企业方协商代表拿出行业平均成本核算表和企业销售合同等资料，提出今年行业的宏观经济效益情况不乐观，在企业正常运行困难的情况下，希望行业工会、企业工会帮助企业向广大职工说明目前行业及企业的难处，理解疫情期及企业复工后面临的实际困难，引导行业内职工能正确看待和克服眼前的困难，服从岗位调整，熟练工不跳槽，与企业共渡难关。双方协商代表本着兼顾职企双方利益，兼顾大中、小微企业能承受、职工能接受的原则，就职工因防疫放假待岗期间工资待遇、复工后的工资调整幅度、返企复工的交通费用、隔离费用、职工防疫保护用品、生活服务等问题反复协商，达成共识，制定了本行业的统一标准。

经过充分协商，行业集体合同约定如下：

1. 切实保障疫情期间职工的收入。一是因疫情防控不能及时返岗的职工工资按南通市最低工资标准支付。二是外省职工返企前提前申报，隔离费用由企业负担。三是长期不能返岗的职工，双方协商解除劳动合同，按法律法规支付经济补偿金。四是在企业复工后的运营困难阶段，按原来的计件标准计算工价，另外各企业根据实际生产经营情况，每个职工每月增加工资150—200元。

2. 根据企业实际情况，合理调整岗位，实现稳岗保就业。一是订单减少、需求职工减少的企业可实行轮岗轮休、缩短工时。二是行业内企业根据复工复产的用工实际情况，企业之间可以协商采用“共享员工”的用工模式。

3. 解决外省市职工返岗交通及相关费用。一是外省市返回单位复工的员工人数多的，企业可集中包车。二是外省市自乘交通工具返回单位复工的职工，由企业补贴路费。

4. 加强疫情期间复工的员工防护。一是由企业每日为员工提供口罩、消毒液等个人防护用品。二是倡导职工回家用餐，企业补贴餐费。

协商会议上双方还约定：计划于2020年下半年再次开展行业年度“第二次集体协商”，根据行业内企业生产经营和经济效益情况，依法、科学、合理地调整相关标准。

**三、协商成效**

实践证明，双方协商制定的返岗复工后的计件标准、工资增加标准及防疫保护措施等科学、合理、人性化，行业内职企都能接受。行业集体合同覆盖行业内所有企业，惠及了行业内大小企业的所有职工，企业有了统一的执行标准和法律约束力，职工工资收入、家庭生活有了保障，职工看到了希望，打开了一个“职企同舟共济，抗疫生产两不误”的良好局面，随着疫情逐渐好转，职工及时返岗，职工队伍稳定，行业内企业复工复产率不断提高，企业开足马力，职工加油干，目前没有一个企业因疫情影响而关停和裁员，企业和职工之间多了理解和体谅，因疫情影响产生的劳资纠纷为零，整个行业的生产步入正常，行业内的企业又按下了“快进键”。

DT镇化纤行业集体协商案例证明，在疫情导致企业停工停产的艰难情况下，行业工会积极引导劳资双方面对疫情给企业和职工带来的困境，及时开展行业集体协商，助力了行业有序复工复产，彰显出行业集体协商的效能，维护了职工的合法权益、维护了企业的生存发展、维护了社会的和谐稳定，实现了为企业分忧、为职工解难，促进了企业和职工同舟共济、共渡难关，增强了工会组织的凝聚力和影响力，用事实证明了工会既是职工最亲的“娘家人”，也是企业生存发展的好参谋、好助手。

# 集体协商促和谐　同舟共济渡难关

## ——四川省峨眉山市旅游行业集体协商案例

### 一、协商背景

峨眉山市位于四川省西南部，是中国优秀旅游城市、国家园林城市，旅游业是峨眉山市的支柱产业，2019年，峨眉山深入贯彻全省文旅发展大会精神，加快建设世界重要旅游目的地。1—10月，全市接待游客1711万人次、增长18.5%，综合收入330亿元、增长15.4%；峨眉山景区接待游客331万人次、增长9.0%，门票收入4.2亿元、增长4.9%。获评全省县域经济发展进步市、国家全域旅游示范区、西部百强县、中国幸福百县。

然而进入2020年，由于受全球性新冠肺炎疫情的影响，对本市旅游行业带来很大冲击，多数酒店在疫情期间暂停营业，为做好疫情防控工作作出突出贡献。为了稳定职工队伍，同时协助企业渡过难关，峨眉山市旅游行业工会联合会与峨眉山市旅游行业企业方代表协调开展了疫情防控期间集体协商工作。

### 二、协商过程

（一）健全主体，产生协商代表。峨眉山市旅游行业工会联合会按照法定程序产生6名职工方协商代表，其中首席代表由行业工会联合会主席担任。企业方协商代表由各企业代表民主推选产生，以SJ阳光大酒店为牵头企业，推举产生6名协商代表。双方确定协商代表后，在行业内各企业进行公示。

（二）广泛调研，收集信息，确定协商内容。没有调查就没有发言权，做实事必须先掌握实情。行业工会联合会与行业协会组成联合调查组，走访了全市大部分大型酒店、客栈，了解行业现状及经营情况，并通过面谈、电话、企业微信群、企业QQ群等方式收集了行业内最具代表性的6家星级酒店职工的利益诉求和建议200余条。经过整理，发现大部分职工的诉求都体现在工资待遇和工作岗位上。于是确定了今年疫情防控期间的集体协商议题即劳动报酬和劳动用工管理。

（三）加强培训，开展要约。针对新冠肺炎疫情防控形势下集体协商如何谈，怎么谈的问题，上级工会组织旅游行业职工方协商代表进行培训，对《工会法》《劳动法》《关于做好新型冠状病毒感染的肺炎疫情防控期间稳定劳动关系支持企业复工复产的意见》（川人社发〔2020〕5号）及《关于认真做好新冠肺炎疫情防控期间集体协商工作的通知》（乐工发〔2020〕8号）等法律法规政策进行系统学习与提高，总结经验，提升协商能力。2020年4月，峨眉山市旅游行业工会联合会向峨眉山市旅游行业的企业方提出要约，双方确定4月21日在峨眉山宾馆开展首轮集体协商。

（四）深入协商，双方达成一致。协商会议由峨眉山市旅游行业工会联合会主席主持。在集体协商会议上，劳资双方就暂停营业期间、复工复产期间、完全复工等阶段本市旅游行业星级酒店劳动报酬及劳动用工管理展开协商，职工方协商代表牢牢把握依法依规、有理有节的谈判策略，抓住重点、据理力争、适当让步，最大限度为职工争取利益。经双方充分交换意见，达成如下协商成果：

1. 劳动报酬。鉴于2020年新冠肺炎疫情对全行业影响及峨眉山市星级酒店实际，经双方协商，全市星级酒店职工工资水平原则上维持2019年水平。

（1）3—6月份处于暂停营业期间，各星级酒店停工停产在一个工资支付周期以上，依据《关于妥善处理新型冠状病毒感染的肺炎疫情防控期间劳动关系问题的通知》（人社厅发明电〔2020〕5号）《防疫期间劳动关系与工资支付的12条意见》（人社部发〔2020〕8号）等文件，若职工没有提供正常劳动的，企业应当发放生活费（生活费为乐山市最低工资标准的70%）。

（2）3—6月份处于复工复产期间，各星级酒店参考职工实际出勤率，可酌情适当下调前台、餐厅、客房、后勤工资标准。职工全勤上岗的，不得低于上年工资的80%，特别困难的企业不得低于乐山市政府发布的最低工资标准。管理人员工资按各企业视自身经营状况自行协商；低于上年标准80%发放的企业，应向峨眉山市旅游行业工会联合会书面说明原因，得到工会方面的认可。

（3）7月份以后，应依据职工实际出勤率，参照上年的工资标准发放给职工；如仍处于经济下滑导致亏损的企业，可继续按复工复产期间工资标准发放，但应通过本单位工会组织向全体职工讲明情况，得到职工认可，与企业同心协力共渡时艰。

（4）各企业应确定发薪日，并以货币形式按时足额支付职工工资。停业期间，企业未完全支付职工工资的，企业方在与职工协商一致后，应于7月31日前足额支付。

2. 劳动用工管理。为维护职工队伍和社会稳定，各企业原则上不裁员、不减员。有下列情况之一的，企业不得解除劳动合同：

（1）在本单位患职业病或者因工负伤并被确认丧失或者部分丧失劳动能力的；

（2）新冠肺炎患者、疑似病人、密切接触者在其隔离治疗期间或医学观察期间以及因政府实施隔离措施或采取其他紧急措施导致不能提供正常劳动的企业职工或者非因工负伤，在规定的医疗期内的；

（3）女职工在孕期、产期、哺乳期的；

（4）在本单位连续工作满十五年，且距法定退休年龄不足五年的。

因企业受外部环境影响，被迫裁员求生存的情况下，应按以下程序：

（1）提前 30 日向工会或者全体职工说明情况，并提供有关生产经营状况的资料；

（2）提出裁减人员方案；

（3）将裁减人员方案征求工会或者全体职工的意见，并对方案进行修改和完善；

（4）向市人社局报告裁减人员方案以及工会或者全体职工的意见；

（5）正式公布裁减人员方案并实施该方案。

（五）审议通过，形成集体协议

劳资双方协商一致形成行业性工资集体协议草案后，于 5 日内召开了峨眉山市旅游行业工会联合会 2020 年度职工代表大会，对合同文本进行表决。会上，职工代表全体通过协议草案，随后双方首席代表签字盖章形成正式合同文本并上报上级人社主管部门审核后，正式生效。

**三、协商成效**

（一）工会地位得到有力提升。受突如其来的新冠肺炎疫情的影响，今年全球经济面临全面下滑，我国部分行业特别是第三产业中的旅游行业生产经营困难增多，职工权益保障面临诸多新情况、新问题。面对这一特殊形势，由工会代表职工与行业企业方进行协商，签订集体合同，维护行业职工最关心、最直接、最现实的利益问题，工会组织以实际行动真诚服务，提升了工会在行业职工心目中的地位，增强了工会组织的凝聚力和影响力。

（二）有效促进了劳资关系的和谐稳定。在企业面临困难的时期，工会发挥组织优势，积极支持企业复工复产，指导企业和职工在疫情防控特殊时期顺利签订集体合同，增强了企业和职工携手抗疫共渡难关的决心。有了集体合同的保障，全体职工能够安心本职工作，从而稳定了职工队伍，促进了行业劳动关系和谐稳定。

# 助力企业复工复产共建和谐劳动关系
## ——河南省三门峡市经济开发区区域集体协商案例

### 一、协商背景

2020 年 4 月 28 日，三门峡经济开发区 2020 年区域集体协商会议如约举行。此次协商经过前期调研、制定区域集体协商工作方案、发出集体协商提示函、组建双方集体协商委员会、拟定区域集体合同（征求意见稿）、召开沟通协调座谈会、商定集体合同草案、发出协商要约、制定正式协商会议方案、培训职工方代表等一系列前期工作，筹备近两个月。在协商会议上，协商双方就疫情防控期间职工缺勤“先休后补”问题、加班费计算基数和提高技术人员和技术工人待遇等议题，进行了充分的协商，并最终达成了一致意见，签订了《三门峡经济开发区稳定就业岗位维护职工权益促进企业发展 2020 年区域专项集体合同》。

三门峡经济技术开发区始建于 1992 年，2005 年通过国家审核，更名为河南三门峡经济开发区，控制面积 10.9 平方公里。建区以来，坚持“工业富区、商贸兴区、科技强区”的发展战略，以招商引资为龙头，以工业企业为基础，以高新技术产业为主导，大力发展科技含量高、附加值高、高利税、无污染外向型企业，累计进区项目达 865 个，法人单位数 265 个，其中企业法人 158 个。目前已经形成电动汽车、精密量仪、纺织器材、化工制药、卫生保健、汽车配件等支柱产业为主导的现代化工业格局和以汽车、建材、家具三大批发零售市场为主导的集商贸、科技、工业、旅游于一体的综合性经济开发区，现有企业职工 5700 人。2019 年，全区实现生产总值 32.7 亿元，第三产业增加值 18.9 亿元，完成规模以上工业增加值 16.7 亿元，社会消费品零售总额达到 23.9 亿元，完成进出口总值 1.5 亿元，实际利用外资 2436 万美元。其中速达电动汽车项目获得国家发改委和工信部“双认证”，实现河南省本土品牌基本乘用轿车和纯电动汽车“双突破”，2020 年 4 月首次实现对德国出口。

当前正值新冠肺炎疫情防控和企业复工复产的关键时期，为积极推进疫情防控和支持区内企业复工复产，稳定就业岗位，维护职工权益，推动区内企业健康可持续发展，确保全区劳动关系总体和谐稳定，根据河南省和三门峡市协调劳动关系三方四家《关于贯彻落实“实施集体协商稳就业促发展构和谐行动计划”的实施方案》的要求，开发区工会办事处和各企业基层工会组织高度重视当前特殊时期劳动关系运行中出现的突出问题。在市总工会和开发区管委会的高度重视和大力支持下，从2020年3月下旬开始全面启动区内企业的集体协商工作。在深入调查研究的基础上，针对区内规模以上企业较少，部分企业工会组织力量薄弱，职工不会谈的现象比较普遍的问题，为提高协商效率和协商质量，最大限度地减少疫情防控期间人员聚集的风险，减少企业职工因开展集体协商对工作时间的占用，经过广泛征求企业和职工意见，并报请三门峡市总工会同意，决定在区内开展区域集体协商。其目的是通过开展区域集体协商，引导辖区内职工克服新冠肺炎疫情在全球蔓延对企业生产经营带来的不利影响，齐心协力与企业共担责任共渡难关。

**二、前期准备**

（一）深入企业调研制定区域协商方案。为高质量推进区域集体协商工作，按照全国总工会关于集体协商质效评估的要求，开发区工会办事处在三门峡市总工会和集体协商专家指导组的具体指导下，针对区内疫情防控期间企业复工复产遇到的困难和职工反映的劳动关系领域的问题，深入区内13家工业企业和三大市场数十家批发零售门店进行调查研究，在广泛征求企业和职工意见的基础上，于3月底制定了《三门峡经济开发区2020年区域集体协商工作方案》。

（二）召开座谈会发出区域集体协商提示函。2020年4月2日，按照《三门峡经济开发区2020年区域集体协商工作方案》的安排，开发区工会办事处召开了由区域内部分重点企业代表和工会负责人参加的“三门峡经济开发区2020年区域集体协商座谈会”，座谈会就辖区内疫情防控期间的劳动用工和职工权益问题研究探讨解决办法，座谈会还就2020年区域集体合同的基本构架进行了酝酿。

2020年4月3日，三门峡经济开发区工会办事处向辖区内企业发出《关于开展2020年区域集体协商的提示函》。提示函就协商主体、双方代表的产生、协商的主要内容、时间安排及其他事宜提出要求，并就协商议题发放征求意见表，广泛征求企业和职工意见。

（三）组建双方协商委员会确立协商主体。鉴于目前三门峡经济开发区只有工会办事处，没有区域性企业组织，存在着开展区域集体协商时企业行政方协商主体的确立比较复杂等问题，原设想由开发区管委会工信局作为区域集体协商的企业方主体，但市集体协商专家指导组认为，这样做不利于提高企业的认可度。按照三门峡市集体协商专家指导组的建议，创新工作思路，一是在区工信部门的大力支持下，由辖区内各企业推荐行政方协商代表组成企业方集体协商委员会；二是为提高职工的知晓度、参与度、满意度，由三门峡经济开发区工会办事处按照《河南省企业工资集体协商条例》关于协商代表的相关规定，组织辖区内企业职工选举推荐职工方协商代表，并经过公示后组成了职工方集体协商委员会。2020 年 4 月 10 日，在区工信局和区工会办事处的协调组织下，集体协商双方各自组建了协商委员会。参加协商的职工方协商代表按程序进行公示，征求职工意见。

（四）拟定集体合同征求意见稿。2020 年 4 月 15 日，双方协商委员会经过对协商议题征求意见的分析整理，根据疫情防控期间各企业和职工提出的问题和诉求，本着“稳就业构和谐促发展”的区域集体协商指导思想，按照打赢疫情防控和经济社会发展两场战役协商思路，开发区工会办事处会同三门峡市集体协商专家指导组拟定了《三门峡经济开发区稳定就业岗位维护职工权益促进企业发展 2020 年专项集体合同（征求意见稿）》。

（五）发出要约召开沟通协调会。为加快此次区域集体协商工作的进度，在《三门峡经济开发区稳定就业岗位维护职工权益促进企业发展 2020 年专项集体合同（征求意见稿）》拟定后，2020 年 4 月 16 日，开发区工会办事处代表职工方向企业方集体协商委员会发出《三门峡经济开发区 2020 年区域集体协商要约书》。2020 年 4 月 20 日，企业方集体协商委员会答复应约。双方约定于 2020 年 4 月 23 日召开由双方协商委员会成员参加的非正式协商会议“三门峡经济开发区区域集体协商沟通协调会”。

（六）通过沟通协调促成合同草案形成。2020 年 4 月 23 日，由双方协商委员会成员参加的“三门峡经济开发区区域集体协商沟通协调会”召开，就《三门峡经济开发区稳定就业岗位维护职工权益促进企业发展 2020 年专项集体合同（征求意见稿）》逐条征求双方代表的意见。沟通座谈会就疫情防控期间适时调整用工方式、灵活安排工作时间、规范企业用工管理、优先安排职工年休假、企业停工停产期间生活费发放、生产经营困难企业降低薪酬及工资延期支付等问题达成初步共识，并就集体合同的绝大部分条款达成一致意见，收到了预期的效果。但在疫情防控期间职工缺勤“先休后补”、加班工资计算、技术人员及高技术工人待遇等问题上分歧较大，需要会议后继续征求意见和协调双方立场，双方约定在 2020 年 4 月 28 日召开正式协商会议。

（七）制定协商会议方案培训职工方代表。在双方约定正式集体协商会议议题和日程之后，为了提高协商的成功率和协商质量，实现职工方提出的协商目标，开发区工会办事处在三门峡市集体协商专家指导组的帮助下，根据 4 月 23 日双方确定的协商议题和在沟通协调会议上企业方对议题的立场，制定了《三门峡经济开发区集体协商会议方案》，将正式协商会议的主要议题的政策依据和数据信息整理归纳为职工方发言提纲。2020 年 4 月 27 日，开发区工会办事处邀请三门峡市集体协商专家指导组针对协商议题对职工方协商代表进行协商策略和技巧培训，通过培训和模拟协商演练，进一步增强了职工方代表的自信力。

## 三、协商过程

2020 年 4 月 28 日上午，三门峡经济开发区 2020 年区域集体协商会议召开。参加正式协商会议的双方代表各 7 人，书记员 2 人。

协商会议由职工方首席代表主持，职工方首席代表首先向全体代表介绍此次区域集体协商会议的筹备情况及双方代表的产生过程，并请企业方首席代表向全体协商代表介绍区内企业的经营状况和发展态势。

企业方首席代表表示，今年以来，区内企业面临着国内国际疫情防控相互交错的冲击，生产经营遇到一些前所未有的困难，此时此刻，引导职工和企业通过区域集体协商，共商共谅，妥善处理区内企业复工复产出现的问题，是非常必要和非常及时的。作为企业方首席代表，希望双方代表通过集体协商这种形式，更好地引导职工与企业同舟共济，关心企业生存发展、帮助企业战胜困难，形成职工关心企业、企业关爱职工的良好氛围。

随后，双方就本次协商会议的议题、会议纪律及发言人等问题交换意见，达成共识后双方正式协商开始。

议题一：企业方提出：因疫情防控职工不能按时返岗而造成的缺勤，用“先休后补”的办法，将职工缺勤天数调整到返岗后利用加班补回。

首先发言的企业方代表指出：前一时期，因疫情防控职工不能按时返岗而缺勤，造成企业减产，订单无法按时交货，同时也造成职工工资收入的减少。企业方提议用“先休后补”的办法，将职工缺勤天数调整到返岗后利用加班补回。

职工方表示，按照河南省人社厅《关于妥善做好新型冠状病毒感染的肺炎疫情防控期间劳动关系工作的通知》规定：“对于因疫情未及时返回工作岗位的职工，企业可以优先考虑安排职工年休假。职工在年休假期间享受与正常工作期间相同的工资收入。”按照这一规定，对于因疫情未及时返岗的职工，在其年休假没有用完之前，不能视为缺勤，因此，也不存在返岗后补班的问题，其缺勤天数应优先从年休假中扣除。对用完各类休假仍不能返岗的职工，应按《通知》规定发放生活费。

对职工方的意见，企业方代表解释道，区内企业在当地疫情防控部门批准复工复产前的停工停产期间，都按有关要求发放了生活费。我们提出的缺勤是指在当地疫情防控部门批准复工复产后，职工应返岗而未返岗造成的缺勤。如果给这部分职工发放生活费，势必会给已返岗复工的职工带来新的不公平。

对此，职工方表示理解，但对于企业方提出的以“先休后补”的办法处理疫情防控期间的职工缺勤问题，应按国家关于延长工作时间的有关规定支付高于劳动者正常工作时间的工资报酬。

对职工方的意见企业方进一步进行说明，《劳动法》第四十四条第二款规定：“休息日安排劳动者工作又不能安排补休的，支付不低于工资的百分之二百的工资报酬。”按照这一规定，凡休息日安排劳动者加班的，可以在以后安排劳动者补休来进行弥补，而不必支付不低于工资的百分之二百的工资报酬。那么，职工在企业复工复产后因疫情防控原因造成的缺勤，我们可以视为企业在休息日安排劳动者工作后再安排的补休，只不过是让职工休息在先，补班在后。其实际意义是完全符合《劳动法》的相关规定的。

经过职工方代表的商议，同意了企业方的意见，但提出企业在安排职工加班补勤时，应首先考虑保障职工身体健康，每日延长的工作时间不得超过三小时，每月不得超过三十六小时，并保证职工每周至少休息一日。

企业方同意了职工方的意见。

议题二：职工方提出：加班费计算问题。

职工方代表指出：辖区内部分企业复工复产后，为了弥补疫情防控期间企业欠产和赶回工期，造成职工经常加班加点；部分企业由于职工返岗人数不足，只能靠已返岗职工加班维持生产运行。这些做法，大部分职工是理解的。但部分企业加班费的计算不合理，影响了职工加班的积极性和企业复工复产的进度，应当以各项工资的总和计发加班费。

企业方代表表示，由于疫情防控企业订单逾期交货现象严重，不得已安排职工加班，大部分职工给予大力支持。目前区内大部分企业处理职工加班问题主要是从两个方面解决，一是在职工加班以后给予调休处理；二是实在不能安排调休的，按员工的基本工资或者标准工资作为基数来计算加班工资，如果把因加班而产生的绩效也按倍数计算，会造成企业人工成本的多重核算。因此，加班费的计算基数只包括基本工资或标准工资部分，而绩效工资作为职工的绩效按月考核计发工资。

职工方代表指出，按照《劳动合同法》的相关精神，加班工资计算基数应该遵循以下原则：

1. 如果劳动合同明确约定工资数额的，应当以劳动合同约定的工资作为加班费的计算基数。

2. 如果劳动合同中没有明确约定工资数额，或者合同约定不明确时，应当以实际工资作为加班费的计算基数。

3. 如果用人单位与劳动者在劳动合同中没有约定加班费基数，也没有约定具体的工资标准，但用人单位已经通过《工资分配制度》等制度的形式对加班加点工资计算基数进行了规定，并征得了职工代表大会的同意，那么，就可以以规章制度规定的加班加点工资基数为标准计算加班工资。

对职工方的意见，企业方表示过于复杂，企业不好掌握。鉴于这次是区域性集体协商，加班费计算办法不宜过细，可以提出一个关于加班费的最低标准，供区内企业参照执行。

职工方认为企业方的意见很好，按照国家关于确定职工日平均工资和小时平均工资计算的有关规定，结合当地最低工资标准，提出以下意见：区内企业因工作需要安排职工休息日加班又不能安排补休的，其加班费不得低于当地最低工资标准的 200%；工作日延长工作时间的，其加班工资按不得低于当地最低工资标准的 150%。企业现行加班费标准高于此项标准的，按企业现行标准执行。

对职工方代表提出的办法，企业方表示赞同。但同时认为还不够具体明确，应该将相对比例数直接换算成绝对数，这样对企业来说便于操作，职工一目了然。提出：按照劳动和社会保障部《关于职工全年月平均工作时间和工资折算问题的通知》规定："职工正常的法定工作时间为每月工作为 21.75 天和 174 小时"和《河南省人民政府关于调整河南省最低工资标准的通知》规定"一类行政区域月最低工资标准 1900 元"，根据这两个规定，将区内企业加班费最低标准分别换算为：

因工作需要安排职工休息日加班又不能安排补休的，其每天的加班费标准不得低于 175 元；工作日延长工作时间的，其每小时的加班工资不得低于 16.5 元，企业现行加班费标准高于最低标准的，按企业现行标准执行。

职工方对这个方案表示赞同，但认为这个加班费最低标准是按当地最低工资标准计算的，看能不能在这个最低标准的基础上再提高一些，意见是：

区内企业因工作需要安排职工休息日加班又不能安排补休的，其每天的加班费标准不得低于 200 元；工作日延长工作时间的，其每小时的加班工资不得低于 19 元。

企业方表示，目前区内企业在国内国际疫情防控的轮番冲击下，复工复产面临较大的困难，作为企业职工应当在企业困难的时候和企业同舟共济，共克时艰，区内企业有许多职工不计报酬加班加点，为疫情防控和复工复产作出了很大贡献，有这样好的职工，我们有什么困难不能克服呢？

协商结果：区内企业因工作需要安排职工休息日加班又不能安排补休的，其每天的加班费标准不得低于 180 元；工作日延长工作时间的，其每小时的加班工资不得低于 17 元。企业现行加班费标准高于最低标准的，按企业现行标准执行。

议题三：职工方提出：提高技术人员和技术工人待遇。

理由是：近两年来，中共中央、国务院和河南省委省政府及市委市政府相继印发《关于提高技术工人待遇的意见》，为推动我国经济高质量发展提供坚实的人才保障。但目前区内企业各类科技人员只占职工总数的 3.9%；技术工人占 32%，高级工以上技术工人占 12% 左右，技师和高级技师只占技术工人数的 3.8%。2019 年，区内中级以上专业技术人员平均月工资在 4500 元左右，技术工人平均月工资在 2800 元左右，高级工以上高技术工人平均月工资在 3200 元左右。2019 年区内大部分企业没有为职工增加工资待遇，而同一时期我市物价指数上涨近 4%。从这些数据分析，无论是从科技人员或高技术工人的比例构成还是科技人员或高技术工人的工资水平来讲，都不足以支持区内企业的可持续发展。因此，有相当数量的科技人员和高技术工人在征求意见时提出，要在企业工资结构中设置体现技术技能价值的工资单元，合理确定科技人员和技术工人工资水平并实现合理增长，希望在 2020 年为科技人员和技术工人增长 8% 左右的工资。

对此，企业方表示，区内企业处于我国中西部地区的大环境之中，能够吸引高科技人员的条件不多，究其原因，主要是区内企业大多数是民营企业，在科技人员和高技术工人待遇方面没有什么吸引力，无法与沿海企业和内地国有大中型企业相抗衡。近两年来，在区管委会的大力支持下，区内企业最大限度地提高了科技人员和高技术工人的劳动报酬和其他待遇，但由于这次新冠肺炎疫情造成部分企业连正常发工资都存在困难，目前谈增长工资对企业来说是比较困难的。

职工方对当前企业面临的困难表示理解，但提出可以先就提高科技人员和技术工人待遇建立一种机制，以保障在条件具备的情况下，其待遇得到相应的提高。建议企业的工资总额分配要向高技能人才倾斜，高技能人才人均工资增幅不低于本单位管理人员人均工资增幅。

企业方同意在集体合同中写明：企业工资总额分配要向高技能人才倾斜，高技能人才人均工资增幅不低于本单位管理人员人均工资增幅。

紧接着，职工方代表提出，今年二到四月份，由于受疫情防控的影响，部分企业出现降低职工工资现象，造成科技人员和技术工人的工资水平得不到保障，希望通过这次区域集体协商，建立科技人员和高技术工人最低工资保障机制，并提出以下意见：

1. 本辖区内高新技术产业，科学技术人员最低工资保障标准在当地最低工资标准基础上上浮 80%；生产一线高技术工人最低工资保障标准在当地最低工资标准基础上上浮 50%。

2. 本辖区内工业企业，科学技术人员最低工资保障标准在当地最低工资标准基础上上浮 60%；生产一线高技术工人最低工资保障标准在当地最低工资标准基础上上浮 40%。

对职工方意见企业方表示同意，并提议在职工方意见的基础上，再加上一条，即本辖区内其他产业，中高级管理人员最低工资保障标准在当地最低工资标准基础上上浮40%。理由是区内三大市场服务性企业较多，有许多中高级管理人员也是重点引进的人才，因此，提高对这一群体的最低工资保障标准也是十分必要的。

在这一议题上双方很快达成共识。至此，协商会议的主要议题协商完毕。按照会议议程安排，书记员宣读《三门峡市经济开发区稳定就业岗位维护职工权益促进企业发展2020年专项集体合同（草案）》。举行了签字仪式。

**四、履约机制**

职工方首席代表提议，为做好集体合同的落实工作，建议协商会后，请三门峡市总工会、开发区管委会工信局会同开发区工会办事处与双方协商委员会共同组成三门峡经济开发区区域集体合同履约监督检查小组。企业方首席代表表示同意。

**五、协商启示**

（一）新冠肺炎疫情给劳动关系领域带来新的挑战，但同时也给集体协商工作注入新的活力。集体协商要针对疫情防控期间劳动关系领域出现的矛盾，把企业复工复产中遇到的问题作为协商议题的切入点，集体合同要体现维护企业劳动关系和谐稳定的作用，切实帮助企业解决实际问题。如此次协商的用“先休后补”的办法，将职工缺勤天数调整到返岗后利用加班补回的议题，既在一定程度上弥补了企业用工短缺，也帮助职工增加了收入。

（二）区域集体协商需要把握好以下几个环节。一是要制定好集体协商工作方案，科学安排和统筹规划区域集体协商的各个节点，才能提高协商效率和质量。二是要组建区域集体协商双方委员会，以提高职工参与率、知晓度、满意度和企业认可度为落脚点确定双方协商主体。三是要做好区域集体协商职工方代表的培训工作是区域协商的重要环节。其培训内容主要有几个方面：涉及疫情防控协商议题的政策依据、协商议题的数据来源及应用分析、企业方可能利用的政策及数据信息研判、协商会议的整体策略安排、职工方代表发言分工及配合、2—3次模拟协商演练以及职工方代表对协商议题的掌控能力。

# 建集体协商机制　架职企和谐桥梁

## ——福州TY环保能源有限公司工资集体协商案例

### 一、协商背景

福州TY是中国TY股份有限公司的全资子公司。中国TY是一家环保新能源上市公司，为全球客户提供“多元化环境管理服务”，业务遍布全球34个国家，年均废弃物管理量约3100万吨。福州TY于2010年12月与LJ县政府采用BOT方式签约，投资近5亿元建设和运营LJ县生活垃圾焚烧发电厂，项目一期自2013年1月投运，二期项目于2019年12月并网发电，自投入运营以来，累计处置LJ县域及周边生活垃圾150余万吨。为LJ县的环境保护和生态文明作出了卓越贡献。

受2020年疫情影响及企业生产成本增加，公司职工对企业发展、个人薪资福利等存在担心、犹疑等不良情绪，导致职工心理浮动和人员流动加剧，给企业的健康发展造成极大的隐患。针对这一严峻情况，公司工会高度重视，主动作为。认为特殊情况下，更应该开展工资集体协商工作，加强双向沟通，共同解决疫情期间企业和职工面临的难题。公司工会通过员工座谈、个别交流等形式充分收集职工诉求，然后将诉求进行归纳汇总，最终列出主要的六点：1.企业2020年员工基本工资调整幅度；2.提高户外高温作业员工的补贴标准；3.提高一线员工中、夜班补贴金额；4.给予师带徒的师傅予以适当的奖励；5.调整一线生产员工奖金分配系数和金额；6.改善员工伙食和住宿条件，提升公司文体娱乐设施和服务水平。每一件都饱含职工期待，反映职工心声。经职工代表一致同意后，7月6日职工方向行政方发出要约。收到要约后，行政方积极响应，于7月12日回复应约书。经双方共同商定，决定于7月23日召开工资集体协商会。随即张贴协商公告，广而告之。

### 二、协商过程

7月23日上午，在多次交流沟通的基础上，TY公司工资集体协商会如期召开。双方各派5名代表参会，现场还有30名职工代表旁听。职工方协商代表在首席代表的带领下，先后就六个议题一一提出协商：

第1个议题是2020年度基本工资调整问题，要求一线员工的工资仍参照往年进行调整，比例达到5%及以上；第2个议题是关于一线员工高温补贴金额调整的问题，要求今年的高温补贴金额从200元/月调整到260元/月；第3个议题主要针对一线员工的中夜班补贴问题，要求中班调整到20元/班，夜班调整到30元/班；第4个议题主要针对带徒师傅的奖励问题，提出对有签订师带徒协议的师傅，按照每培训好一名徒弟发放2000元现金的方式进行奖励；第5个议题主要是增加一线员工季度奖金分配系数和金额的问题，结合各岗位劳动强度和技术含量，希望机炉电岗位提高0.2个点，垃圾吊、化水、污水提高0.1个点；第6个议题主要针对职工普遍关注的食宿改善、娱乐设施提升等问题，希望提高食堂的伙食标准，添置一个职工影音活动室。

行政方代表丝毫不敢懈怠，他们针对职工方提出的协商议题一一进行了答复，作为首席代表的公司总经理还就公司发展远景及提高员工福利待遇安排等做了现场阐述。行政方代表对2、4、5、6这四个议题现场给予了肯定答复，对1、3两个议题提出另行休会协商。职工方表示同意。双方利用休会期间分别与集团公司高层及现场职工代表就1、3议题进一步深入探讨。二次协商进行得很顺利，双方就相关议题达成一致意见。双方首席代表当场签订了《工资集体协商合同》(草案)。至此，协商会圆满结束。现场响起了职工代表们的热烈掌声。

**三、协商结果**

经过充分协商，双方就工资专项集体合同约定如下：

1. 2020年度薪酬调整最终以中国TY股份有限公司确定的薪酬调整和岗位技能定级及其工资体系方案和明确时间统一实施。

2. 从2020年6月起生产一线员工高温补贴金额从200元/月调整到260元/月，发放时间根据我省规定为每年6—10月计5个月。

3. 从2020年6月1日起生产一线员工中夜班补贴标准由原中班4元/班次、夜班8元/班次分别调整到中班15元/班次和夜班20元/班次。

4. 季度奖金将在结合原有岗位系数和金额基础上，酌情提高一线岗位员工的奖金系数，使生产一线员工的季度奖金总额超过原有总额的50%以上。

5. 师带徒奖励金额为2000元，其中1200元从签署《师徒协议》当月开始发放，200元/月，发放6个月，从2020年6月开始执行；之前至2020年1月已经签署《师徒协议》并带徒的予以补发，余下800元待徒弟工作满一年后一次性发放。

协商会结束后，TY 公司又将《工资集体协商合同》（草案）提交职工代表大会通过，并上报县人社部门审查备案。

**四、协商成效**

1. 拓宽了职企的双向沟通渠道，增进了彼此间的理解和体谅。进一步稳定了职工队伍，促进了企业劳动关系的和谐。

2. 解决了职工后顾之忧，充分调动职工的生产积极性，提高了企业的经济效益。

3. 深化了企业民主管理制度，实现劳资共赢，践行中国天楹“我赢非赢，共赢为赢”的核心价值观。

4. 进一步宣扬工会工作效能，彰显工会组织在调处劳资关系方面的地位和作用，增强了工会的凝聚力和向心力。

# 直面疫情话共赢　同舟共济谋发展
## ——锦州市汽车零部件行业集体协商案例

### 一、协商背景

锦州市汽车零部件行业以创造多个汽配界“神话”的万得集团为龙头，建立汽车零部件行业工会联合会，涵盖企业 25 家、职工 5000 余人。按各企业职工人数划分可分为三个档次，中型企业 4 家，职工在 300 人以上；中小型企业 8 家，职工在 100 到 300 人；小型企业 13 家，职工在 100 人以下，其中很多企业都是行业的佼佼者，甚至国际知名。在行业中，WD 集团锦州 HN 电机有限公司是最大的自主品牌汽车发电机和起动机生产企业，先后研发出几十项新技术，全球排名第六；锦州 JH 汽车安全系统有限公司是中国最大的自主品牌汽车安全气囊供应商；锦州 WY 机械部件有限公司自主研发生产出来的汽车减震器活塞杆填补了国内外市场空白，产销量世界第一。

近年来，在锦州市委、市政府和市总工会领导的关怀支持和相关部门的通力合作下，锦州市汽车零部件行业各企业不断超越，诚信经营，不断加强行业规范和自律，努力搭建行业横向交流学习平台，协调解决行业发展中遇到的问题，努力做到制度创新、技能创新和实践创新，把汽车零部件产业打造成了锦州的重点行业，取得了良好的经济效益和社会效益，连续两年被锦州市委、市政府评为“功勋企业”。

锦州市汽车零部件行业的发展离不开行业各企业职工的贡献，为了促进企业不断健康持续发展，保证职工共建、共享权利，实现企业发展和职工权益维护的“双赢”，锦州市汽车零部件行业集体协商已经连续开展了 6 个年头。2020 年，为了克服疫情造成的影响，建立和谐稳定的劳动关系，共同推进行业向着更高目标发展，锦州市汽车零部件行业工会联合会会同行业商会于 2020 年 3 月在行业内开展了集体协商准备工作，对各企业的基本状况、员工现状、工资情况、工作环境、防疫情况、《劳动合同》签订执行等情况进行了广泛深入的调查。归纳起来主要有以下几个方面。

一是职工保岗位、稳就业愿望强烈。受突如其来的新冠肺炎疫情影响，汽车零部件企业产业链部分单位生产处于不饱和、不盈利状态，为应对经济不景气的大环境，企业对职工采取了培训、轮岗、转岗等方式稳定职工队伍，职工们希望通过集体协商达到稳岗就业的目的，同时也希望与企业同舟共济、共克时艰，使企业尽快走出困境。

二是企业安全生产环境受到冲击。汽车零部件行业部分企业原本就有粉尘、噪声等不利于职工身心健康的环境影响，2020 年初的新冠肺炎疫情给企业和职工又带来了新的严重威胁，创造良好的生产环境、保护职工人身安全，使企业健康有序发展成了企业和职工的共同追求。

三是《劳动合同》规范化、企业规制合法化是劳资双方共同心声。锦州市汽车零部件行业属于民营企业，为了减少劳资纠纷，构建稳定的劳动关系，劳资双方都希望通过集体协商和职代会把《劳动合同》规范化、企业规制合法化，使企业经营者有章可循、职工权益有保障，形成双赢局面。

四是职工希望适度提高福利待遇。锦州市汽车零部件行业是锦州市“功勋企业”，经济效益不断提升，企业对职工的福利也不断增加，职工幸福指数也很高。2020 年受疫情影响，企业经营遇到一定困难，职工十分体谅企业的难处，没有提出增长工资的诉求，但希望通过集体协商，达成企业在经济复苏的同时，适度提高福利待遇的共识，使职工对企业有更强的归属感、自豪感。

根据调查结果，汽车零部件行业商会和行业工会联合会一致认为，面对疫情，劳资双方有必要坐下来就行业稳岗、就业等问题进行集体协商，实现保障职工权益、促进企业生产加快恢复的共赢目标。

**二、协商过程**

根据辽宁省总工会、人力资源和社会保障厅等部门联合下发的《关于实施集体协商“稳就业促发展构和谐”行动计划的通知》和《关于开展 2020 年集体要约行动的通知》等文件精神，4 月 28 日，锦州市汽车零部件行业举行了行业集体协商会议。

协商由锦州市汽车零部件行业工会联合会发出要约后进行，企业方和职工方各选出了 7 名代表。锦州市汽车零部件行业商会秘书长，锦州市汽车零部件行业工会联合会主席分别作为企业方、职工方首席代表参加协商，协商会议由要约方首席代表主持。锦州市总工会领导以及民主管理部的负责同志应邀列席会议。

会上，汽车零部件行业工会联合会就协商前工会联合会开展调研情况和协商的主要议题向与会代表作了介绍。汽车零部件行业商会秘书长从汽车零部件行业发展的总体战略布局、当前面临国内外市场竞争的严峻形势以及企业所遇到的困难和企业行政方稳就业、保增长的创新持续发展理念等方面系统介绍了汽车零部件行业商会情况。

接下来，双方代表就通过预协商确定的疫情之年保岗位保工资稳就业、《劳动合同》规范化和企业规制合法化、职工劳动保护、女职工特殊权益保护、提高员工福利等五个方面问题展开了协商。

一是疫情之年保岗位保工资稳就业。按照省协调劳动关系三方《关于实施集体协商"稳就业促发展构和谐"行动计划的通知》要求，2020 年至 2021 年，在全省范围内实施集体协商"稳就业促发展构和谐"行动计划，切实将稳就业、促发展、构和谐作为当前集体协商工作的主线。因此，职工方希望企业方在疫情之年，从稳定大局、关爱职工等多方面考虑对员工保岗位、保工资，使职工对企业有家的归属感、自豪感。

企业方表示，今年受突发疫情影响，企业经营出现困难，但是职工是企业的主人，企业培养出一名熟练的技术工人不容易，企业要按政府保岗位、稳就业要求，通过安排职工轮流上岗，对技术工人进行多工种、多岗位技能业务培训等方式，千方百计留住职工。

二是《劳动合同》规范化、企业规制合法化。职工方建议为了确保劳动关系双方更为稳固并持续健康发展，企业方要采取科学的方法和策略提高劳动合同在规范化管理中的质量和水平，实行规范化管理。首先，企业应该组织管理层和基层员工加强对劳动合同相关法律的学习和研究，切实保障企业在人才团队构建和培养上的稳定性。其次，要以劳动合同的法律法规为基础依据，规定各自的权利与义务。再次，一定要加强监管，完善监督管理体系，督促企业或者劳动者严格按照合同规定履行各自义务。最后，企业在解除和终止劳动合同的过程中要严格依法按章办事。职工方同时希望企业招聘、薪酬福利、绩效考核、员工培训、考勤与休假、奖惩等六项企业规制要经过职代会通过。

企业方认为职工方提议很重要，企业严格签订和执行《劳动合同》，各种规制要经过职代会通过，这既保护劳动者利益，对企业管理也大有益处，会减少很多劳动纠纷，有利于企业发展。

三是职工劳动保护。职工方要求保护劳动者在生产中的安全与健康的措施，包括改善劳动条件、防止职工伤亡事故、预防职业中毒和环境污染、规定劳动和休息时间，特别是要做好疫情期间防护。

企业方表示，做好劳动保护，保障职工身心健康，一直是企业健康发展的重要一环，职工方的建议也是企业方所希望的。

四是女职工特殊权益保护。职工方提出了几点建议：女职工禁忌从事的劳动；女职工的经期、孕期、产期和哺乳期的劳动保护；女职工定期健康检查；企业对待要二胎员工要与一胎同等的相关待遇；支持动员女职工参加“两癌”筛查等。

企业方表示，行业女职工较多，是行业的重要力量，企业一定认真执行《中华人民共和国妇女权益保障法》《女职工劳动保护特别规定》《集体合同规定》《劳动部关于女职工生育待遇若干问题的通知》《辽宁省人口与计划生育条例》《辽宁省女职工劳动保护暂行办法》等有关法律法规，做好女职工特殊权益保护工作。

五是提高员工福利。在保持各单位原有福利基础上，职工方建议有条件的单位每年为一线职工进行一次体检；报销取暖费。

企业方认为，提高职工福利的事各企业一直在做。职工很理解企业受疫情影响的难处，没有提出增长工资的要求，企业也为有这样的职工感到自豪，所以企业在力所能及的前提下，不断提高职工的福利待遇，让职工对企业有家的归属感、自豪感。

**三、协商成果**

通过2个小时的积极协商，双方达成了协商共识。

一是双方就保岗位保工资稳就业形成共识。中共中央提出了“六稳”工作和“六保”任务。稳就业、保居民就业工作分别列“六稳”“六保”首位。辽宁省、锦州市两级政府针对稳就业工作出台了具体措施。锦州市总工会在指导汽车零部件行业确定协商议题时，紧扣这一关系民生和职工切身利益的热点问题，使协商达到了预期效果。

协商中，职工方充分理解当前疫情对企业造成的冲击和影响，从大局出发动之以情、晓之以理，回避工资增长话题，重点要求企业对员工要保岗位保工资稳就业。企业方对职工方这种同舟共济、共克时艰的做法深表感谢，表示职工方虽然不要求增长工资，但企业方也要努力在经济形势好转后，为职工多谋福利、多做实事。企业要采取轮流上岗、培训等多种形式保岗位保工资稳就业。

二是劳资双方对《劳动合同》规范化、企业规制合法化形成一致意见。双方一致认为，为了维护企业和员工的共同利益，避免劳资纠纷，要进一步强化《劳动合同》的签订和管理。另外还就招聘制度、薪酬福利制度、绩效考核制度、员工培训制度、考勤与休假制度、奖惩制度等涉及职工切身利益的六项规章制度必须经过企业职代会讨论通过后执行达成一致意见。

三是劳资双方对劳动保护认识进一步提高。协商中，双方代表对复工复产中如何做好疫情防护，确保职工身心健康做了深入交流。同时还特别就个别企业存在的粉尘、噪声等职业病的防治达成了预防为主、防治结合、岗前在岗离职前体检和危险岗位签告知合同等共识。

四是继续加强对女职工特殊权益的保护。在这一议题协商中双方代表对近两年各级工会组织对女职工进行"两癌"免费筛查给予了高度赞扬。纷纷表示，这项活动既解除了企业和女职工的后顾之忧，也使职工们对工会"娘家"更加亲近和热爱。

五是提高员工福利成了劳资双方的共同心愿。汽车零部件行业近两年受国际国内经济环境影响，下行压力不断加大，但企业在职工福利方面却每年都有所增加，使职工敬业爱岗、以企为家的观念不断加强。

在当前受疫情影响不利的情况下，双方在协商中，职工方体谅企业现状、企业方理解职工诉求，双方诚实守信、互相理解、形成共识、达到双赢，是一次成功的协商。启发劳资双方今后凡事多商量、凡事好商量、凡事先商量，促进双方同舟共济、共克时艰，真正实现集体协商"提质增效"。

**四、协商启示**

一是构建和谐稳定的劳动关系，应该从关心职工的基本利益和需求做起，社会和谐、企业发展才有坚实的基础。锦州市汽车零部件行业积极建立企业集体协商制度的经验和效果表明，一个企业乃至一个行业，要想获得持久发展和创造动力，必须十分重视企业职工的基本经济权益，必须通过集体协商制度，使之得到及时合理的调整，让职工共享企业发展成果，才能激活生产力中最活跃的人的因素。不论国有企业还是民营企业，如果不重视职工的经济权益，都是短视和不成熟的表现。这个问题，应该从企业和行业长远发展以及构建和谐社会的高度去认识。

二是工会组织应对行业职工集体协商制度起到积极推动作用。现实中，特别是在民营企业和小微企业里，“劳方”和“资方”的地位严重不对等，劳资矛盾问题、职工收入问题往往被忽略了。前者对后者无法实施有效的监督，后者对前者却拥有绝对的“生杀权”。绝大多数企业不愿意和职工“谈判”，职工也不敢谈，不会谈；企业工会不能谈，不便谈，因而造成许多企业集体协商很难落到实处。锦州市汽车零部件行业集体协商进展顺利，得益于行业联合、形成合力；得益于锦州市总工会的大力支持和有力推动。锦州市总把行业集体协商提升为市级协商，极大提高了协商质量。因此，上级工会组织应该从经济与社会发展的大局，认识推进集体协商制度的重要性，强力推进集体协商制度的建立。

三是推进行业集体协商制度，需要完善法律、法规进行保障。从锦州市汽车零部件行业集体协商的实践看，《劳动法》、《劳动合同法》和《辽宁省企业工资集体协商条例》等一系列法律法规确实为行业集体协商起到了保驾护航作用。职工方提出的协商议题都有《中华人民共和国工会法》和《中国工会章程》赋予工会组织的权利。协商每个议题前，市总工会都请市级专家进行政策解答，引导企业行政方不断增强法律意识，为集体协商铺平了道路、扫清了障碍，使协商结果更具权威性。实践也证明此举效果良好，能有效化解劳资双方矛盾，促进企业发展，有关方面就应该对此引起重视、及时调研，不断完善相关法律、法规，保障企业集体协商制度真正得到落实。

四是注重质量，不断提高集体协商工作水平。锦州市汽车零部件行业集体协商已经开展六年了，从协商结果看，没有任何形式像集体协商这样能达到职工与企业进行如此深度交流的效果。今后，要在总结经验基础上更加注重对协商双方代表的协商前培训，使协商代表多掌握协商技巧；协商前更加深入职工群众中去，更多了解一手材料，明确协商内容，做到有的放矢，达到更好效果。

五是加强监督，保证集体协商内容落到实处。工会组织要起到监督督促作用，确保集体协商不流于形式，杜绝协商时满口答应、协商后轻轻放下现象发生，确实让职工得到实惠、让企业得到发展、让劳资双方获得双赢，让集体协商工作真正落到实处。2020 年，锦州市汽车零部件行业集体协商得到了省总工会和锦州市政府有关部门强有力的政策支持。省总工会权益保障部同志亲临会议进行指导，市人力资源和社会保障局、市职业卫生监督所部门领导到会进行具体指导，使协商更具规范性、准确性和实效性，对落实协商成果也起到了监督和促进作用。

**图书在版编目（CIP）数据**

集体协商工作指导手册 /《集体协商工作指导手册》编写组编著.
—北京：中国工人出版社，2020.12
ISBN 978-7-5008-7551-2

Ⅰ. ①集… Ⅱ. ①集… Ⅲ. ①劳动关系—中国—手册 Ⅳ. ①F249.26-62

中国版本图书馆CIP数据核字（2020）第233482号

集体协商工作指导手册

| | |
|---|---|
| **出 版 人** | 王娇萍 |
| **责任编辑** | 安 静 冀 卓 |
| **责任印制** | 栾征宇 |
| **出版发行** | 中国工人出版社 |
| **地 址** | 北京市东城区鼓楼外大街45号 邮编：100120 |
| **网 址** | http://www.wp-china.com |
| **电 话** | （010）62005043（总编室） （010）62005039（印制管理中心）<br>（010）82075935（职工教育分社） |
| **发行热线** | （010）62005996 82029051 |
| **经 销** | 各地书店 |
| **印 刷** | 三河市国英印务有限公司 |
| **开 本** | 710毫米×1000毫米 1/16 |
| **印 张** | 19.5 |
| **字 数** | 268千字 |
| **版 次** | 2021年1月第1版 2024年4月第3次印刷 |
| **定 价** | 49.00元 |